숙맥도 괜찮아
용기만 있다면

250만 명의 인생을 바꾼 배짱 이야기

숙맥도 괜찮아
용기만 있다면

이시형 지음

도서출판

일러두기

* 이 책의 모태는 1982년에 출간하여 세 차례 개정 및 증보한 『배짱으로 삽시다』임을 밝힌다. 오늘날의 젊은 독자와 호흡하며 공감대를 만들고자 기존 원고를 검토했다. 그러는 과정에서 시의성이나 정보로서의 가치가 희석된 내용을 좀 덜어냈다. 아울러 기존 책에서 소개했던 인물과 에피소드, 그리고 사례를 일부 바꾸어 집필했다.

* 새로 쓴 원고 중에는 최근 들어 특히 필자가 많은 분에게 꼭 해드리고 싶은 이야기를 여럿 추가했다. 기존 책에서 아쉬웠던 부분, 깔끔하지 못한 문장까지 이참에 손을 보고 나니 참 잘했다는 생각이 든다. 결론적으로 이 책은 대한민국 숙맥들이 용기를 내도록 도움을 주는 '배짱'의 완성본이다.

* 한국인의 기질은 과거나 지금이나 변한 것이 없다. 지금보다 더 배짱을 부리고 숙맥에서 탈출해야 한다. 필자가 오랜 연구 끝에 내린 결론은 '인간 내면의 기질은 쉽게 바뀌지 않는다'는 점이다. 이 사실을 기반으로, '배짱', '숙맥' 주제가 현재의 독자들에게도 강력하고 유효한 메시지가 될 것으로 믿는다.

"현재 우리가 직면한 문제나 아쉬움의 해결책 중 하나로 '숙맥에서 탈출하기', '배짱을 부리기' 콘셉트가 여전히 유효하다고 믿는다. 그러니까 더 배짱을 부려도 괜찮다 싶은 생각이다. 그렇다고 과한 만용, 객기, 예의 없음을 말하는 게 아니다. 나는 평생을 정신과 학자로 일하며 살았다. 따라서 나의 합리적·이성적 판단을 기초로 여러분에게 권하는 배짱을 말함이다. 세상이 빠르게 변했고 한국인의 성격과 정신적 기제에도 긍정적인 변화가 있었다. 하지만 우리의 고유 기질이나 성격은 쉽게 바뀌지 않는다. 지금보다 더 바뀌어야 한다. 평생을 후회하지 않으려면 숙맥에서 탈출해 충만한 배짱을 갖고 살아야 한다.

자, 이제 변할 준비가 되었는가?"

여는 글

I형 인간, 숙맥에서 벗어나라

『배짱으로 삽시다』가 처음 출간된 시기는 1982년이다. 책은 강산이 네 번 변하고도 남는 시간, 사람 나이로 계산해도 마흔이 훌쩍 넘는 긴 시간 동안 수많은 독자의 사랑을 받아왔다. 저자로선 감개무량하고 감사할 따름이다. 책을 몇 차례 개정하는 동안 세상도 엄청 달라졌다. 처음 책이 나온 시절의 한국 사회는 산업사회 기틀을 다지기 위한 국가적 열망으로 뜨겁게 달아올라 있었다. 전국 곳곳에서 망치 소리가 울려 퍼졌고, 후발 주자로서 앞선 국가들을 따라잡기 위한 숨 가쁜 노력이 이어졌다. 사람들은 밤낮없이 일에 매달렸고, 가난의 굴레에서 벗어나고 싶다는 절박한 열망이 대한민국 사회 전체를 지배했다.

군사 정권의 엄혹한 분위기 속에서도 우리 국민은 가난과 굶주림으로부터 해방되고 싶다는 염원을 안고 달려갔다. 대학가 앞에 전차가 진을 치고 민주화 운동이 일어나기도 했으나, 그보다 더욱 절실한 과제는 배고픔을 해결하는 일이었다. 정부가 주도하는 민간산업 프로젝트가 속속 진행되면서 국민들은 '우리도 해낼 수 있다!'는 자신감을 가질 수 있었다. 이런 시대적 배경 속에서 『배짱으로 삽시다』가 세상에 나왔다.

책의 인기는 가히 폭발적이었고, 기대 이상의 반향을 일으켰다. 당시 무명의 정신과 의사였던 나에게도 놀라운 변화가 생겼다. 나는 하루아침에 유명세를 얻었는데, 그로 인해 내 인생의 궤도가 크게 바뀌었다. 40년 전, 한국은 산업사회에 겨우 진입했을 뿐이었으나 불과 30년 만에 서구 국가들이 300년간 걸쳐 이룩한 산업화를 빠르게 따라잡는 '한강의 기적'을 이루어냈다. 세계는 한국을 '패스트 팔로워(Fast Follower)'라 칭했고, 21세기에 들어서면서 마침내 우리는 그토록 열망한 선진국 대열에 진입할 수 있었다. 선진국이라니! 정말 눈 깜짝할 사이에 우리가 함께 협력해 만든 경이로운 변화였다.

정치, 경제, 사회, 문화를 비롯해 한국인의 의식구조와 생활상도 크게 바뀌었다. 이른바 선진국이라 불리던 미국이나 유럽, 그리고 일본 등의 장점을 부러워하고 배우려던 것에서 몇 걸음 더 진일

보하여, 놀랍게도 지금은 우리가 그들을 압도하거나 어깨를 나란히 하는 분야가 꽤 많아졌다. 드라마, 영화, 스포츠 등 문화체육 분야를 비롯해 화장품, 반도체, 자동차, 조선, 방산 등 여러 굵직굵직한 산업 분야에서도 세계가 우리를 주목하며 부러워한다. 코리아(KOREA)의 앞글자 'K'가 붙으면 새로운 트렌드, 유행이 되는 시대다. 그렇다. 지금은 'K~'라는 접두사가 붙은 문화와 상품이 전 세계인에게 통하는 시대인 것이다. 자원이나 자본도 없고 기술력도 변변찮았던 동아시아의 변방국에서 급기야 선진국 반열에 올랐으니, 감개무량하다. 본격적인 산업화의 길로 들어선 지 고작 60~70년 만에 이룬 쾌거다. 어쩌면 배짱 부족했던 우리가 과감히 용기 내어 배짱을 부리고 도전한 결과라는 생각도 해본다. 이 같은 긍정적인 변화에 일정 부분은 이 책의 독자들이 기여했을 거라고 짐작하면서 말이다.

우린 여기서 안주할 순 없다. 아직 갈 길이 멀다. 세상은 냉엄하다. 한 치 앞조차 예측하기 어려운 변화가 오늘도 우리를 위협한다. 세계적인 금융위기나 질병, 전쟁의 위협도 간과할 수 없는 문제다. 여전히 국제 정세는 위태롭다. 미국, 소련, 중국, 일본이라는 거대 강국들 사이에 자리한 우리는 늘 긴장감 속에 살아간다. 조금만 실수해도 국가의 존립이 위협받는 상황은 과거나 지금이나 변한 게 없다. 이런 상황에서는 슬기로운 균형 전략을 활용해 그들과 전략적 상생 관계를 모색해야 한다.

한편, 우리의 삶이 개선되고 경제력도 과거와 달리 크게 강해진 만큼 상대적으로 빈약해진 부분들도 생겼다. 한국 고유의 문화이자 장점이었던 인정, 관용, 배려가 점차 사라짐에 따라 세상살이가 팍팍해진 건 유감이다. 그래서 자살률이 높고 많은 사람이 불안과 우울의 늪에 빠져 우왕좌왕한다. 매우 안타깝다. 기존의 우리 장점을 그대로 살리고 유지하면서 세계를 향해 도약하는 우리가 되어야 하지 않을까 싶다.

이런 시대적 흐름 속에서도 필자의 책은 꾸준히 사랑을 받아왔다. 그 이유를 곰곰이 생각해보았다. 비록 시대가 변할지라도 인간 내면에 깊숙이 자리 잡은 기질이 쉽게 바뀌지 않는다는 사실을 새삼 터득했다. 특히, 한국인의 소심한 기질은 시대와 문화가 변해도 여전히 유지되고 있는 듯하다. 사회적으로는 자신감과 도전 정신이 커졌지만, 개인적인 차원에서의 내향성, 특히 남녀 관계에서의 위축감은 여전히 큰 장애로 작용한다. 필자는 이런 특성을 '소심공포증'이라 명명하고, 이를 대표하는 인물 유형으로 '숙맥(宿麥)'을 제시했다.

필자는 '숙맥'이라는 단어를 노트에 적고 오랫동안 숙고해보았다. 책 곳곳에 '숙맥'이란 말이 등장한다. 그런데 요즘 젊은이들에게 더 익숙한 인간 유형의 분류 기준이 있다. MBTI가 그것이다. 숙맥형 인간을 MBTI 인간 유형에 적용하는 것도 흥미롭다. 필자가 보건

대 숙맥형 인간은 I형에 속하는 듯하다. I형의 대표적인 기질이 내향형이다. 내향형 인간은 내적 세계에 집중하고 에너지 역시 내부에서 얻는다고 한다. 이들은 고독을 즐기고 다수보다 소수의 사람과 깊은 관계 맺기를 선호하며 혼자 있는 시간을 좋아한다. 더군다나 I형 인간은 외부 자극에 민감하게 반응하고 사교적인 활동보다 혼자서 차분히 생각하고 계획하는 것에 더 익숙하다. 특히 이들은 감정을 쉽게 표현하지 않는 특징을 가졌다. 물론 내향형을 대표하는 위의 몇 가지 특징이 그런 성격을 가진 사람들의 장점이 되기도 한다.

그러나 때때로 우린 살아가면서 더욱 폭넓은 대인관계 맺기, 과감히 자기 생각을 표현하기, 용기 내어 배짱을 부리며 일을 추진하기 등의 과업과 마주한다. 이런 경우 I형 인간, 즉 숙맥들은 어려움을 겪는다는 사실을 필자는 오래전에 알았다. 만약 자신이 이런 성향임을 알고, 자신의 삶을 한결 더 긍정적인 방향으로 이끌어가고 싶다면 필자가 본문에서 강조하는 이야기가 막힌 문을 열고 들어가는 열쇠가 되어줄 수 있다. 그런 의미에서 이 책은 앞으로도 많은 내향형, 숙맥 독자가 찾는 삶의 지침서가 될 것으로 생각한다. 사실 요즘 세대에게 숙맥이란 단어는 낯선 말일 수도 있다. 그들에겐 오히려 'I형 인간'이란 말이 더 익숙할 거라는 생각도 해본다.

참고로, 「국어사전」에서 숙맥을 찾아보면 '콩과 보리'라는 뜻이며, '숙맥불변'이라는 말처럼 콩과 보리도 구분하지 못하는 어리숙한 사람을 의미한다. 용기와 배짱이 부족한 사람을 대변하는 표현으로 안성맞춤이라고 판단했다. 특히나 더 필자가 염두에 둔 숙맥 인물상은 이성과의 관계에서 유난히 위축되어 제 할 말이나 역할을 못 하는 사람이다. 물론 아무리 숙맥일지라도 사회적 능력은 갖추었다. 그러나 특히 이성과의 관계에서는 약한 모습을 보여준다. 그래서 나는 '숙맥'이라는 단어를 통해 책에서는 배짱이 없는, 특히 여성 앞에 소심한 사람을 상징하는 말로 사용했다.

숙맥형 인간은 지능이 낮거나 사회생활 전반에 어두운 사람은 결코 아니다. 오히려 직장 내에서의 업무 능력이 탁월하고 일반적인 인간관계에서도 무난하게 잘 어울린다. 주변에서는 그가 대인관계에 능하고 이성들에게도 인기가 많을 것으로 생각할 만큼 겉모습은 평범하기 이를 데 없다. 그러나 정작 이성 앞에서는 위축되고 소극적인 모습을 보여준다. 남성 숙맥의 경우, 옆자리 여성에게조차 '커피 한잔 마시자'는 말을 못 꺼내는 내향성과 위축감이 일종의 여성 공포증에 가까운 수준이다. 따라서 자연스러운 이성과의 관계 맺기가 남들보다 어렵다. 한편 이들은 상대방이 느끼지 못할 정도로 많은 에너지를 소모하며 관계를 유지하려 애쓴다. 이성과의 관계를 형성하고 유지하는 데 드는 감정적 비용도 크다. 그로 인해 자신이 가진 창의적 아이디어나 본래의 잠재력을 제대로 발휘하지 못하는 경우도 있다. 또 쉽게 위축되고 자신을 낮게 평가하는 경향도 보여준다. 화려한 청춘을 속앓이만 하며 보내는 사람도 많다.

오랜 시간 관찰한 결과, '숙맥' 유형의 사람은 연기력이 뛰어나다. 속으로는 절박한 갈망과 외로움을 느끼면서도 겉으로는 아무렇지 않은 척하며, 자연스럽게 행동한다. 주변 사람들은 그가 얼마나 고통스러운지 눈치채지 못한다. 더 놀라운 건 숙맥인 자신조차 자기 능력을 믿지 못하고 위축된다는 점이다. 이는 곧 적극성과 창의성의 저하로 이어지며, 인간으로서의 총체적 표현이 억눌리는 결과를 낳는다. 겉으로는 멀쩡하고 전반적인 대인관계에서 큰 문제가 없는 듯 보이지만, 이성 관계에 약한 숙맥들. 그들은 이런 사실을 철저히 감추기에 주변에서도 이를 알아차리기가 쉽지 않다.

책을 출간했을 때 필자에게 도착한 독자 편지 중 가장 많은 비중을 차지한 것이 바로 숙맥형 독자들의 사연이었다. 그들은 이성과의 관계에서 위축되고, 소극적이며 단 한마디 말도 쉽게 꺼내지 못하는 이들이었다. 세월이 흘렀어도 우리 주변에는 여전히 이런 성격을 가진 분들이 많다. 기질이 쉽게 바뀌지 않는 탓이다. 필자는 이런 현실을 고려해 해당 유형의 인물에 주목하면서 기존 내용을 충실히 유지하되, 숙맥들이 속앓이를 풀어낼 수 있는 이야기를 몇 가지 더 추가하여 원고를 새롭게 정리했다. 숙맥형 인물이 참고하면 도움이 되는 조언이라고 생각한다. 자신이 내향형 인간, 숙맥이라 불린다면 과거의 자신을 과감히 버리고 새로운 자신을 찾아 나서는 용기를 내어보기 바란다. 나의 이야기는 'I형 인간, 숙맥들'에게 보내는 진심 어린 격려이자, 배짱 잃은 분들의 기를 북돋우는 호소다.

1980~90년대에 이 책을 접한 젊은 독자들은 이제 중년의 나이가 되었을 것이다. 혹자는 필자의 조언에 따라 자기 삶에서 용기와 배짱을 부려 숙맥에서 벗어나 성공했을 것이다. 우연히 길에서 또는 모임 등에서 나를 알아본 독자들은 '책을 읽고 인생이 바뀌었습니다. 감사합니다!'라는 인사를 종종 건네온다. 내가 들려준 말을 믿고 실천했더니, 삶에 활력이 넘친다는 말씀을 전해온다. 그런 힘이 모여 지금의 대한민국을 만든 저력이 되었다고 생각한다. 길을 가다 우연히 이런 독자들을 만날 때마다 '정신과 의사가 되길 참 잘했다'는 보람을 느낀다. 한 권의 책이 전달하는 영향력과 긍정의 에너지가 엄청나다는 사실도 새삼 깨달으면서 말이다.

이 책은 단순히 소심한 숙맥형 사람에 대한 성격 분석뿐 아니라, 그들의 고통과 침묵, 깊은 속앓이 그리고 변화의 가능성을 탐구하는 이야기까지 담고 있다. 시대가 변해도 인간은 여전히 인간이며, 그 기질을 안고 삶을 살아간다. 세월이 그렇게 흘렀어도, 주변엔 아직도 숙맥들이 많다. 나의 경험과 이야기가 그들에게 조금이나마 용기와 희망을 주는 메시지가 되기를 바란다. 아울러 앞으로도 이 책이 더 많은 분과 소통하는 메신저가 되기를 기대한다.

끝으로, 새 원고를 쓰고 정리해 기존의 이야기와 조화 있는 이야기를 만들려다 보니 어려운 부분이 있었다. 어느새 나이 90을 넘긴 노구가 된 탓이다. 필자 곁에서 여러 모로 도움을 준 신동윤 비서에게 고맙다는 말을 전하고 싶다. 풀잎 출판사 이연자 대표와 관계자 여러분의 수고 역시 감사하고 고맙다. 이 책의 모든 독자가 더욱 행복해지기를 소망하며 서문을 맺는다.

2025년 가을,
도도하게 흐르는 한강 변 여의도 자택에서

이시형

『배짱으로 삽시다』 초판 서문

필자는 오랫동안 정신과 진료실에서, 그리고 사회생활을 해오는 가운데, 우리 한국인이 대체로 '배짱'이 약하다는 생각에 자주 부딪혀 오곤 했었다. 물론 '배짱'이란 말은 여러 가지 의미를 내포하고 있다. 그러나 우선 한국인에게서 서양인보다 월등히 많은 대인불안·공포증이 발견되고 있다는 사실만은 확실하다. 따라서 이것은 결국 근본적으로 소심한 데 그 원인이 있는 한국적 신경증의 한 특성이라고도 말할 수 있지 않느냐 하는 생각이다.

사실 서양 문화권과 비교하면 우리의 대인불안·공포증은 유별나고, 또 같은 동양권이면서도 중국이나 일본에 비해 증상의 형성 요인이나 표현 양식이 판이한 것만은 분명하다. 필자는 먼저 이런 차이점을 비교, 정신의학적 측면에서 분석 및 고찰하고자 했다. 그러기 위해서는 첫째로는 우리의 독자적인 사회적·문화적 특성을 찾아 이를 정신의학적 측면에서 조명했고, 이런 전통적 특성이 현대화 과정에서 어떻게 작용하고 있는지를 분석한 다음, 신경증의 보편적 원리에 따라 실제 사회생활에서 행동으로 나타나는 증상들은 항목별로 분류해 그 치료 및 예방책을 기술하고자 했다.

원인 규명 자체가 치료가 될 수도 있지만, 실감 나는 이해를 돕기 위하여 행동요법과 마인드컨트롤 등 심리적 방법도 원용했다. 상황 극복이나 치료 과정은 명사들의 사례를 중심으로 기술했으며, 되도록 생활 주변에서의 문제점을 중심으로 쉽고 재미있게 쓰려고 힘썼다. 그런데 끝으로 덧붙여 두고 싶은 것은, 이 책에서는 경우에 따라서 한국인의 장점으로 손꼽히는 그런 점들도 정반대의 시각에서 보고 있다는 점인데, 그것을 올바로 소화시켜 내 것으로 정착시키지 못할 때는 몇 가지 부작용도 일으키게 된다는 사실을 지적하고자 함인 만큼 이 점 독자들의 오해가 없으시기 바란다.

내용의 일부는 지난해 〈일간스포츠〉지에 '배짱철학'이라는 제목으로 연재됐던 것임을 밝히면서, 이 책을 내기까지 많은 충고를 해주신 강태형 님, 자료 준비와 정리를 도와주신 이미란 양, 그리고 그 밖의 벗들에게도 이 자리를 통해 충심으로 감사를 드린다.

1982년 4월 30일

著者

여는 글_ I형 인간, 숙맥에서 벗어나라 · 7

『배짱으로 삽시다』 초판 서문 · 16

CHAPTER 1
체면, 옷을 벗어라

체면은 형식이다 · 25 | 가난한 역사의 유물 · 26 | **시민의식을 높여준 양심냉장고** · 30 | 분업이 안 되는 마음 · 33 | 겉치레와 '~척'병 · 35 | 모르면 물어라 · 39 | 적극성의 적(敵) · 41 | 질줄도 알아라 · 44 | 배지 단 사람들 · 49 | 외근, 사장이 되는 길 · 56 | 감추는 병 · 60 | '초지일관'은 바보의 철학 · 64 | 배짱은 허세가 아니다 · 68 | **남자들의 능청은 허세? 자존심?** · 70

`숙맥에서 벗어나는 처방전 ①` 체면 지키려다 스트레스만 더 받는 사람들 · 73

CHAPTER 2
추진력, 몸은 바로 마음이다

초식동물과 육식동물 · 77 | 연쇄반응이 불러오는 힘 · 81 | **처녀작가, 120권의 책을 쓰다** · 82 | 바닥일지언정 끝난 게 아니다 · 86 | 이혼 공포증? 이혼은 권리 · 88 | 쉬는 시간을 이용하라 · 89 | **DMN, 디폴트 모드 네트워크** · 92 | 한국인의 이민 증후군 · 94 | 약점을 강점으로 · 97

`숙맥에서 벗어나는 처방전 ②` 추진력이 부족해 망설이기만 하는 사람들 · 102

CHAPTER 3
결단력, 뛰고 나서 생각하라

땅을 사랑한 민족 · 107 | 결단하는 용기 · 111 | 다행이라니? 비극이다 · 114 | **낯선 길을 용기 내어 가보라** · 118 | 결단의 적 3총사 미련, 핑계, 구실 · 120 | 용기가 없어 일을 망쳐? · 122 | **고독사회, 고독한 노인의 대처법** · 126 | 완벽주의 강박증 · 129 | 처칠 경의 여유 · 133

`숙맥에서 벗어나는 처방전 ③` 무엇이든 잘해야 한다는 완벽증 버리기 · 136

CHAPTER 4
소심증, 플러스 발상

기(氣)가 약한 소심증 · 141 | 위기에서 벗어나는 빠른 판단 · 143 | 행동, 잠재의식의 통일 · 148 | **보이지 않는 힘, 잠재의식** · 149 | 연단 공포증 · 152 | 튠(Tune)을 조절하라 · 156 | 패배도 익숙하면 습관이 된다 · 160 | 얼굴이 붉어져서 · 163 | 징크스를 깨라 · 164 | **정신강화 훈련** · 166 | 강함을 넘어뜨리는 부드러움 · 168 | 망각의 생리 활용법 · 172 | **'연애대장' 친구의 여친 만들기 비법** · 176 | 완벽증, 머스트 병에서 벗어나기 · 178 | 상대성 심리 · 179 | 공황장애 극복하기 · 182

`숙맥에서 벗어나는 처방전 ④` 화가 많고 짜증을 잘 내는 사람들 · 184

CHAPTER 5
소신, 소신 있는 거물들

너더댓 개 · 189 | 공(公)개념의 결핍 · 191 | 현대인의 부분 관계 · 193 | 비평 노이로제 · 194 | 기분은 논리 대상이 아니다 · 197 | 결정은 내가 한다 · 199 | **큰 결심으로 '선마을'을 세우다** · 201 | 상관을 무서워하는 사람들 · 205 | 인정 과잉증 · 206 | 공처가의 변(辯) · 210 | **'존경'과 '아부'** · 213 | 사표 소동 · 215 | 박수 타이밍? · 217 | 나를 위해 용서하라 · 219

`숙맥에서 벗어나는 처방전 ⑤` 소신 없이 남의 말만 듣는 사람들 · 223

CHAPTER 6
미안 과잉증, '안 돼'라고 말하는 용기

'너'의 임무와 '나'의 권리 · 227 | 얼버무리는 회색 논리 · 229 | 가해자가 될 순 없어 · 231 | **내 기분에 맞춰라** · 234 | 불분명한 책임 한계 · 236 | 기분의 동조성 · 240 | 거절하지 못하는 심리 · 244 | 가난한 가장, 그래서 고단한 가장 · 247 | 실수하지 말자는 강박 벗기 · 251 | **도와주는 기쁨을 아십니까?** · 254 | 꾸중 못 하는 사람의 심리 · 256

`숙맥에서 벗어나는 처방전 ⑥` 미안해서 맘에 안 드는 물건을 사는 사람들 · 259

CHAPTER 7
열등감, 남과 달라지는 연습

약자의 생존수단 · 263 | 평등 강박증 · 264 | 은폐심리와 반동 · 265 | **'청빈낙도'의 허구** · 267 | 쩨쩨하게 따져라 · 269 | 거만한 사람들 · 272 | 마음 약한 폭군 · 274 | 직장인의 피해의식 · 278 | 성(姓) 개방시대의 질투 병리 · 282 | 사양심 vs. 양보심 · 284 | 술값은 돈 많은 쪽이 · 287 | 칭찬과 아부 · 289 | 자부심과 긍지 · 291 | **일류병 이야기** · 292 | 만능과 무능 · 297

`숙맥에서 벗어나는 처방전 ⑦` 열등감 때문에 먼저 술값을 계산하는 사람들 · 300

CHAPTER 8
대인불안, 눈치작전의 대가들

한국적 스트레스 · 305 | 눈치 과잉증 · 307 | **글쎄…** · 309 | 화치(話癡)의 고민 · 311 | 토론에 미숙하다 · 315 | 아는 사람 · 318 | 합석을 못 해 · 321 | 무난한 사람 · 324 | 억압의 한계 · 328

`숙맥에서 벗어나는 처방전 ⑧` 불쾌한 농담도 용케 참는 사람들 · 332

CHAPTER 9
조급증, 미래의식을 가져라

'빨리' 노이로제 · 337 | 조급증의 병리 · 339 | 신경질 왕국 · 340 | 화풀이는 안 돼 · 343 | **천재들의 집합소** · 345 | 미래관의 결여 · 349 | 단기완성 · 351 | 현금이 좋아 · 354 | 한탕주의 · 357 | 숙맥형 여성들 · 361 | 세계적인 위장약 · 363

`숙맥에서 벗어나는 처방전 ⑨` 작은 일에도 화를 못 참는 사람들 · 366

닫는 글_숙맥들을 위한 응원가! · 368

CHAPTER 1

체면,
옷을 벗어라

체면은 형식이다

가난한 역사의 유물

시민의식을 높여준 양심냉장고

분업이 안 되는 마음

겉치레와 '~척'병

모르면 물어라

적극성의 적(敵)

질 줄도 알아라

배지 단 사람들

외근, 사장이 되는 길

감추는 병

'초지일관'은 바보의 철학

배짱은 허세가 아니다

남자들의 능청은 허세? 자존심?

숙맥에서 벗어나는 처방전 ①
체면 지키려다 스트레스만 더 받는 사람들

"체면 때문에 우리는 겉 다르고 속 다르다. 즉 표리부동(表裏不同)이다. 어디까지가 사실이며 어디까지가 진짜 마음인지 알 수 없다. 그래서 우리는 속마음을 잘 숨기기로 이력이 나 있다. 솔직하지 못한 것도 표리부동이란 마음의 이중구조에서 비롯된다. 누가 보는 앞에선 자기 진심을 숨겨야 하는 게 우리다."

체면은 형식이다

'우리는 왜 배짱이 약한가?'라는 질문에 가장 먼저 떠오르는 게 체면 문제다. 체면과 배짱은 반비례한다는 걸 아는가? 예로부터 우리는 체면을 무척 중요하게 생각했다. 그런데 체면이라는 명분에 얽매이면 내용보다 형식이, 용기보다 만용이, 그리고 실력보다 허세가 더 강하게 작용하게 된다. 헛된 자존심만 팽배하고 위신만 앞세워선 도무지 실속이 없다. '양반은 추워도 곁불을 쬐지 않는 법'이니 얼어 죽어도 할 말이 없다. 누군들 위신을 중히 여기지 않으랴만, 이렇게 체면만 따져서야 문제가 아닐 수 없다. 그렇다면 이 유별난 체면의식이 어째서 우리에게 강하게 작용할까? 그것부터 짚고 넘어가자.

어느 사회든 사람이 모여 사는 곳엔 서로가 지켜야 할 일정한 규범이 있다. 이건 집단이 살아남을 수 있는 수단으로서 필요불가결한 것이다. 그러기 위해선 어느 정도의 개인적 희생이 불가피하다. 사회가 복잡해진 오늘날에는 이러한 국가적 규범을 만들어내는 기구, 즉 국회가 있다. 그러나 원시사회에서는 그 집단이 속한 풍토적 환경에 따라 규범이 만들어졌다. 따라서 나라마다 법과 풍속이 다를 수밖에 없다. 촌락사회였던 우리는 가장 중요시된 규범 중 하나가 체면이었다. 사실 우리는 체면을 존중해왔기에 예절 바른 동방예의지국이라는 칭찬도 들어왔다. 어느 나라든 간에 체면의식이 없으랴만, 왜 우리만 굳이 체면을 생명보다 귀한 것으로 여겼을까?

가난한 역사의 유물

가장 먼저 떠오르는 게 풍토적 영향이다. 우리가 과거 농사를 짓고 살던 시절, 가을 추수가 끝나면 온 가족이 한방에 모여 살았다. 할아버지와 할머니, 그리고 손자와 손녀까지 특별히 하는 일 없이 봄이 올 때까지 한 공간에서 겨울을 나야 했다. 더군다나 우리나라 풍토는 계절풍 영향 아래에 있어서 1년 온도 차이가 30도가 넘는데, 특히 겨울은 길고 춥다. 따라서 온 식구가 방에서 지내는 시간이 많아질 수밖에 없다. 그리고 많은 식구가 한방에서 잘 지내야만 했다. 누가 싫더라도 달리 갈 곳이 없었다. 서로 의좋게 지내려면 내 기분을 죽이고 사는 수밖에 별다른 도리가 없었다.

방이 덥다고 함부로 문을 열면 혼나기 일쑤였다. 할머니가 싫은 기색을 보이면 무더워도 참아야 했다. 외국인은 이런 우리의 가족 분위기를 단란하고 의좋은 모습이라며 칭찬했다. 그만큼 우리에겐 개인의 감정을 억압하고 살아갈 '능력'이 길러졌다는 증거다. 자기 마음 내키는 대로 사는 개인주의적 서구사회에서는 생각도 할 수 없는 일이다. 아무리 피곤해도 어른 앞에서 눕기는커녕 다리도 마음대로 뻗을 수 없다. 비좁은 방에서 혼자만 편히 몸을 눕힌다는 건 용납할 수 없는 일이었다. 초가삼간 궁색한 살림살이, 다리 한번 기분대로 뻗어도 괜찮은 공간적 여유가 없었다. 그뿐이랴. 배고프다고 덥석 집어 먹을 수도 없는 게 우리였다. 먹을 게 넉넉지 못한 우리 형편에 체면 없이 서로 많이 먹겠다고 덤볐다간 어떻게 될 것인가. 주먹질이라도 오갈지 모른다. 왜 먹는 일에까지 이 거추장스러운 체면이란 걸 갖다 붙였을까? 그저 가난 때문이다. 여유가 있다면야 제동을 걸 필요가 없다. 인간의 기본욕구마저 체면이라는 명분으로 억제당해야 했던 것도 따지고 보면 가난이 원인이다. 풍요한 서구사회에선 먹는 데 관한 한 체면이란 존재하지 않는다.

=='날은 춥고, 늘 배고픈' 민족이었기에 우리에겐 체면의식이 강요되었다. 위계질서를 엄히 하고, 경로사상이 발달한 것도 사실 가난의 역사적 산물이라 해도 과언이 아닙니다.== 풍요한 나라일수록 이런

질서가 약하다는 것만 봐도 알 수 있다. 그런데 우리나라도 제법 잘 살게 되면서부터 체면의식이 조금씩 사라져 가고 있다. 야만인으로 되어간다는 비판의 소리도 높지만, 어느 의미에서는 다행한 일인지도 모른다. 궁상을 벗어나게 되었으니 말이다. 이제 우리도 춥고 배고픈 사람이 아니다. 다리를 뻗을 여유도 생겼고 배불리 먹는 일도 자연스러운 일이다. 노인은 따로 독립해 살아도 좋을 만큼 생활여건도 많이 좋아졌다. 체면의식의 약화를 찬양하려는 뜻은 아니다. 다만 체면이 강조된 환경요인을 규명하는 정신 기제를 설명하려는 것이다.

잘살게 되었고, 많이 바뀌었다. 그런데도 우리 사회에는 아직도 체면의식이 곳곳에서 작용한다. 그 결과 남의 눈을 많이 의식한다. 체면이란 자기 얼굴을 세우는 일이지만, 이건 어디까지나 타율의식이지 자율성의 발로는 아니다. 체면이란 남의 눈을 의식해 나를 숨기는 일이다. 배고파도 아닌 척, 추워도 더운 척하고 나를 숨겨야 하는 것이 체면의 강제성이다. 이런 의식은 집안 식구뿐 아니라 이웃에게도 강하게 작용한다. 체면상 필요하다면 내 집 허물은 감춰야 한다. 내 끼니를 거르더라도 손님 접대는 후해야 한다는 생각이다. 내 논의 물을 더 대고 싶어도 남의 눈 때문에 꾹 눌러 참아야 한다. 좁은 박토에 그래도 싸우지 않고 살아가려면 체면이야말로 무척 편리하고 필수적인 생활의 도구였다.

우리의 공공의식은 이 체면이 밑바탕 되어 있다. 따라서 누가 보는 앞에선 의젓하게 잘 하지만 남들 안 보이는 곳에서는 엉망이 되곤 한다. 체면은 본질적으로 타율적인 것이지 자율적인 건 아니라는 생각이 작용한다. 바로 이것이 체면 문화권의 약점이다. 남이 안 보면 그뿐이란 생각 말이다. 체면치레란 자기 마음속에서 우러나오는 것이 아니다. 따라서 언제나 억지로 하는 듯한 저항감이 생긴다. 무척 거추장스럽게 느껴져서 남이 안 보는 곳에서는 언제든지 벗어던지고 싶은 충동이 일어난다. '체면이란 게 없다면 무슨 짓을 못해' 세상을 훨씬 편하게 살 수 있을 것이다.

체면 때문에 우리는 겉 다르고 속 다르다. 즉 표리부동(表裏不同)이다. 어디까지가 사실이며 어디까지가 진짜 마음인지 알 수 없다. 그래서 우리는 속마음을 잘 숨기기로 이력이 나 있다. 솔직하지 못한 것도 표리부동이란 마음의 이중구조에서 비롯된다. 누가 지켜보는 앞에선 자기 진심을 숨겨야 하는 게 우리다. 아무리 내 자식이 귀여워도 어른 앞에선 덥석 안아보지도 못한다. 애인도 그렇고 마누라도 주변 눈치 때문에 주저한다. 눈치 안 보고 마누라 팔짱 한번 껴보지 못한 채 평생 살았다는 사람도 많았다. 남들 보는 앞이라 체면상 안 되고 창피해서도 그러지 못했다.

우리는 남의 눈을 의식해 법을 지킨다. 서양인은 자기 양심에 따라 누가 보든 말든 지킬 건 지킨다. 한밤중 아무도 없는 교통신호까지도 잘 지킨다. 우리 눈에 좀 숙맥처럼 보인다. 우리는 지켜보는 경찰이 있을 때 법을 지킨다. 아무도 보는 사람이 없다면 교통법규쯤 아랑곳하지 않는다.

시민의식을 높여준 양심냉장고

개그맨 이경규 씨가 진행했던 프로그램이 생각난다. 바로 '양심냉장고' 몰카다. 우리 주변에서 양심적인 사람을 찾아 선물로 냉장고를 준다는 프로그램이었다. 1990년대부터 우리나라에도 자가용 보급률이 높아졌다. 그러나 상대적으로 시민의식은 아직 낮은 상태였다. 2000년대 교통사고 사망자 수 통계가 2,000명 내외인 데 반해 자가용 보급률이 급격히 늘어나던 1990년대 중반에는 그보다 4~5배 많은 1만 2,000명이 한햇동안 교통사고로 목숨을 잃었다. 그땐 교통법규 준수 문화와 인식이 후진적이었다. 양심냉장고 프로그램 제작진은 양심 운전자를 찾아 나서기로 했다.

인적이 드문 도로에 진을 치고 신호를 지키는 운전자 찾기 몰카를 진행했다. 그러나 예상대로 수많은 차가 교통신호를 위반한 채 지나갔다. 시간이 꽤 흘렀지만, 거의 모든 운전자가 적신호에도 브레이크 대신 가속 페달을 선택했다. 이윽고 새벽 4시가 넘어갔다. 무의미한 도전, 촬영이었을까? 양심 운전자 찾기를 포기하고 촬영을 마치려는 순간 양심 운전자가 나타났다. 작은 티코 한 대가 정지신호를 지키며 건널목 앞에 멈추어 섰다. 그때가 새벽 4시 13분 즈음이었다. 진행자 이경규 씨가 다급히 운전자에게 뛰어갔다. 그리고 마이크를 들이대며 우습고 이상한 질문을 던졌다.

"왜 신호를 지키셨나요?"
놀랍게도 얼굴을 찌푸리며 다음과 같은 대답이 돌아왔다.
"나는… 늘… 신호를… 지켜요…."

'왜 신호를 지키셨나요?'라는 질문은 지금도 의미심장한 웃음을 제공한다. 신호를 지킨 주인공은 장애인 부부였다. 발음조차 제대로 하기 어려운 장애인 양심 운전자가 더듬거리며 들려준 대답은 전 국민의 마음을 뒤흔들었다. 급기야 이 내용은 초등학교 7차 교육과정에 수록될 만큼 의미 있는 명장면이 되었다. 방송 이후 대중들은 기본 공중도덕과 법규, 그리고 질서의식에 대한 인식의 변화와 마주했다. 우리 사회를 질적으로 한 단계 성장시킨(가볍지만 무거운) 에피소드였다. 시청자들은 해당 내용을 다시 방영해달라고 적극 요청했다. 이에 방송사에서는 일주일 후 본방송 시간에 전주 내용을 재방송하는 전무후무한 일이 벌어지기도 했다. 양심냉장고 주인공, 그들의 영향력은 대단했다. 방송 이후 우리 사회 곳곳에 도덕과 양심을 지키는 일이 널리 퍼져 나갔기 때문이다.

지금도 간혹 체면 없는 무리로 인해 무척 속상한 일들이 발생한다. 서양처럼 자율의식이 발달하지도 않은 문화권에서 체면마저 사라져간다는 건 사회질서의 파멸을 의미하는 심각한 신호라 하겠다. 공공의식에 약한 우리 사회가 체면이란 것 때문에 그나마 이 정도나마 질서가 유지되어왔는데 말이다.

체면은 있어야 하고 지켜야 한다. 그러나 이것이 너무 강하게 작용하여 일상행동에 지장을 준다면 문제다. 시대에 맞게 재정비해야 할 때가 왔다고 본다. 구태의연한 체면의식 때문에 위축되어도 안 될 것이며, 그렇다고 마음 내키는 대로 행동해도 안 될 것이다. 체면의 노예가 되면 적극성이 없어진다는 것이 큰 문제다. 여기서 특히 강조하고 싶은 건 체면과 명예를 혼동하지 말자는 거다.

그런 면에서 서양사람의 의식을 한번 음미해볼 필요가 있다. 백만장자도 선술집을 즐겨 찾는다. 이와 관련하여 사례를 하나 소개한다. 내가 미국의 대학에서 근무하던 시절, 우리 학교 교수 닥터 암스트롱이라는 분이 계셨다. 나중에 알고 보니 그는 뉴잉글랜드에 적을 둔 큰 기업의 상속자였다. 그런 부자가 바닷가 해변 근처의 작고 허름한 집에서 살고 있었다. '이런 곳에서 사람이 살 수 있나?' 싶을 정도로 낡은 집이었다. 비록 허름한 집이었지만 그런 집에서 산다고 그의 명예가 손상되는 건 아니었다. 오히려 마음 깊은 곳에서 존경심이 우러나왔다. 자기가 좋으면 그만이다. '아무려면 어때?'라는 자신감이다.

내가 경험한 서양 부자들은 자녀들의 결혼식도 간소하게 치른다. 서민보다 더 검소한 결혼식을 많이 목격했다. 당연히 부모의 장례도 소박하다. 우리 같으면 당장 불효자 소리 듣기 십상이다. 하지만 서양에서는 이런 행동이 그의 명예를 실추시키지는 않는다. 우리

가치관으로는 체면 손상이 될 테지만 그들에겐 아랑곳할 일이 아니다. 서양인들은 체면보다 명예를 더 중시한다. 아예 체면의식이란 걸 찾아보기 어렵다. 자율성을 존중하는 그들로선 명예란 말은 있어도 체면이란 말은 없다. ==명예란 남이야 뭐라든 자기 생각이다. 남의 눈에 좌우되는 게 아니고 내 마음이다. 내가 한 일을 스스로가 떳떳이 여길 수 있을 때 그게 곧 명예다.== 체면의식이 지나쳐서 전전긍긍하는 한국인에게 이 명예란 걸 생각해보기를 권한다.

분업이 안 되는 마음

체면의식이 강할수록 중추신경의 긴장도는 더해진다. 체면을 지킨다는 건 곧 자기 내심을 숨겨야 하는 억압이 선행되어야 한다. 하고 싶은 충동을 참고 짐짓 아닌 척해야 한다. 따라서 정신 에너지 소모가 많다. 이 부인(否認)과 억제기전(抑制機轉)을 강화하기 위해 체면의식엔 수치감이 동반된다. 체면을 못 지킴은 무안해짐을 일컬음이요, 이는 곧 강한 수치감이 되어 자신을 괴롭힌다. 따라서 어떤 충동도 이를 잘 숨겨, 외견상 아무렇지 않은 것처럼 보이도록 해야 한다. 행여 감추어진 충동이 억압을 뚫고 새어 나오기라도 하면 부끄러워 얼굴도 못 들게 훈련되어 있다. 그러니까 철저히 감추어야 한다.

그러자니 표정 하나, 행동 하나가 모두 부자연스럽다. 어딘가 굳어 있는 표정이다. 미국 친구들은 나를 '그라우치'라고 부른다. 구름 낀 날씨처럼 어둡다는 뜻이다. 좀처럼 감정표출을 하지 않는다고 면박을 주는 것이다. 나로선 좀 억울한 일이 아닐 수 없다. 평균적인 한국 사람과 비교해도 나는 확실히 낙천적이요, 표현적이었다. 하지만 서양인들 기준에는 크게 못 미치고 있음이 틀림없었다. 화가 났느냐, 무슨 기분 나쁜 일이 있느냐 별소릴 다 물어왔다. 그만큼 우리는 감정표출에 인색한 편이다. 특히 좋아하는 일, 기뻐하는 감정의 표현에는 더욱 인색하다. 자칫 주위로부터 경망스럽다는 소리를 들을까 봐 눈치까지 살핀다. 하지만 무엇보다 '점잖은' 체면에 쉽사리 까르르 웃어댈 수는 없는 일이다. 사람 마음이란 기계처럼 분업이 잘되지 않는 것이라 한 가지 감정을 숨기려고 노력하면 나머지 것들도 함께 얼어붙고 만다. 배고픈 걸 억지로 참고 견뎌보았는가? 주린 배를 움켜쥔 채 꾹 참고 안 고픈 척하면 정말 힘들다. 찬물을 마시고도 큰기침에 이빨을 쑤셔야 한다. 이런 모습은 허세일 뿐, 결코 자연스럽게 보이진 않는다. 이런 경우 몸도 마음도 굳어져 있는 걸 스스로 느낄 수 있다. 이게 바로 체면의 생리다. 체면에 못 이겨 점잔을 빼자니 긴장 일색이다. 이런 정신적 긴장이 피로감을 가중시킨다. 하는 일 없이 피곤하고 무슨 일을 해도 억지로 하니까 정신적 부담도 더욱 커진다. 모든 게 남의 눈에 강제된 상황에서는 자발심이나 창의력도 위축되게 마련이다. 좋은 생각이 절대로 우러날 수 없다. 억지로 끌려서 하는 듯한 부담감에선 무슨 일이든 적극적일 수가 없다.

겉치레와 '~척'병

속이 찬 사람은 형식에 구애받지 않는다. '체면' 운운하고 형식을 따지는 사람일수록 속은 비어 있다. 텅 빈 속을 위장하려니 겉모양이라도 그럴듯하게 갖추어야 한다. 보상심리가 작용하는 것이다. 가난할수록 좋은 옷을 입어야 하는 강박증도 그렇고, 빚을 내서라도 호화스러운 집을 짓는 일 역시 그런 이유에서다. 매사에 자신감이 넘치는 사람은 그런 것쯤 아랑곳하지 않는다. 미국 청소년은 옷 타령을 안 하고, 집이라고 해봐야 군대 막사와 같은 외형이지만 그런 것들이 그들의 체면을 떨어뜨리지는 않는다.

겉치레를 중요하게 여기는 우리는 어떤가. 보고서를 제출해도 내용은 뒷전이고 표지나 격식부터 갖추는 등 결재 맡는 태도를 더 중요하게 생각한다. 형식에 치우친 나머지 얼마나 불필요한 서류를 첨부해야 하는지 관청 출입이 부담스러운 시절도 과거엔 존재했다. 학교 상황도 마찬가지다. 교수가 논문을 쓸 땐 내용이 어려워야 한다. 전문 용어와 외래어를 많이 넣고 버무려야 좋은 평가를 받는다. 그리고 영어를 써야 원문에 밝은 실력자로 통한다. 실력 없는 교수의 강의가 어려운 이유도 난해한 어구를 많이 쓰기 때문이다. 그래야 권위가 서고 교수로서의 체면이 서는 줄로 안다.

필자가 학회지에 논문을 처음 발표했을 때의 일화다. 나는 논문을 일반인이 봐도 알아볼 수 있을 만큼 쉽게 작성해 제출했다. 좀 과장하면 수필 같은 느낌의 논문이었다. 그런데 내 글이 너무 쉽게 쓰였다는 것이 문제가 되어 논문이 반환되어 돌아왔다. 당시만 해도 논문은 어렵고 난해해야 한다는 암묵적인 룰이 있었다. 나름의 권위주의 의식이 존재했다. 논문이 너무 쉬우면 안 된다는 말과 함께 학술 용어와 영어를 적절히 섞어 작성해야 좋다는 피드백이 돌아왔다. 인정하기 힘들었지만 그런 지적을 받고 논문을 다시 수정한 기억이 떠오른다. 건달이 문자를 섞어가며 지껄여대는 것도 체면 때문이다. 이처럼 우리 사회엔 속은 비어도 식자연하는 '~척'병이 만였했다. 무엇이든 백과사전처럼 다 알아야 하는 '~척'병 말이다. 누가 무얼 물어도 모른단 소리가 안 나온다. 체면상 그럴 수가 없다.

최고의 국문학자였던 양주동 선생의 일화다. 6·25 전쟁 당시 피난지 대구에서 강의하던 때의 일이다. 선생은 고전문학 강의 도중 그만 어느 대목에서 막혀버렸다. 한참 동안 고개를 갸웃거리더니 '모르겠는데'라고 말했다. 자칭 국보요, 천하의 수재라 불리던 그의 높은 코가 납작해지는 순간이었다. 선생의 입에서 모른다는 소리가 나오다니 정말 의외였다. 학생들이 민망할 지경이었다. 하지만 선생은 태연했다. 모르는 게 마치 자랑이나 되는 듯 오히려 뻔뻔스럽기(?)까지 했다. 선생의 다음 말이 더욱 걸작이었다.

"내가 모르는 거면 학생들도 몰라도 돼!"

강의실엔 폭소가 터졌다. 선생 특유의 애교 넘친 제스처와 함께 아무 일 없었다는 듯 강의가 이어졌다. 나는 지금도 선생의 강의를 잊을 수 없다. 어쩌면 모른다는 소리를 그렇게 자신 있게 할 수 있었을까. 적당히 얼버무려도 그냥 넘어갈 수 있는 대목이었다. 더구나 선생의 능변이라면 충분히 그럴 수 있었다. 하지만 선생은 분명히 '모른다' 하고 넘어갔다. 자신만만한 선생의 여유이자, 배짱이었다. 물론 이런 모습은 범인(凡人)의 경지가 아니다. 자신 없는 사람은 모른다는 소리를 못한다. 크게 무시당할 것 같은 소심증이 작용하기 때문이다. 적당히 아는 척하고 떠들어야 한다. 자신의 무지를 숨기려면 더 떠들어야 한다. 그래서 서울도 안 가본 사람이 이기는 법이다.

외국 여행길에서 알아듣지도 못하는 외국어를 들으면서도 체면상 고개만 끄덕이다 망신당한 이야기도 흔하다. 손짓 발짓을 해서라도 상대방이 전하려는 메시지를 분명히 알아듣고 행동해야 한다. 우리가 외국어를 모르는 건 당연하다. 그 외국인도 한국말은 모른다. 피장파장이니 창피할 게 없다. 사실 외국어야 너무 잘해도 탈이다. 자기 말이 아닌 이상 조금 떠듬거리는 게 오히려 예의다.

의사도 시원찮은 의사가 자신 있는 척한다. 돌팔이치고 만병통치 못 하는 의사 없다. 광고에 '책임치료' 운운하는 의사치고 똑똑한 사람 없다. 아무리 간단한 병이라도 겸허한 자세로 임하는 모습이 의

==사의 본분이다.== 명의의 경지에 이를수록 모르는 병이 많은 법이다. 어느 강연회에서 있었던 일이다. 그때 나는 '주부들이 나들이해야 한다'고 열을 올렸다.

"아니, 모든 주부가 다 밖으로만 나다니면 집안 꼴이 어떻게 되겠소!"

흥분한 중년 남성이 따져 물었다. 난 담담한 어조로 '잘 모르겠다'고 대답했다. 그는 어이가 없었는지 피식 웃고는 자리에 앉았다. 이 경우 묻는 사람의 의중은 분명하다. 내가 뭐라고 하든 그걸 물고 늘어질 판이다. 함정을 파놓고 기다리는 질문에는 '모른다'는 대답이 가장 현명하다. 어설프게 대답했다간 꼼짝없이 말꼬리를 잡힌다. 사리가 이런 데도 우리는 누가 물으면 모른다는 소리를 못한다. 거의 습관적으로 대답을 해야 한다는 강박증이 작용한다. 물론 이런 모습은 어릴 적부터 그렇게 교육을 받아왔기 때문일 것이다. 학교에서나 집에서나 어른이 물으면 큰 소리로 분명히 대답해야 똑똑한 아이로 칭찬을 들었다. '질문 → 대답'의 조건반사가 중추 깊숙이 형성되어 누군가 무엇이든 물으면 즉각 대답이 나와야 했다. 모르면 적당히 얼버무리기라도 해야 한다. 하지만 모를 수도 있고 모를 권리도 있다. 특히 남의 분야는 모르는 게 오히려 자랑이다. 그만큼 내 분야를 열심히 했다는 증거도 된다. 솔직히 세상 꼴불견은 남의 전문분야를 아는 척하고 떠드는 일이다.

모르면 물어라

모른다는 이야기를 못 하는 사람은 묻는 일에도 젬병이다. 그것도 몰라? 행여 상대가 그렇게 생각하면 어쩌나 싶은 두려움이 앞선다. 베스트셀러『정의란 무엇인가』의 저자 마이클 샌델 교수가 내한하여 이런 말을 했다. 한국 교수들은 강의하기가 참 쉽고 편하다는 이야기였다. 그 이유인즉슨 한국 학생들이 질문도 안 하고, 토론도 하지 않으니까 그렇다는 것이다. 과거에 했던 강의를 다시 강의해도 학생들은 불만도 없고 불평도 없다고 한다. 예전 강의를 반복해도 그 문제를 지적하거나 따져 묻지 않고, 교수들의 일방적인 수업만 말없이 받아 적는 모습이 비일비재하다는 것이었다.

질문은 곧 아웃풋(Out-put)이다. 그러나 한국 학생들은 교수 말만 메모하며 인풋(In-put)만 할 뿐 아웃풋 행위, 즉 질문 없이 수업을 마친다. 그래서 한국 교수들의 강의가 세상 편하다는 이야기였다. 듣고 정리하는 일도 중요하다. 그러나 듣고 토론하며 질문하는 행위가 한결 더 중요하다. 아웃풋이 뒤따라야 창의력이 길러지는 법이다. 대학 수업이든 회사의 일이든 서로 질문하고 대답하는 상호작용이 질적 변화를 일으킨다. 물론 우리가 살아가는 여러 인간관계에서도 질문하고 대답하는 상호작용이 무척 중요하다. 두 가지 기능 중 하나가 제 역할을 못 하면 일이 엉뚱한 방향으로 흘러간다.

또 한 가지 문제는 모르면 모른다고 대답하면 될 일을 아는 척하며 적당히 넘어가려는 심리다. 자신의 무지를 감추려면 그럴 수 있다. 또 그래도 큰 문제가 생길 일이 아니라면 그럴 수 있다. 하지만 그래서야 발전이 없다. 모르는 걸 아는 척하고 넘어가면 발전하지 않는다. 더욱 딱한 일은 꼭 알아야 할 일을 어물쩍 넘겨 큰 낭패를 당하는 경우다. 다시 해외여행 중의 에피소드를 소개한다.

"이 근처 식당에서 점심을 드시고 2시 15분까지 이곳에 모이도록 하십시오."

가이드의 영어가 시원찮긴 했어도 그 정도 내용은 어림짐작으로도 대략 알아들을 만했다. 그런데 스페인에서 왔다는 한 부부가 모임 시간이 지나도 끝내 나타나지 않았다. 한참 늦게 쇼핑백을 들고 나타나 미안한 기색도 없이 태연히 버스에 앉는 게 아닌가. 일행은 못마땅했다. 어떻게 된 일인지 물었지만, 얼굴만 붉힐 뿐 대답을 못했다. 영어가 불통이니 설명을 알아듣기나 했을까. 저러고 해외여행을 왔다는 게 용감하다. 못 알아들었으면 손짓 발짓을 해서라도 확실히 몇 시까지 돌아와야 하는지는 알고 떠나야지…. 그마저 안 되면 아예 안내원을 따라다니든지 알아들은 척하고 떠난 게 화근이었다. 영어를 못한다는 건 창피가 아니다. 하긴 우리말 뜻도 모르면 물어야 한다. 무시하면 어쩌나 싶지만 천만에다. 사람들은 남에게 뭔가를 가르쳐줄 수 있을 때 기분이 좋아진다는 사실을 기억하자. 문고 질문하는 일은 뛰어난 사교술이기도 하다. 상대에게 자기과시를 할 기회도 줄 수 있다. 그리고 사람은 남을 위해 무언가를 해줄 수 있을 때 감사를 받고 싶은 본능적 욕구가 있다. 당신의 질문이 상대에게 그런 기분을 갖게 한다면 이보다 더 좋은 사교술은 없다. 척하는 것이 문제일 뿐, 모른다는 건 절대 창피한 일이 아니다.

적극성의 적(敵)

시원찮은 녀석일수록 자존심이 세다. 이런 걸 보르델은 '열등감을 뒤집어놓은 것'이라고 꼬집었다. 하찮은 일에도 '자존심' 운운하고 들고나오길 잘하는 사람이 많다. 위신상 그럴 수 없다느니, 자존심이 상해서라느니 등등 점잔을 빼는 친구들 대부분은 체면을 지나치게 의식한다. 이건 다시 말해 그만큼 자신이 없다는 증거이다 보니 이들은 무슨 일에든 과감하지 못하다. 해서 잘되지 않으면 체면 손상이 될 테니 아예 하지 않는 것만 못하다. 위신상 어떠니 하면서 매우 도도한 자세로 얼러대기만 할 뿐 선뜻 나서지 못한다. 이런 사람일수록 허세가 세다. 아니 세야 한다. 시원찮은 선비의 갓이 높고 헛기침이 큰 법이다. 초연한 척하고 뒤로 물러서 남의 싸움 구경이나 했지 팔 걷고 들어가질 못한다. 까마귀 싸우는 곳에 백로야 가지 마라? 이 얼마나 깨끗한 정신인가. 하지만 이것 때문에 망국의 설움까지 겪어야 했다면 과언일까?

더러운 무리와 싸우기엔 '위신이 서지 않는다'는 핑계였다. 나라 생각은 뒷전이고 개인의 체면만 앞세워 달아나버렸다. 그뿐인가. 외국의 문호개방 요구를 마치 오랑캐 무리의 생떼로 보고 아예 나라 문을 닫아버렸다. 이런 걸 모두 '백로정신'으로 숭상하기엔 우린 너무 소극적이었다. ==까마귀 싸우는 곳에도 가봐야 할 게 아닌가. 무슨 일이 벌어지는지 알아야 대응할 수 있다. 말릴 일이면 말려야 하고 내 목소리를 적극적으로 내야 할 일이면 한판 붙어야 한다는 말이다.== '더럽다'고 외면하는 건 허세이자 무력감 탓이지 그게 결코 위신을 지키는 길은 아니다. 현실 도피요, 헛된 체면의 노예가 될 뿐이다.

한마디로 싸울 자신이 없어서였다. 자신 없는 싸움을 하라는 건 아니다. 그럴 땐 일단 물러나 다음을 위해 준비해야 하는데 그러지도 못했다. 아예 피해버리고 모든 걸 잊고 돌아왔다. 이런 소극성과 기피증도 지나친 체면의식의 산물이다. 일상생활의 작은 일에서도 경쟁을 피해버리곤 한다. 지면 체면 손상이 이만저만이 아니기 때문이다. 자리는 탐나는데 선거에 출마하지 못하는 소극성도 체면 탓이다. 투표에 지면 체면 손상이 커진다. 그러다가도 일단 출마를 결심하면 방법을 가리지 않는다. 빚을 지고라도 선거에 이겨야 한다. 과거의 우리나라 선거가 과열 양상으로 치달았던 풍토 또한 따지고 보면 체면의식이 낳은 현상이었다. 정치이념은 뒷전, 떨어지면 창피하니까 무슨 수를 써서라도 당선되어야 했다. 이런 선거풍토에선 페어플레이를 상상할 수 없었다. 인신공격은 기본, 감정 차원으로까지 발전했다. 입후보자는 물론이고 선거 참모까지 서로 원수가 되곤 했다. 후유증으로 두고두고 원수가 되었다는 이야기는 지방으로 갈수록 더욱 심각했다. 선거에 지고도 승복하지 않았다. 선거소송이 우리처럼 많은 나라도 또 없을 것 같다. 당선자에게 축하 꽃을 보내고 최선을 다한 상대에게 격려를 보내는 풍토로 바뀌어야 한다. 패배를 깨끗이 인정하고, 승패를 수용해야 한다. 그래야 다음 기회를 노릴 수 있다. 이런 모습이 진짜 체면을 지키는 일이다.

정치 이야기가 나왔으니 조금 더 하고 싶은 말이 있다. 굳이 정치 성향을 따지자면 나는 만년 여당이다. 우리는 여러 선거를 통해 나랏일을 해줄 일꾼을 뽑는다. 지방의원, 지자체장, 국회의원, 대통령도 투표로 뽑는다. 그런데 실제로 내가 투표한 사람이 매번 당선되라는 법은 없다. 그러나 내가 찬성을 했건 반대표를 던졌든 간에 일단 자리에 당선되면 그 이후로는 우리 시장, 도지사이고 국회의원이며 대통령이다. 내가 그를 반대했든 찬성했든 일단 어떤 인물이 선출되면 우리를 위해 일할 수 있도록 그에게 힘을 실어주어야 한다. 발목을 잡는 대신 응원해 주어야 한다. 실제로 나는 선거 전 마음에 안 들어 표를 주지 않은 인물이 당선되면, 과거에 내가 반대했던 기억을 머릿속에서 지우고 그를 응원한다. 그의 편이 되어준다. 그게 옳다고 생각한다. 이런 모습이 선거 이후에 나타나는 갈등과 다툼을 줄이는 방법이다. 도울 수 있을 때 돕고, 뭔가 일이 잘못 돌아간다 싶으면 그때 반대 목소리를 내도 된다. 일을 잘 할 수 있도록 돕는 일이 필요해 보인다. 그래서 나는 만년 여당, 항상 여당이었다. 어느 쪽이 정권을 잡든 응원했다. 누가 보면 줏대 없다고 말할 수도 있겠다. 그런데 이 작은 땅, 더군다나 자원도 변변찮은 나라에서 우리가 경쟁력을 갖추고 세계에서 살아남는 방법은 다툼없이 하나로 뭉칠 때 가능하다. 내가 원치 않는 사람이 대통령이 되더라도 일단 우리나라 대통령이니까 우리 대통령이 일을 잘할 수 있도록 돕는 게 국민의 도리다. 여야로 갈리고 동서로 나뉘어 다투는 작금의 정치 현실이 안타깝다.

질 줄도 알아라

지면 자존심이 상하기 때문에 아예 시합을 않겠다는 사람들도 있다. 한판승부에 인격까지 들먹이고 거창하게 떠든다면 이건 자존심이 아니라 열등의식의 소산이다. 작은 일에도 지길 두려워하는 사람은 패배가 곧 잠자고 있는 열등의식을 자극할까 두려워서다. 자신 있는 사람은 지는 걸 두려워 않는다. 졌다는 단순한 사실을 두고 자존심 운운하며 떠들지도 않는다. 지면 진 거다. 그뿐이다. 그렇다고 아주 진 것도 아니다. 인생에 진 건 더욱 아니다. 오늘 한 번 졌을 뿐이다. 다른 복잡한 의미를 붙일 필요가 없. 한 번 졌다고 영원히 지는 게 아니다. 더군다나 지금은 인생 100년 시대다. 나 역시 어느

새 아흔을 넘겨 이만큼 살아보니 조금 알겠다. 과거에는 나도 한 번 지면 마치 인생이 끝장나는 건가 싶어 조바심이 들고 자존심이 상해서 지기가 싫었다. 그러나 인생은 길다. 더군다나 100년은 긴 시간이다. 살면서 몇 번 지더라도 인생이 망하는 건 아니다. 기회가 반드시 또 찾아온다. 인생은 고작 한두 번의 패배로 결정되는 짧은 레이스가 아니다. 비록 지금 패배해서 무너졌더라도 심기일전하며 준비하면 반드시 기회가 온다. 적어도 삶을 살아가는 동안 몇 번의 기회가 반드시 찾아온다. 그러니 패배를 너무 두려워하지 말기 바란다. 지금은 끝난 것처럼 느껴져도 절대로 끝난 게 아니다. 살고 보니 인생은 길다.

우리나라 스포츠 선수들은 체력의 한계 운운하면서 대체로 일찍 은퇴하는 경향이 있다. 나로선 이해하기 어려운 현상이다. 게다가 후배한테 길을 열어준다는 변명도 우습다. 더욱 근본적인 이유는 '내가 지면 창피해서…'라는 자존심이 작용하기 때문이다. 어쩌다 후배 선수에게 한판이라도 지는 날이면 더 창피당하기 전에 일찌감치 걷어치우는 게 좋겠다는 생각을 한다. 여자선수일수록 이런 경향이 많고, 개인경기일수록 빨리 은퇴하는 모습이 이를 뒷받침한다. 우리는 대체로 승부에 지나치게 의미를 부여한다. 지역의 명예, 나라의 명예를 걸고 시합에 나선다. 이런 부담이 작용하니까 진다는 의미가 더욱 복잡해진다. 따지고 보면 이건 못난 사람들의 열등의식 소산이다. 미국은 올림픽에 그다지 관심이 없다. 실황중계라곤 저녁 뉴스 시간에 간추려 소개하는 정도다. 그들은 오히려 국내 프로농구나 야구 시합에 더 열광한다. 과거 냉전 시절의 구소련이 국력을 동원해 직업 선수까지 올림픽에 내보내는 것과 비교하면 역시 미국은 자신만만했다. 금메달이 뭐 대순가? 금메달을 딴 선수일지라도 나라의 명예 운운하고 추앙하는 모습을 별로 볼 수 없었다. 메달 하나에 국운이라도 걸린 듯 초조해하는 다른 나라 모습과 비교가 되었다. 우리가 메달 하나에 온 국민이 축제 분위기에 젖어 흥분하는 걸 보면 난 솔직히 자존심이 상한다. 체력이 국력이란 말도 작은 나라에서나 하는 소리다. 지면 진 거지 거기에 나라를 들먹일 것까진 없다. 올림픽 경기에 졌다고 나라가 어떻게 되는 것도 아니다. 과거 88올림픽을 다시 떠올려보자. 메달에 대한 지나친 집착 때문에 온 세계에 나라 망신을 톡톡히 알린 결과가 나오기도 했다. 손님을 불러 잔치를 연 주인의 체면에 지울 수 없는 먹칠을 한 것이다.

누구나 한두 번은 지게 마련이다. 천하무적의 챔피언도 언젠가는 쓰러지고, 세계기록도 깨지기 위해 있다. 참가에 의의가 있다는 이상론을 주장하려는 게 아니다. 승부를 초월한 배짱을 가져야 함을 강조하고 싶다. 한판승부에 지나친 의미를 부여하지 말자. 의미가 복잡하고 거창할수록 중추신경의 부담만 커져 시합은 더 엉망이 된다. 마음을 가볍게 해야 한다. 누가 이겼냐가 아니라 얼마나 재미있었고 최선을 다했나 하는 과정이 중요하다. 관중은 언제나 최선을 다한 선수에게 박수를 보낸다. 이 사실을 기억하자. 더구나 취미로

==자존심==즐기는 가벼운 시합을 앞두고 '자존심' 운운하는 건 망상증 환자나 하는 소리다. 모든 걸 다 잘해야 한다는 생각은 과대망상증이다.== 지면 자존심이 상하고 창피해서 남들 앞에 얼굴을 들지 못한다면 정상적인 모습이 아니다.

70년대 골프계를 휩쓸던 잭 니클라우스도 나이 앞에는 어쩔 수 없었는지, 몇 해 동안 거의 잊혀가는 선수가 되었다. 그러다 1980년 전미(US) 오픈에서 다시 우승의 영예를 안았다. 실로 8년 만의 왕위 탈환이었다. '왕자의 부활'이라고 모두가 흥분했다. '다시 돌아왔군요!' 하는 기자의 환성에 그는 싱긋이 웃으며 응수했다.

"난 떠난 적이 없는걸요. 그저 이기질 못했을 뿐이지요."

얼마나 여유만만한 응수인가. 그가 들려준 짤막한 한마디 속에 많은 의미가 함축되어 있다. 그는 나이도 의식하지 않았고 몇 해 동안 입상하지 못한 일도 마음에 두지 않았다. 승패를 단순한 사실로 담담히 받아들이는 여유를 보여주었다.

얼마 전, 테니스 세계 랭킹 1위인 조코비치가 보여준 모습도 인상적이다. 그는 2025년에 열린 프랑스오픈 경기에 출전했고 그 중요한 시합, 한 타가 중요한 시점에서 승부보다 정정당당한 신사도를 선택했다. 상대 선수가 쳐서 넘긴 볼이 라인에 살짝 걸쳤는데 심판은 조코비치에게 유리한 아웃 판정을 내렸다. 그러자 조코비치는 심판 판정이 잘못됐다며 챌린지 신청을 했다. 판독 결과 과연 조코비치의 말처럼 공이 라인에 살짝 걸쳐 상대 선수의 득점이 인정되었다. 이 모습을 지켜본 관중들은 정정당당한 조코비치를 향해 존경과 경의의 박수를 보냈다. 경기를 TV로 지켜보던 나 역시 박수가 절로 나왔다.

2018년 호주오픈에서는 우리나라 정현 선수가 조코비치를 꺾는 이변이 벌어졌다. 테니스 변방으로 여겨지던 우리나라 테니스 실력이 한 단계 업그레이드된 것 같아 테니스 마니아로서 무척 행복했다. 그런데 속사정을 들여다보면 놀라운 뒷이야기가 숨어 있었다. 그 경기에서 진 조코비치 몸 상태가 문제였다. 하필 그날 몸이 매우 안 좋아 컨디션이 형편없었다고 한다. 자신의 기량을 다 보여줄 수 없는 경기였다. 그럼에도 불구하고, 조코비치는 자신을 이긴 정현 선수를 향해 '난 최선을 다했지만, 경기에 졌다. 너는 정말 훌륭한 선수다'라고 말하며 추켜세워주었다. 조코비치는 몸이 아프다는 둥, 컨디션이 안 좋다는 둥 핑계를 일절 대지 않았다. 최선을 다했지만 졌다고 인정한 대선수였다. 세계적인 선수는 그냥 만들어지는 게 아니다. 조코비치가 보여준 여유, 신사도가 뒷받침되어야 가능한 일이다.

세계적인 선수들은 이겼을 때보다 졌을 때의 그 당당한 태도가 더 기억에 남는다. 최선을 다했다는 긍지가 있기 때문이다. 누가 지길 좋아하랴. 하지만 그게 싫어 아예 시합을 안 하겠다는 사람도 우리 주위에는 많다. 완전주의라는 환상이 작용하니까 그렇다. 완전주의는 심신을 피로하게 만든다. 긴장과 불안의 팽팽한 밧줄 위에 곡예사가 돼야 한다. 한판이라도 지는 날이면 심한 실의에 빠진다. 완전하지 못할 바엔 아예 않겠다는 이러한 양극 논리는 환상이다. 인간은 누구나 완전과 불완전의 중간에 있다. 정직도 부정도 그렇고 내향성, 외향성 성격의 사람도 그 양극의 정점에 있는 게 아닌 혼합된 중간상태에 있다. 바야흐로 현대는 경쟁 사회다. 체면 때문에 지는 게 두렵다면 낙오자라는 신세를 면키 어려울 것이다. 떳떳이 나가 떳떳이 싸우는 거다. 그러다 지는 한이 있더라도 가만히 있느니보다 값진 경험일 수 있다. 과거 수많은 역사의 사례가 알려준다. 당당한 패배가 비굴한 승리보다 얼마나 더 명예로운가.

배지 단 사람들

우리나라엔 왜 자연과학 분야가 발달하지 못했을까? 세계가 고도기술 시대로 접어든 요즈음 이런 자문을 해보곤 한다. 학자에 따라선 우리의 사고형태가 과학적이지 못한 데 원인이 있다고도 한다. 풍토적으로 서양사람은 사물을 보는 눈이 분석적이고 논리적인 데 비해 우리는 직감적이고 감성적이라는 진단이다. 서양문물을 받아들이지 않고 문을 닫고 있었던 탓이라고도 말한다. 그 외에도 여러 가지 요인을 생각해볼 수 있다. 하지만 이에 못지않게 중요한 건 우리 민족의 관료 숭상 사상도 한몫을 거든다. 벼슬을 해야 입신출세의 체면이 선다. 우린 지금도 금의환향 의식의 노예가 되어 있다. 명절 때의 귀성행렬 속에도 그러한 의식이 강하게 드러난다. 새 옷으로 맞춰 입고 윤이 나는 자가용을 끌고 귀향길에 오른 젊은이의 마음속에 금의환향의 기쁨과 긍지가 없다고 누가 부인하랴. 이런 의식이 무작정 상경이란 풍토까지 만들어냈다.

관료의식 속에는 체면의식이 깊숙이 자리한다. 벼슬이 바로 위신이요, 체면으로 통했다. 고도의 전자기술 시대에 들어선 오늘날까지 한국의 수재들은 여전히 관료직 진출의 꿈을 가지고 있다. 법대의 인기가 여전히 높다. 천하의 수재들이 고시원에 묻혀 좁은 고시의 문을 파고든다. 벼슬을 해야 체면이 선다는 의식이 우리 과학발달의 저해요인 중 하나가 아닐까 싶다. 사석에서 기회가 있을 때마다 나는 '서울 법대가 망해야 우리나라가 잘 된다'고 말했다. 정말 머리가 좋은 수재들이 이공계 계열로 들어가 과학 발전을 위해 일해야 한다. 나의 집안 조카 중에도 천재 소리를 듣는 아이가 있다. 나는 조카에게 제발 그 머리로 공대에 가라고 권했다. 그러나 조카는 결국 법대에 지원했다. 아이의 시골집에서는 그래도 관료직에 대한 희망을 놓지 않았다. 금의환향이라는 꿈을 이루는 데에는 이공계보다 법대가 더 적합한 선택이라고 생각한 것이다.

이처럼 지금도 우리는 관료의식이라는 틀에서 벗어나지 못하고 있다. 좋은 머리가 있다면 법조문을 외는 것보다 기술을 배워 연마하는 것이 더 이롭지 않을까 한다. 그래서 나는 서울 법대가 망해야 우리나라가 흥한다고 종종 밝혔다. 법대 출신 판검사들이 들으면 화낼 일이겠으나, 나는 정말 서울 법대가 망해야 한다고 생각한다. 한편 최근 들어 학생들에게 의과대학이 굉장히 인기가 높다. 그 이유는 경제적 안정성 때문에 그런 듯하다. 진실인지는 모르겠으나 의대에 진학하려고 초등학교 때부터 입시 반이 따로 있다는 이야기도 들었다. 의사가 버는 수입도 그렇고 사회적인 지위도 높고 하니까, 안정적인 직업이라고들 생각하는 것 같다. 이처럼 법대는 관료주의적 관점에서 또 의대는 돈벌이와 사회적 레벨 관점에서 매우 인기가 높다. 그러나 세상은 더욱 다양하고 빠르게 변해간다.

2025년 통계청 기준 우리나라에는 약 1만 6,000개의 직업이 존재한다. 앞으로도 새로운 분야의 직업이 계속 늘어갈 게 분명하다. 당연히 직업관에 대한 인식이 바뀌어야 한다. ==벼슬자리에 앉아야 출세한다는 사고방식은 고인 생각이다. 나의 능력이나 이상, 취향 등을 깡그리 무시하고 그저 남들이 좋다는 대학, 직장에만 몰리는 그런 생각을 버려야 한다.== 그래야 나라도 균형 있게 발전한다.

월터 크롱카이트는 미국 최고의 앵커로 불린 인물이다. 내가 미국에 살면서 본, 지금도 잊히지 않는 인상적인 인터뷰 장면도 그가 만들어냈다. 당시 구소련의 관광객이 아마 처음으로 미국에 와서 전 국민의 관심을 끈 일이 있었다. 월터 크롱카이트가 소련 관광객과 인터뷰를 했다. 소련 사람이 본 미국의 인상이 어땠는지 질문했다. 그중 한 사람이 월터 크롱카이트의 인터뷰에 응하며 이렇게 말했다.

"미국은 어딜 가든 자동차가 많네요. 그걸 전국에서 모으느라 고생이 많았겠어요!"

그는 미국이 좋은 이미지를 심어주고자 일부러 많은 자동차를 소련 관광객들 눈앞에 풀어놓았다고 의심했다. 참 어이없는 생각이다. 미국이 소련보다 잘 사는 모습을 과시하고자 자신들이 가는 곳마다 차를 모아두었다고 의심한 것이었다. 그 말을 들은 월터 크롱카이트가 재치 있게 응수했다.

"바퀴가 달려 움직이는 자동차를 모으는 일은 별로 어렵지 않았어요. 그보다 더 어려웠던 건 맨해튼 곳곳에 서 있는 높은 빌딩을 전국에서 모으는 일이었죠."

시치미를 뚝 떼고 태연하게 응수하는 모습이 전파를 타고 미 전역으로 송출되었다. 나는 그 인터뷰를 보며 과연 월터 크롱카이트는 다르다고 생각했다. 그의 논평 한 마디는 미국뿐 아니라 전 세계를 뒤흔들고 대통령의 운명을 좌우할 만큼 막강한 영향력이 있었다. 그는 수많은 미국 언론인 중에서도 독보적인 존재로 군림했다. 그의 저력은 무엇이었을까? 사람들은 그게 궁금했다. '당신의 비결이 뭡니까?'라고 물을 적마다 크롱카이트의 대답은 한결같았다.

"방송은 나를 위해 있는 거니까요."

그도 웃고 사람들도 따라 웃는다. 하지만 이 말 속에 그의 위대성이 있다는 걸 아는 사람은 많지 않았다. 물론 언론인으로서 천부적 자질이나 후천적 노력도 무시할 순 없다. 그러나 더 중요한 건 자기 직업에 대한 긍지다. 이건 그가 처음 지방 방송국 기자로 일할 때부터 발전했다. 비록 이름 없는 지방 방송국이었으나 여기서 전국 최고의 방송을 해내겠다는 확고한 긍지로 일했고 열심히 뛰었다. 지방 방송국임을 개의치 않았다. 그에겐 장소보다 방송을 한다는 사실이 중요했다. 장소는 크게 상관없었고 무엇을 하느냐가 중요했다. 이렇게 자기 직업에 대한 긍지가 그를 세계 언론인의 우상으로 만들어냈다.

우리 주위엔 자신의 직업을 말하는 데 주저하는 사람이 많다. 직업이 곧 사회적 지위나 신분을 대변한다고 생각하니까 그렇다. 사회적으로 인정받을 만한 직업이 안 된다고 생각할수록 긍지는커녕 창피하게 생각한다. 자가용 운전기사가 운수사업을 한네 말하는 것도 자기 직업에 대한 긍지가 없는 탓이다. '사장'과 '사모님'이 범람하는 일도 이런 풍토에서 기인한다. 직업은 덮어두고 직장 이름만 대는 사람도 있다. 중앙청에 있다느니, 법원에 있다느니 하는 것이다. 중앙청엔 장관에서 일용직까지 있다. 이건 곧 장(場)을 중시하는 의식구조의 문제다.

무조건 명문 대학만 찾는 풍토도 그렇다. 배지 이야기가 나왔으니 말이지, 우리만큼 배지 좋아하는 사람들도 없다. 중·고등학생처럼 꼭 달아야 하는 강제성을 띤 것도 있긴 하다. 하지만 안 달아도 될 걸 달고 다니는 사람의 심리는 뭔가. 배지에는 직장만 표시될 뿐 직책까지 써놓은 건 아니기 때문이다. 하긴 국회의원 금배지처럼 직업을 나타내는 것도 없지는 않다. 그렇다고 꼭 달아야 하는 건 아니다. 배지를 달아 자신의 소속감이나 연대감을 확인하려는 심리도 작용한다. 하지만 이걸 굳이 의식해야 하는 이라면 독립심이 강한 사람은 아니다. 배지가 자기과시의 뜻이 있을지 모르지만 알고 보면 그 속에 자기를 숨기는 결과가 된다. 이렇게 생각이 위축되어선 발전을 기대하기 힘들다.

직업만이 아니다. 자기 성씨(姓氏)나 출신 지역에 대한 콤플렉스도 마찬가지다. 마틴 루터킹 목사는 생전에 이런 걱정을 했다고 전한다. 백인의 차별보다 더 무서운 건 흑인 스스로 백인보다 못하다는 열등감을 느끼는 일이다. 이런 편견에 흑인이 말려 있으니 인권

운동은 출발부터 있을 수 없는 일이라고 생각했다. 미국의 문화 인류학자 마거릿 미드 여사도 여성운동 지도자에게 여성 스스로 갖는 편견에 대해 비슷한 경고를 했었다. 우리 주위엔 직업에 대한 열등감을 가진 사람이 의외로 많다. 직업을 물을까 봐 겁이 나 사람 만나기가 싫다는 사람도 만나봤다. 그렇게 자기 직업이 싫으면 바꾸어야 한다. 그러나 딱한 건 그럴 용기도 없다는 사실이다. 바꾸려니 자신이 없고, 그냥 하자니 불만이라면 이거야말로 콤플렉스다. 여기에서 탈피하는 길은 열심히 일하는 것뿐이다. 자기 직업에 긍지를 가지라지만 그게 어디 마음대로 되는 일인가. 억지로 자부심을 갖자고 노력한다고 되는 일이 아니다. 그러나 열심히 일하는 건 가능한 일이다. 그건 의지대로 될 수 있다.

"10년을 해야 이 꼴일 텐데…. 후유, 이걸 언제까지…."

그것도 이해가 간다. 하지만 좌절하고 주저앉는다고 갈등이 사라지진 않는다. 어차피 괴로운 인생일 바엔 앞을 보고 걷는 괴로움이 더 낫다. 10년 후의 일은 생각도 말라. 오늘 하루 열심히 일하면 된다. 옆도 뒤도 돌아보지 말고 발 앞에 떨어진 오늘 하루 일을 열심히 해보자는 이야기다. 보답은 반드시 돌아온다. 평생을 시장 구석에서 갓만 만든 노인이 문화재로 지정된 사실도 기억할 만하다. 직업이나 일 자체에 귀천이 있는 게 아니다. 일하는 우리 마음속에 귀천이 있을 뿐이다.

외근, 사장이 되는 길

선비는 먹을 게 없어도 호미를 들고 밭에 나가지 않았다. 굶어도 붓을 놓을 순 없었다. 호랑이 체면에 풀을 뜯어 먹을 순 없었다. '체면이 밥 먹여주느냐!'고 가난한 아내가 바가지를 긁지만 그래도 찬물 한잔으로 버텨내는 게 선비의 체면이었다. 청빈(淸貧)이란 말도 그래서 만들어졌다. 아내를 달래고 자신의 무능을 합리화하는 구실 아니었나. 굶어도 마음은 깨끗해야 하는 법, 돈 때문에 이러쿵저러쿵한다는 건 있을 수 없는 일이었다. 예로부터 선비 집안에선 돈을 더러운 것으로 가르쳤다. 그래서 아예 몸에 지니지도 않았다. 그러니 돈 버는 행위를 천한 일로 여겨왔다. 상인이 천민계급으로 멸시받아온 것도 선비의식이 빚은 허구였다. 이제 우리는 자본주의 물결 속에 살고 있다. 돈이라면 혈안이 된 세상이지만 아직도 우리 의식 속엔 선비의 허구가 존재한다. 지금도 행상을 탐탁히 여기지 않는 시선이 존재한다. '사업'은 해도 '장사'는 못한다는 생각 말이다. 굳이 사장 자리가 아니라도 사무실에서 서류를 다루는 '선비'여야지 외판을 하는 행상을 싫어한다. 마치 구걸하는 듯해서 체면상 도저히 할 수 없다.

언젠가 백화점 인사담당자와 대화할 기회가 있었다. 백화점 판매직원들은 어느 정도 판매 일을 하다가 사무직으로 바꾸어달라고 말한단다. 왠지 판매직이라는 게 아직도 한국에서는 장사꾼 이미지가 강해서 인기가 없다고 했다. 여성 판매원들은 사무직을 해야 결혼하는 데에도 좀 더 유리한 것으로 생각한다고 들려주었다. 그러나 책상에 앉아 내근하는 것보다 물건을 직접 팔아봐야 고객 목소리도 듣고, 세상 돌아가는 이치도 알 수 있다. 요즘은 다들 물건을 잘 만든다. 따라서 어떻게 만드냐 하는 것보다 어떻게 잘 팔지 고민하는 일이 더 중요해졌다. 더군다나 앞으로 큰일을 도모하려는 사람은 반드시 세일즈맨에서 출발해야 한다. 실제로 판매직은 사장이나 다름없다. 세계적인 기업으로 자리 잡은 삼성, 그 삼성의 창업자 이병철 회장 역시 대구에서 문을 연 작은 가게, 삼성상회가 출발이었다. 비록 작은 가게를 운영하고 있었지만, 그는 세계를 바라보며 기회를 만들어갔다. 그가 일본에 건너가 제일제당을 만든 일도 과거에 그 자신이 세일즈맨 출신이었기 때문에 가능했다고 생각한다.

훗날 삼성은 신입사원 훈련 프로그램의 하나로 삼성에서 만든 라디오 등의 전자제품을 파는 훈련도 시켰다. 그 물건을 온종일 발품 팔아 돌아다니면서 팔고 오는 훈련이었다. 어떤 사람이 물건을 잘 팔았을까? 결과를 보면 놀랍다. 영업이나 판매직 직원이 물건을 잘 팔 거라는 생각은 오해다. 평소 리더십이 강하거나 회사에 대한 충성심이 높고 동료애가 많은 사람이 물건도 잘 팔았다고 한다. 실제로 이런 사람들이 훗날 더 크게 성공해 높은 자리로 이동한 경우가 정말 많았다.

돈 벌고 출세하는 세속적 성공도 중요하다. 청빈 운운하지만, 그보다 좋은 건 청부(淸富)다. 도둑질이 아니라면 돈 버는 일에 무슨 왈가왈부냐. 팔 걷어붙이고 나서는 거다. 거기다 무슨 체면까지 내건단 말인가. 장사를 하려면 '장사꾼'이 되어야 한다. 사장이 되려면 물건을 팔아봐야 한다.

이번엔 IBM 창업자의 이야기다. IBM 창업자 토마스 왓슨은 주급 6달러의 푸줏간 점원에서 시작했다. 물론 그는 그곳에서 오래 일하진 않았다. 푸줏간의 따분한 내근이 싫었다. 그는 행상을 원했다. 재봉틀을 마차에 싣고 다니는 외판원 자릴 얻었다. 이게 그의 사업의 시작이었다. 그의 세일즈 실력은 탁월했다. 20대에 이미 NCR의 실력자로 군림했다. 몇 해 후 그가 쓰러져가는 회사를 인수했을 때 사람들은 모두 웃었다. 하지만 그는 자신 있었다. 무엇이든 간에 물건만 있다면 파는 일에는 자신이 있었다. 그의 천부적인 판매술은 회사를 빚더미에서 건져냈고, NCR은 차츰 기틀이 잡혀갔다. 훗날 그는 '크게 되려면 세일즈맨이 되라!'고 권했다. 그는 회고담에서 재봉틀 외판사원 경험이 오늘의 자기를 만들었다고 밝혔다. 사실 맨손 재벌치고 세일즈맨 출신이 아닌 사람은 극소수다. 재벌의 시초는 판매에서 시작하기 때문이다.

실력 있고 자신 있는 사람은 외근을 좋아한다. 회사 내에서야 말단직원이지만 일단 거리에 나서면 스스로 왕이 된다. 밖에서 그는 회사를 대표하는 사장이 된다. 누구 아래 예속된 부하직원이 아니라 한 회사의 대표자다. 고용된 몸이 아니라 주인이다. 그리고 혼자서 하는 일이기 때문에 외근사원의 실적은 분명히 나타난다. 해도, 안 해도 별 차이가 안 나는 내근직과는 상황이 다르다. 따라서 외근직은 자기가 올린 실적에 따라 보수도 결정되고 진급도 한다. 월급쟁이면서 내용상 독자적인 사업경영을 하는 거나 마찬가지다. 그런데 여럿이 함께하는 내근직은 나 하나 잘한다고 공로를 따로 인정받지 못한다. 우수한 사원은 이게 불만이다. 자기 실력을 발휘할 수 있는 길은 역시 외근이다. 그렇게 함으로써 고객도 확보하고 점차 독자적인 사업의 기반도 닦을 수 있다.

마지막으로 우리가 살아가는 자본주의 이야기를 좀 해보겠다. 지금까지 인류가 살아온 이 세계를 지탱한 여러 가지 시스템이 있었다. 과거엔 농노제, 봉건제, 군주제부터 최근의 공산주의, 자본주의에 이르기까지 말이다. 그중 가장 인정할 만한 시스템은 자본주의다. 자본주의가 완성도가 높고 가장 좋다. 완성도가 높고 높은 수준의 자본주의가 되려면 적어도 세 가지가 담보되어야 한다. 조건을 충족시켜야 한다는 소리다. 하나는 자본주의 국가라면 당당하고 정의롭게 돈을 많이 벌어야 한다. 거짓말을 하거나 사기를 쳐서는 안 된다. 정당한 방법을 활용하여, 되도록 많은 돈을 벌어야 한다. 정당하게 많은 돈을 버는 행위는 권장 사항이다. 두 번째가 저축이다. 그리고 마지막은 주변의 어려운 사람에게 골고루 베풀어야 한다. 정당한 방법으로 많이 벌고 모아서 베푸는 일, 이것이 아름다운 자본주의다. 이 세 가지 원칙이 잘 지켜지고 순환되어야 완성도 높은 자본주의라고 할 수 있다. 그래야 국가가 안정되고 평화가 찾아온다. 나는 외세가 침략해 우리를 침탈한 제국의 시대, 공산주의와 자본주의가 이념으로 다투던 냉전의 시대, 그리고 부침이 심했던 자본주의 시대를 각각 조금씩 경험했다. 그중 가장 좋은 시스템은 자본주의다. 내가 위에서 밝힌 세 가지 조건이야말로 건강한 자본주의 국가가 지켜야 할 최소한의 예의이자 질서라고 생각한다.

감추는 병

우리는 참 숨기는 게 많다. 작은 허물도 덮어두기 원하고 이를 털어놓고 이야기하지 않는다. 솔직하지 못한 이런 은폐증도 따지고 보면 체면이 작용한다. 자기 신상에 관한 문제는 물론이고 가족이나 가문, 조상에 이르기까지 우리에겐 작은 허물도 덮어 두려는 심리가 있다. 학력을 감추는 사람도 흔하다. 그저 체면상 숨긴다. 낙제한 사실을 억지로 감추려 하고 입시에 낙방한 이야기, 실연당한 일도 체면상 쉽게 말하지 못한다. 그런데 한번 숨기면 계속 숨겨야 한다. 한마디 거짓말이 열마디 거짓말을 만들어낸다. 기억력도 좋아야 한다. 누구한테 무슨 말을 했는지 자세히 기억해야만 들통이 안 나니까 말이다. 거기에 쓰는 정신적 에너지도 막중해서 인간관계가 늘 피곤하기만 하다.

　이게 심해지면 대인기피증으로까지 발전한다. 행여 들통이 날까 전전긍긍이다. 심하면 의심증까지 일으킨다. 사람들이 웃으면 자기 거짓말을 비웃은 줄로 착각한다. 신경이 날카로워져서 피해망상을 겪는 환자도 있다. 집안에 창피한 일은 물론이고 가문에 대한 체면도 대단한 게 우리다. 양반 족보를 돈 주고 사는 사람도 과거엔 많았다. 가문이 시원찮을수록 고가의 골동품이라도 사서 즐비하게 늘어놓아야 했다. 전통이 깊고 행세깨나 했던 집안으로 보이기 위해서였다. 학문과 거리가 먼 집일수록 대형 백과사전을 질로 꽂아놓고 살았다. ==진짜 큰 양반은 돈 없을 땐 족보도 팔아먹는다. 그것 없다고 핏줄이 없어지는 건 아니다. 자신이 있기 때문이다.== 누구나 솔직한 사람을 좋아한다. 그러면서 우리 자신은 솔직해질 수 없는 모순을 안고 있다. 그러나 거물이 될수록 솔직해질 수 있는 배포가 생긴다.

　'포은삼과(圃隱三過)'라 하여 정몽주도 인간적인 실수 세 가지를 솔직히 털어놓았다. 영국의 처녀 국회의원은 사생아를 낳고도 숨기질 않았다. 우리나라 재계의 고 정주영 회장 등 내로라하는 거물들의 회고록이 감동을 주는 이유도 솔직함 덕분이다. 무학의 학력도, 낯 뜨거운 지난날의 실수라도 있는 그대로 털어놓는 솔직함이 이들의 체면에 손상을 주진 않았다. 오히려 인간적인 호감이 더욱 커졌다. 특히 정주영 회장은 '해봤어요?'라고 묻기를 잘했다고 전해진다. 사업을 하다 보면 왠지 자신이 없을 때, 긴가민가 확신이 서지 않아 헷갈릴 때, 해보지 않고 물러서고 싶을 때 등의 순간이 찾아온다. 현대 담당자들은 이런 상황을 마주할 때마다 곤혹스러운 얼굴로 정 회장에게 보고를 올렸을 것이다. 그럴 때마다 정 회장은 충만한 자신감을 주문했다.

"해봤어요? 해봤는데 안 되면 포기하지 말고 다시 해야죠! 그렇게 해봤어요?"

배짱 부족하고 숙맥 성격을 가진 사람에게 시사하는 바가 크다.

사람은 실수도 하고 허물도 있게 마련이다. 또 그래야 인간적이다. 사리가 이럼에도 그런 이야기를 하면 혹 상대가 나를 경멸하지는 않을까, 무시하지는 않을까 걱정한다. 체면이나 위신도 물론 말이 아니다. 나를 너무 잘 알면 예의가 없어질지도 모른다. 내 약점을 이용하려 들지 모른다. 참 별걱정을 다 하고 산다. 그래서 심한 경우 자기 이야기는 아예 하지 않는 사람도 많다. 하지만 이런 모습은 모두 기우다. 실수담이 나와야 인간적인 분위기가 감돈다. 인간이기에 실수도 잦게 마련이다. 지나고 나면 빙그레 웃는 실패담, 에피소드로 남는 것이다.

"실패가 없다는 사람은 바보 아니면 거짓말쟁이다."

미국의 철도왕 중 한 사람인 제임스 힐이 남긴 명언이다. 그는 간부직을 채용할 때도 실패가 없다는 친구는 아예 상대조차 해주지 않았다. 그러나 이런 이야길 들으면서도 솔직해진다는 건 쉽지 않다. 특히 체면을 앞세우는 사람에겐 더욱 어려운 일이다. 그렇더라도 솔직해야 한다. 과거는 흘러간 것이지 지금의 내 모습이 아니다. 과거의 실수가 지금의 내가 아니다. 털어놓아 보라. 그렇게 마음 가벼울 수가 없다. 사람들은 그런 당신에게 친근감을 가질 것이다.

교회에 가면 간증을 한다. 전과자도 있고 더없는 바닥 인생을 살아온 사람도 있다. 그러나 하느님 앞에 솔직히 고백하면 모든 게 용서된다. 우린 솔직한 사람에게 너그러워지고 감동을 받기도 한다. 그의 솔직함으로 인해 인간적 실수들이 오히려 호감으로 바뀌곤 한다. 마음의 허식을 벗어버리자. 그렇지 않으면 모든 일에 주저할 수밖에 없다. 누굴 만나든 떳떳하지 못하고 움츠러진 어깨가 펴지지도 않는다. 허식을 벗어야 참된 내가 된다. 개성적인 인간이 되는 길은 솔직하게 되는 게 먼저다.

현대사회는 바쁘다. 당신의 실수담을 오래 간직하고 기억해줄 친절한 사람은 없다. 짧은 시간에 많은 사람을 만나야 하는 게 현대사회의 인간관계다. 숨긴다는 것도 쉬운 일이 아니다. 솔직해질 수밖에 없다. 그래야 사람을 만날 배짱이 우선 생길 게 아닌가.

경기대 경영학과 오연석 교수의 이야기다. 그는 해마다 특정 직장에 적당한 졸업생을 골라 취업면접을 보낸다. 한데 이상한 일이 생겼다. 외국 자동차 회사에 보낸 학생 중 스펙도, 성적도 가장 시원찮은 학생이 합격했다. 사연이 걸작이다. 왜 너는 성적도 바닥이고 스펙도 형편없냐는 질문에 일찍이 아버지를 여의고 아르바이트로 학비를 벌어야 했기 때문에 그 흔한 외국 연수도 못 갔고 성적은 나쁠 수밖에 없었다고 솔직히 털어놓았다. 그러느라 다른 학생들 면접은 10분에 끝났는데 30분이 걸렸다. 면접관들은 학생의 이야기를 들으며 '이 학생이다!'라고 한목소리를 냈다.

'초지일관'은 바보의 철학

사육신 이야길 읽고 있노라면 그들의 강한 일편단심에 고개가 절로 숙여진다. 우리 역사엔 사육신과 같은 충신의 이야기가 많다. 목숨을 바쳐 절개를 지킨 충절은 요즈음 우리네가 상상도 할 수 없는 일이다. 임금님을 섬기되 일편단심이요, 서방님을 위해 절개를 지켜야 했다. 그뿐만 아니라, 매사에 처음 뜻을 굽혀선 안 된다고 가르쳐왔다. 우물도 한곳을 파야 무언가를 이룰 수 있다. 예로부터 마음을 바꾸는 변절자를 인간 이하로 취급해왔다. 장부일언이 중천금이라고도 했다. 한번 뱉은 말은 끝까지 지켜야 한다. 중간에 뜻을 바꾼다는 건 장부 체면에 용납할 수 없는 일이었다. 이런 정신은 높이 살

만한 일이다. 하지만 시대나 상황에 따라 변할 수 있는 융통성도 갖추어야 한다. 잘못 돼가는 줄 뻔히 알면서도 처음 말한 체면 때문에 틀린 걸 계속 고집하면 문제다. 현대사회는 변화를 그 생명력으로 하고 있다. 하루가 다르게 새로운 문물이 등장하고 또 거기에 따라 사람의 의식구조에도 변화가 온다. 구태의연한 그대로를 고집하다간 오히려 정체 상태에 빠진다.

아이젠하워는 별명이 많기로도 유명했다. 아이크란 애칭도 있지만 명예롭지 못한 별칭이 더 많았다. 변덕쟁이, 갈대, 타협꾼, 멍군장군 등이 대표적이다. 그는 너무 단순하고 또 열심이어서 요령을 부릴 줄 몰랐다. 티 없이 급한 성질 때문에 숨기는 것도 없었다. 눈치 없이 처음부터 자기 속마음을 모두 털어놓아 버린다. 회의가 진행되는 동안 자기 의견이 틀렸다 싶으면 주저 없이 처음 발언을 취소한다. 남의 말을 잘 듣는 편이었다. 남이 옳다고 생각하면 자기 의견은 언제든지 철회했다. 사람들은 그의 이런 태도를 줏대가 없다느니 하고 꼬집었다.

그의 오랜 친구 그룬더 장군의 불평도 예외는 아니다. 장기 실력으로는 아이크가 한 수 아래라 내기가 아니면 그룬더 장군이 상대를 안 했다. 아이크도 할 수 없이 내기를 하자고 불러 놓고 막상 가면 그냥 두는 거라고 딴전을 부리곤 했다. 아이크 자신도 이런 성격상 약점을 시인했다. 하지만 그건 약점이 아니라 그의 강점이기도 했다. 2차대전 당시 연합군으로 모인 12 나라 군대를 지휘하는 막중한 자리에서 아이크에게 이런 융통성이 없었다면 과연 통솔이 되었을까 하는 의문이 든다. 어느 작전에서든 제 나라 이익과 직결되는 문제라 항상 의견이 엇갈렸다. 아이크의 유연성이 없었더라면 이를 중재하기 힘들었을 거라는 게 후세 사가(史家)들의 평이다. 남의 사정을 잘 알아주고, 또 자기 의견도 잘 바꿀 수 있었기에 각 나라 사령관은 그를 인간적으로 좋아했다고 전한다. 그러나 아이크가 항상 무른 건 아니었다. 노르망디 상륙작전에선 영국의 맹렬한 반대에 부딪혔다. 심지어 처칠은 수상직을 내걸고 반대했다. 하지만 아이크는 자기의 처음 계획에서 한 치도 양보하지 않았다. 작전은 성공으로 끝났고 이 작전이 세계 제2차대전에서 연합군이 승리하는 결정적 계기가 되었다. 사실 아이크는 외견상 약했다. 하지만 그게 바로 그의 강점인 걸 간과해선 안 된다.

사람들은 참 별것 아닌 걸 고집한다. 분명히 자기 생각이 틀린 줄 알면서도 체면 때문에 바꾸지 않는다. 바꿀 수가 없다. 그래서 싸움이 시작된다. 궁지에 몰리면 궤변만 늘어놓기 일쑤다. 틀린 걸 억지를 쓰자니 논리적인 이야기 전개도 불가능하다. 누가 들어도 이미 승부가 난 건데 혼자 고집을 부린다. 그럴수록 창피만 더 당하는데도 말이다. ==끝까지 버티는 게 배짱인 줄 알지만, 이건 헛배짱이다. 틀린 줄 알면서 의견을 못 바꾸는 건 체면 과잉증이요, 열등감의 소치다.==

'남자가 왜 이랬다저랬다 말이 바뀌고 그래'라고 빈정댈 것 같다. 주관이 없다고 무시할 수도 있다. 변덕쟁이라고 비웃을지 모른다. 이런 생각들이 떠오르면 도저히 처음 생각을 바꿀 수 없게 된다. 하지만 이런 함정에 빠져선 안 된다. 틀렸다고 판단한 순간 서슴없이 바꿀 수 있어야 진정한 용기다. '아! 그랬구나' 하고 틀린 생각을 거두어들여라. 그리고 상대의 이야기에 귀를 기울여라. 사람들은 그런 당신의 진지한 모습을 존경하고 좋아할 것이다. 누구나 이런 사람과 이야기하길 좋아한다. 그래야 말할 재미가 있다. 틀린 생각은 물론이고 그렇지 않은 것도 내가 싫으면 바꿔야 한다. 장미가 싫으면 나리, 사과가 싫으면 배로 바꿔도 된다. 한번 말했더라도 싫다면 생각을 바꿀 수 있는 게 인간의 권리다.

취향이나 취미도 그렇지만 생각도 때와 장소에 따라 달라지게 마련이다. 백화점에서 물건을 사도 마음에 안 들면 몇 번이고 바꿀 수 있다. 포장이 다 끝나도 늦지 않았다. 집에 돌아와서도 무를 수 있는 게 권리다. 체면도 나설 데가 따로 있지 왜 여기에 작용할까. ==사람들은 그런 당신을 줏대 없다고 흉볼지도 모른다. 하지만 그건 천만의 말씀, 주관이 없어서가 아니라 분명하니까 바꾸는 것이다. 그게 배짱이다.==

인생 대사는 물론이고 시시한 내기를 하더라도 승산이 없으면 바꾸어야 한다. 초지일관이라 우겨대다가 승산 없는 싸움에 지느니 아예 취소하는 것도 한 방법이다. 크고 작은 회의장에서도 이 체면이란 거추장스러운 것 때문에 회의가 진행되질 않는다. 한마디 질세라 또 하고, 또 받고 하는 통에 장시간을 끌지만, 결론도 없다. 생산적인 토론보다 감정 폭발의 장으로 변질되기도 한다. 쓸데없는 고집이 만든 부작용이다. 자기 의견보다 나은 의견이 나오면 내 것은 취소하고 그 뜻에 따르겠다고 말해보자. 우레와 같은 박수가 쏟아질 것이다. 체면을 생각한다면 누구 체면이 더 설 것인가도 비교해보라. 고집불통으로 뭇사람의 비웃음을 사느니보다 말이다. 따르겠다고 해놓고 나중에 싫으면 안 하면 그뿐이다. 모순덩어리라고 욕하겠지만 인간은 어차피 모순의 존재다. 옛날에 한 약속에 지나치게 연연하면 자신을 위축시키는 결과밖에 안 된다. ==언행일치란 소인이나 하는 짓이다. 거물급은 식언을 잘한다. 자기모순에 마음을 속박시켜서는 발전이 없다. 스스로 모순된 인간임을 자각함으로써 자발과 창의가 우러나오는 법이다.==

배짱은 허세가 아니다

지금까지 체면이 빚은 부작용을 여러 각도에서 분석했다. 이제 그 체면의 노예가 되어 실패한 이야길 좀 해보겠다. 애인과 데이트를 마치고 집까지 데려다주는 길에서 동네 불량배들이 시비를 걸어오면 어떻게 할 것인가? 꾹 참고 가던 길을 가는 게 이롭다. 괜히 무모하게 덤벼들었다가 큰 화를 당하면 어쩔 건가. 상대가 여럿인데도 애인 앞인지라 꼬리를 내리기 싫은 건가? 그렇게 하기엔 자존심이 상하는가? 자기 애인을 희롱하는 깡패 집단에 덤벼들었다가 목숨을 잃은 청년도 있었다. 무모하게 덤빈 그 청년의 어이없는 배짱이 슬프다. 혀를 깨물고서라도 참을 때는 참아야 한다. 참을 땐 남자의 자존심이 상할 수 있다. 그러나 개죽음을 당하느니 참아내는 배짱도 있어야 한다. 이건 만용이 아닌 진정한 용기다.

진정한 용기란 일시적인 감정에 따르거나 주위의 인기에 영합하는 그런 건 아니다. 개인이나 게임에서뿐 아니라 국사를 논하는 큰 일에서는 더욱 그렇다. 병자호란 당시 남한산성의 비극이 우리에게 주는 교훈을 되새겨보자.

항복하지 않으면 당장 한양 장안을 불바다로 만들겠다는 청나라 군사의 최후통첩이 날아들었다. 사태는 긴박하게 돌아갔다. 더는 시간을 끌 여유가 없었다. 항복 말고는 묘안이 딱히 없었다. 어전회의에선 눈물을 머금고 항복하자는 쪽으로 의견이 모였다. 항복문서에 조인해야 할 치욕의 순간이었다. 그때였다. 김상헌은 의분을 참지 못해 끝내 항서를 찢고야 말았다. 상한 자존심이 살아난 듯 문무백관은 쾌재를 불렀다. 마치 승리나 한 것처럼. 하지만 그런 흥분 속을 뚫고 나온 최명길 판서의 거동을 보라. 그는 찢어진 항서를 주워들고 그래도 항복해야 한다고 간했다. 사람들은 그에게 배신감을 느

남자들의 능청은 허세? 자존심?

남자들의 능청에 대하여 말해보겠다. '능청'이 꼭 좋은 말은 아닐 수도 있다. 그러나 남자들에게는 묘한 자존심이라는 게 존재한다. 그게 때로는 헛된 자존심이 되기도 한다. 예컨대 '아직도 여자친구가 없어?'라는 말을 들으면 마치 자신이 무시당한 것 같고 '여태 여자친구도 없는 바보 같은 녀석'이라는 오해를 받을까 봐 두려워한다. 특히 자기가 마음에 둔 여성이 그런 생각을 한다면, 그건 남자 입장에서는 꽤 치명적인 일로 여길 수도 있다. 그래서 능청을 떤다. 마치 자신에게 여자친구가 있는 것처럼, 또는 여성들에게 인기가 많은 사람인 양 행동하는 것이다.

겉으로는 능청스럽게 말하지만, 속은 그렇지 않다. 여자친구 하나 없어 외롭고 답답하지만, 그렇다고 자신을 초라하게 보이고 싶지 않은 것이다. '저 나이에 여자친구도 없이 쓸쓸하게 지내는 거구나'라는 생각을 여성들이 갖게 될까 봐 괜히 더 허세를 부리기도 한다. 사실 그런 능청과 허세도 자존심 때문에 나타난다. 헛된 자존심일지 몰라도 남자들에게 그것도 자존심이다.

필자 역시 젊은 시절에 여자친구가 없어 제대로 연애해 본 경험이 없다. 그렇다고 그걸 티 내고 싶지 않았다. 오히려 겉으로는 나도, 마치 여자친구가 있는 것 같은 뉘앙스를 풍기고 싶은 적도 있었다. 남자들 대부분에게 이런 심리가 있는 듯하다. 실제로 어떤 지인은 나이가 꽤 들었음에도 중매 자리에 나가지 않겠다고 버티기도 했다.

> "지금까지 여자친구가 없다고 하면 사람들이 뭐라고 하겠냐? 자존심 상해서 안 나가련다."
>
> 이런 모습을 보면, 참 남자들의 능청이란 게 단순한 허풍을 넘어, 자존심을 지키기 위한 하나의 방어기제 같다는 생각이 든다. 그래서 필자가 여성분들에게 하고 싶은 이야기가 생긴 것이다.
>
> 여성이여, 남자들의 능청에 쉽게 속지 마시기를…. 옆에 있는 남자가 아무리 태연한 척하고 자신 있는 듯 보여도, 실제로는 그런 척하는 것일 수 있다. 정말 마음에 드는 남자가 있다면 그가 보여주는 능청 뒤에 숨은 진짜 마음을 알아보는 눈을 갖는 것이 필요하다. 능청은 겉모습일 뿐, 그 뒤에는 생각보다 여리고 복잡한 감정이 숨어 있을지도 모를 일이다.

겼을 것이다. 자존심도 없는 역적이라고 봤을 것이다.

나는 두 사람 모두 충신이라 생각하는 데 주저하지 않는다. 다만 항서를 찢어 박수를 받는 일보다 비웃음을 받으면서도 항복하자는 편이 더 하기 힘든 차이는 있다. 강화파를 사대주의로 몰 수도 있다. 그러나 커다란 대륙 끝에 붙은 손바닥만 한 한반도에서 살아온 우리가 강대국과 일전을 불사하는 배짱대로 살았더라면 과연 어떻게 되었을까. 혀를 깨물고서라도 화평정책을 사용해야만 했던 사대주의는 우리 역사를 지켜준 방패 구실을 해왔다. 역사가의 해석이야 또 다르겠지만, 정신의학도의 입장에선 사대주의를 할 수 있었던 조상의 슬기, 이게 진정한 배짱이라고 본다. 지극히 나약하고 겁쟁이 같은 주장이 된 것 같지만 배짱이란 자기 실력에 맞게 부릴 때 비로소 권위가 서는 법이다.

배짱은 허세와 다르다. 테니스 선수가 관중을 의식하기 시작하면 그는 패배의 함정을 스스로 파고 만다. 얼핏 그의 플레이가 화려하게 보일 수 있다. 하지만 승산이 희박하다. 실력도 없는 주제에 관중을 의식하고 멋만 부리면 공이 제대로 맞을 리 없다. 쇼맨십을 부린다고 까불어대다가 기습공격을 받곤 KO 당하는 복서도 같은 운명이다. 배짱은 허세도 아니고 그렇다고 자만심은 더욱 아니다. 체면의 노예가 되어 자신 없는 싸움에 응하는 건 배짱이 아니다. 강한 것이 배짱이란 환상에서 하루빨리 벗어나자.

숙맥에서 벗어나는 처방전 ①

체면 지키려다
스트레스만 더 받는 사람들

모른단 소릴 하는 데 거창한 용기와 배짱이 필요할까? 절대 그렇지 않다. 그냥 모른다고 말하면 그만이다. 한번 해보면 아주 편하다. '모른다'는 소리 한 마디하고 나면 그렇게 여유만만해질 수가 없다. 마음이 푸근해진다. 왜 진작 이 소릴 못했을까 후회가 될 정도다. 누가 바보 취급하지도 않는다. 오히려 사리가 분명한 사람으로 생각해 존경하게 된다. 한 가지를 모른다고 다 모른다는 뜻은 아니기 때문이다. 정보홍수 시대를 살아가는 현대인에게 백과사전이란 별명은 이제 자랑거리가 아니다. 오히려 비웃음의 대상이 되기가 쉽다. 아는 것과 모르는 걸 분명히 해야 하는 시대에 살고 있다는 걸 잊지 말자.

가령, 오랜만에 만난 동창생 이름쯤은 기억이 안 날 수도 있다. 이름도 근황도 모르면서 적당히 아는 척하고 대화를 끌어가려니 어색하기 그지없다. 탄로가 날까 봐 진땀이 난다. 빨리 자리를 뜨고 싶다. 반갑기는커녕 부담스럽다. 하지만 동창생도 친소가 있는 법, 격조했던 사이라면 잊을 수도 있다. 그럴 땐 '미안하지만 생각나지 않는다'고 털어놓고 자신부터 소개하라. 현재 어디서 무얼 하는 누구라고 말이다. 그러면 상대방도 자기소개를 할 것이다. 얼마나 자연스러운 재회가 될 것인가.

CHAPTER 2

추진력,
몸은 바로 마음이다

초식동물과 육식동물

연쇄반응이 불러오는 힘

처녀작가, 120권의 책을 쓰다

바닥일지언정 끝난 게 아니다

이혼 공포증? 이혼은 권리

쉬는 시간을 이용하라

DMN, 디폴트 모드 네트워크

한국인의 이민 증후군

약점을 강점으로

숙맥에서 벗어나는 처방전 ②
추진력이 부족해 망설이는 사람들

"추진력의 결정적 방해인자는 후회라는 마물이다. 버스를 탄 이상 맡기고 편히 자는 거다. 사고를 당해도 자는 사람이 덜 다친다고 한다. 몸이 긴장하면 골절이 더 잘 일어나니까 그렇다. 모임에서 연설을 하기로 수락했다면 하는 거다. 이제 와서 할지, 말지를 고민할 때가 아니다. 결정은 이미 끝났다. 남은 건 실행뿐이다."

초식동물과 육식동물

　한 나라의 국화를 보면 민족성이나 기질을 짐작할 수 있다. 우리 꽃 무궁화를 지켜보노라면 우리의 끈질긴 민족성이 그대로 드러난다. 수많은 외침과 정변, 가난 속에서 5000년 역사를 이어올 수 있었다. 이는 결코 쉬운 일이 아니다. 무궁화는 긴 여름 줄곧 피고 지고, 그리고 다시 핀다. 화려하지도 않고 언제 피었다가 지는지도 모른다. 그래서 난 꽃으로서 무궁화를 별로 안 좋아한다. 국화니까 아낄 따름이다. 부지런하고 끈기야 있지만, 화끈한 면이 없다. 무궁화처럼 우리는 박력이 없다. 왜 그럴까? 유전적 기질이 그런 듯하다. 우리는 산을 보되 아름다운 능선이며 기암절벽에 취했다. 그 속에 묻혀 나물 먹고 물 마시고 풍류를 읊었다. 강을 보되 임과의 이별에 눈물지었다. 서양인은 반대다.

그들은 산에 묻힌 광물질을 찾아 개발하려는 의지를 불태웠다. 또 물을 보면 전기를 만들고 운하를 개발했다. 우리는 자연을 그대로 받아들이지만, 서양인은 정면 도전했다. 소극성과 적극성의 차이가 여기서 생긴다. 초식동물은 온종일 부지런히 뜯어 먹어야 한다. 그러나 사자는 사력을 다해 싸운 사냥으로 포식하고 나면 느긋하게 낮잠을 자는 여유가 있다. 이게 바로 우리와 서양의 차이다. 초식동물이 우리처럼 점잖은 동양인의 모습이라면 육식동물은 진취적인 서양인의 모습이라 하겠다. 우리는 강을 보면 배를 띄우고 풍류를 노래하며 가무를 즐겼다. 한가한 뱃놀이에 취했다. 그러나 서양인의 행동은 사뭇 달랐다. 강을 보면 상선을 띄우고 여러 가지 최신 공법을 활용해 상업적인 시설을 건설했다. 민족성의 차이, 생각과 행동의 차이라 하겠다.

과거 우리가 대부분 농사나 지으며 살던 시절, 농촌에선 온종일 먹다 늘어지고 또 먹었다. 사실 농사란 게 박력이 필요한 일은 아니다. 쉬는지 일하는지 구별도 분명치 않은 일이 농사다. 이런 잠재의식이나 유전 요소가 지금까지도 영향을 주는 것이다. 그러니까 우리는 직장에서 일하는 둥 마는 둥 한다. 일하면서 잡담도 하고 커피도 마신다. 서양에서는 어림도 없는 일이다. 서양에서는 커피 브레이크가 따로 있다. 일할 땐 집중하고 박력 있게 한다. 그들 조상이 사냥할 때 모든 힘을 쏟아부었듯 말이다. 그리고 쉴 때는 느긋하고 여유가 있다. 일과 휴식의 구별이 분명한 그들과 비교하여 우리는 이 부분이 약하다. 그 대신 연장근무쯤은 예사로 한다. 통계는 우리가 세계에서 가장 근면한 국민이라고 알려준다.

실제로 우리나라 사람이 일하는 양은 정말 엄청나다. 그러나 문제는 비효율적이라는 데에 있다. 우리가 산업사회 건설 초창기에는 연장근무가 일상적이었고, 출근은 있되, 퇴근이 없는 생활도 흔했다. 그러나 실제로는 정말로 모든 사람이 열심히 일하지는 않는 듯했다. 이런 모습은 과거 우리 조상이 농사를 지으며 보여준 '하는 둥, 마는 둥' 식의 농사와 꽤 많이 닮았다. 일하면서도 진짜 일을 하는지 잡담만 늘어놓는지 구별이 힘든 비효율적인 시간을 많이 보냈다. 서양에서는 효율을 매우 중요하게 생각한다. 긴 시간 노동을 하는 대신 일할 땐 딱 집중해서 일한다. 이 시간엔 잡담이라든가 개인적인 용무를 일절 허락하지 않는다. 그들은 일과 휴식의 경계가 분명하다. 우리에게 없는 서양인의 특성이다. 오랜 시간 일을 해도 비효율적이라면 시간 낭비다. 그러니까 생각과 행동을 바꾸어야 한다. 물론 최근에는 가성비와 효율을 따지는 기업과 직장인이 크게 늘었다. 생각과 행동이 서구화되어 가는 것이다.

가난에서 벗어나고자 빠르게 산업화를 추구하던 시기에는 우리에게 근면함이라는 무기가 있었다. 그러나 결코 효율적이진 못했다.

그리고 제법 산업화를 이룬 현재에는 모든 부분에서 서구화가 진행되어 오로지 효율만을 따진다. 이래선 더 큰 발전을 이루기 어렵다. 과거 우리에게 존재했던 희생이나 근면함을 빌려다 써야 한다고 생각한다. 수레는 한 바퀴로 굴러가지 못한다. 어느 한쪽 바퀴가 강조되면 제자리만 맴돌 뿐이다. 두 바퀴가 동시에 균형을 맞추며 돌아가야 안전하게 오랫동안 앞으로 갈 수 있다. 근면함을 기초로 효율까지 고려하며 일하는 자세가 필요해 보인다.

스케이팅을 가르쳐보면 스스로 해보겠다는 녀석은 몸이 참 가볍다. 절대로 기대려 하지 않는다. 가다가 넘어지는 한이 있더라도 일단 출발한다. 힘껏 얼음을 차고 앞으로 나간다. 하지만 의타심이 많은 녀석은 몸이 무겁다. 줄곧 기대려 하기 때문이다. 비스듬히 몸을 뉘어 계속 받쳐주길 기다리니 몸만 무거운 게 아니라 추진력도 없다. 스케이팅은 속력이 붙어야 넘어지지 않고 균형이 잡힌다. 자전거를 처음 배워본 사람이라면 이 원리를 쉽게 알 수 있다. 한두 번 넘어질 각오가 없다면 스케이트도 자전거도 배우기 힘들다. 우리는 대체로 의타심이 많은 편이어서 누가 밀어주기만을 기다린다. 그러자니 발걸음이 무거울 수밖에 없다. 누군가가 밀어주길 기다리는 사람은 혼자 가질 못한다. 막상 시작은 해도 계속 뒤돌아보는 통에 추진력이 생길 까닭이 없다. 끝내 아무도 도와주지 않는다면 그만 쉽게 넘어진다. 누가 일으켜줄 거라는 기대에서다. ==믿고 기댈 곳이 없는 사람은 넘어지지 않는다.== 우리의 밀접한 인간관계가 곧 독립심을 저해하고 자립의 의지를 약화시켜 버렸다. 추진력이 생길 수도 없고 박력이나 적극성도 찾아볼 수 없다.

연쇄반응이 불러오는 힘

'뛰면서 생각하라!' 경영 일선에서 자주 듣는 말이다. 앉아서 구상만 말고 뛰면서 구상하라는 뜻이다. 적극성을 강조하기 위함이다. 요즘 기업은 정적이고 지적인 사고형 인재보다 좌충우돌의 행동파를 더 선호한다. 일단 움직이며 행동하는 게 중요하다. 그러면 자연스럽게 연쇄반응이 일어난다. 우리는 직접 해보지 않은 일을 할 때 주저한다. 걱정이 앞서고 잘 안 될 거라는 주문을 건다. 그러나 해보지 않은 일의 결과는 알 수 없다. 우리가 새로운 환경에 처하면 거기에 맞는 새로운 면이 개발된다. 자연스럽게 연쇄반응이 일어나게 마련이다. 그러니까 정작 해보지 않으면 알 수 없는 일들이 벌어진다. 그러니까 무슨 일이든 일단 해보길 권한다. 해봐야 경험이 쌓인다.

라이트 형제가 비행기를 만든다고 법석을 떨 때 주위에선 그들을 미쳤다고 상대조차 해주지 않았다. 하긴 자신들도 장난삼아 해봤을 뿐, 진짜 이루어질 거라는 생각이 없었다고 한다. 그러나 몇 번의 실패를 경험하며 개량해 가는 과정에서 처음에는 생각지도 못한 새로

처녀작가, 120권의 책을 쓰다

나이 50세가 넘어서야 처녀작을 냈다. 그 책이 시쳇말로 대박이 났고 내 삶에 많은 변화를 불러왔다. 수많은 인터뷰와 방송 출연 요청이 쇄도했다. 그런 에너지가 만들어져 후속작을 내는 데 도움이 되었다. 이후로도 여러 책이 베스트셀러에 올랐다. 그렇게 지금까지 출간한 책이 120권도 넘는다. 난 전문 작가가 아니다. 그러나 처음 시도했던 책 쓰기가 연쇄작용을 불러와 120권 출간이라는 역사를 만들어냈다. 처녀작을 쓴 시기가 50세였고 거의 40년이 지났으니 1년에 3권 정도씩 책을 쓴 셈이다. 사람들은 어떻게 그럴 수 있었느냐고 묻는다.

내가 전공한 분야는 사회정신의학이다. 당연히 정신의학뿐만 아니라 사회와 연관된 많은 분야의 공부를 해야 했다. 즉 나는 공부하는 분야가 남들보다 매우 넓었다. 글은 재료가 있어야 집필이 가능한 일이다. 운 좋게 내가 많은 책을 쓸 수 있었던 건 어린 시절에 틈틈이 해둔 공부가 큰 역할을 했다. 그리고 또 하나의 이유를 밝히자면, 내가 펜을 들고 한 권의 책을 써서 마무리하면, 놀랍게도 다시 한 권의 책 쓸 자료가 모이곤 했다. 이른바 연쇄반응이 일어났다. 정말 놀랍고 희한한 일이다. 평소에는 그저 머릿속에만 들어있던 정보와 자료, 그리고 이야깃거리가 어떤 글을 쓸 때마다 또 다른 아이디어로 뒤바뀌어 새로운 글의 소재가 되었다. 단순히 기억 속에 남아 있던 것들이 내가 글을 쓰기 시작하면 새로운 아이디어가 되어 새록새록 되살아났다. 또 숨어 있던 기억이며 잊고 잊던 경험이 깨어나 새 글의 소재가 되었다. 그래서 한 권의 책을 마무

> 리하면 으레 또 한 권의 책 분량의 원고가 마련되어 있곤 했다. 무려 120권의 책을 쓰며 느낀 놀라운 경험이다.
>
> 그래서 나는 공부며 경험이 정말로 중요하다고 믿어 의심치 않는다. 우리가 과거에 접한 공부와 경험이 오랫동안 기억에 저장되어 있다가 언젠가 되살아나기 때문이다. 이런 경험이 전혀 없다면 새로운 이야기를 창작할 수 없다. 우리가 연쇄반응에 노출되면 과거의 기억이 고구마 줄기처럼 따라오는 놀라운 경험을 한다. 공부하지 않고 경험해보지 않았다면 절대 일어날 수 없는 일이다.

운 아이디어들이 생겨났고 그들의 실험이 착착 성공 단계를 밟아칼 수 있었다는 회고다. 물론 준비라야 처음엔 누가 봐도 엉성한 것들 뿐이었다.

은퇴 후에도 활발히 정치활동을 펼친 지미 카터 대통령의 출마도 사실은 우습게 시작됐다. 조지아주 지사 임기가 끝날 즈음 노모가 '이젠 무얼 할 것인가'라고 묻자 카터는 이렇게 말했다.

"대통령이나 되어볼까 해요."

그도 웃고 가족도 웃었다. 사실 카터는 그때까지만 해도 출마를 위한 치밀한 계획이나 조직도 없는 한낱 지방 장관에 불과했다. 그랬던 그가 결심을 굳힌 후 예선전, 지명전, 본선거 등을 거치면서 차츰 시골티를 벗고 큰 재목으로 자라갔다. 어디 이런 역사적 인물뿐이랴. 남들이 웃던 일이 훗날 큰 성공을 거둔 예는 우리 주위에 많다. 면밀한 사전계획이나 별다른 준비도 없이 출발했다간 실패할 가능성이 더 크다는 반론도 물론 있다. 그런데 참 신기한 건 우리의 대뇌작용이다. 한 가지 일을 시작하면 거기에 연관된 아이디어들이 줄줄이 따라 일어나는 연쇄작용이 벌어진다. 왜 그럴까? 어떤 기억도 한 가지로만 독립해서 존재하지는 않는다. ==아이디어만 있으면 움직여야 한다. 움츠러들면 흐름이 생기지 않는다. 과감히 움직이면 물결이 일고 주위에 흐름이 생기는 법이다.== 사람은 새로운 환경에 처하면 거기에 맞는 새로운 면이 개발되는 법이다. 그 전엔 전혀 찾아볼 수 없는 새로운 면이 그에게 생기는 것이다.

『홍당무』를 쓴 프랑스 작가 르나르는 '재능이란 질보다 양'이라고 말했다. 많이 쓰는 게 재능이지, 생각만 하고 쓰지 않는다면 재능이 될 수 없다고 말한 그의 주장에 동의한다. 작가도 쓰기 시작해야 한다. 자료 준비가 덜 된 상태라도 써가는 동안 막혔던 줄거리가 슬슬 풀려나가게 마련이다. 이게 잠재의식의 연쇄반응이다. 이건 고구마 줄기처럼 잡아당기면 연쇄적으로 붙어 일어난다. 잠재의식 속의 무수한 아이디어가 그게 어떤 형태로든 표현될 때, 글이든 말이든, 비로소 그와 연관된 아이디어들이 차례로 떠오른다. 우리의 잠재의식 속의 무수한 가능성이 개발, 활성화되려면 새로운 환경에서 새로운 자극을 줘야 한다. 같은 환경에서 맴돌다 보면 매너리즘에 빠지는 이유도 이 때문이다. 환경이 사람을 만든다는 말도 이런 기능에 연유한다.

유럽을 여행하다 보면 사원이나 교회의 장엄한 건축이며 벽화, 그리고 울창한 숲속의 정적이 조화를 이루고 있음을 볼 수 있다. 그 속을 거니노라면 문득 종교에 귀의하고픈 충동을 느낀다. 서구의 종교, 철학, 사상이 이런 환경에서 양생 되었다는 건 우연이 아니다. 만일 톨스토이가 눈 속이 아닌 야자수 그늘 밑에서 태어났더라면 그의 위대한 문학은 창출되지 못했을 것이다. 러시아의 겨울은 길고 밤은 깊다. 광활한 대지에 흰 눈을 바라보며 난롯가에 앉은 모습을 상상해보라. 거기서만 그런 깊은 철학이나 인간적 감동이 우러나올 수 있을 게다.

한 개인의 재능이 모두 계발될 순 없다. 무한한 가능성이 잠재해 있기 때문이다. 따라서 어떤 재능이 있는지는 해보지 않고서는 모른다. 뇌 속에 잠자는 가능성의 발견은 해봐야만 일어난다. 그러니까 아이디어가 떠오르면 행동으로 옮겨야 한다. '그런 전례가 없는데!', '미쳤다고 하면?', '괜히 바보짓 말자'라는 생각에 갇히면 발전은 거기까지다. 새로운 일을 하기 위해 새로운 환경에 자신을 드러내야 또 다른 가능성이 연쇄적으로 개발된다. 이 사실을 꼭 명심하자.

바닥일지언정 끝난 게 아니다

　언제까지나 이대로 궁상스럽게 살려면 그런대로 좋다. 하지만 있는 능력을 사장한다는 건 개인이나 국가를 위해 불행이다. 일단 해보는 거다. 떨어져도 아예 바닥까지 떨어질 각오로 해보는 거다. 더는 떨어질 게 없으면 걱정도 불안도 없다. 오히려 편하다. 작은 줄에 매달려 벼랑에서 바둥거릴 때가 힘들다. 더 떨어지면 어쩌나 싶은 조바심에서 안달이 난다. 하지만 바닥에 아주 뚝 떨어져 보라. 그렇게 편할 수가 없다. 비 오는 날도 옷이 조금 젖었을 때가 걱정이다. 행여 빗방울이라도 튈까 봐 마른 길만 골라 걷고 걸음걸이마저 조심스럽다. 그러다가도 세찬 비에 아랫도리가 젖고 차츰 온몸이 다 젖어보라. 그러면 오히려 마음이 편해진다. 조심할 것도 없다. 다 젖었으니 우산도 필요 없다. 마음 놓고 갈 길을 갈 수 있다. 소나기가 퍼붓는 길을 우산도 없이 당당히 걷는 개구쟁이를 보라. 비를 피해 처마 끝에 마음 죄며 서 있는 사람에겐 좋은 교훈이 된다. **젖을 바엔 푹 젖을 각오로 걷는 거다. 사람들은 벌벌 떠는 것보다 오히려 이처럼 자신 있는 태도를 좋아한다.** 뛰어보는 거다. 뛰다가 떨어져 바닥에 나뒹굴어도 한번 뛰어보는 거다. 바닥까지 떨어져 더 갈 데가 없으면 그땐 올라가겠지. 그렇게 철저히 떨어질 생각으로 해야 한다. 바닥까지 떨어졌으니 더는 내려갈 곳 없다는 배짱으로 살아보라. 배짱이 많으면 무서울 것 없다. 천지에 겁날 게 없다. 사실 겁도 있는 사람이 많다.

중국의 거인 모택동은 크게 되려면 세 가지가 없어야 한다고 밝혔다. 첫째 돈이 없어야 한다. 몇 푼 있는 걸 그나마 날릴까 봐 겁이 나서 딴 일을 못 한다. 둘째 이름이 없어야 한다. 그것도 명성이라고 행여 이름에 오점이라도 남기랴, 안전제일 위주의 삶을 사느라 새로운 일을 못 한다. 셋째 나이가 없어야 한다. 젊음 앞에는 어떤 실패도 용납이 된다. 일어나 다시 뛰면 된다. 근사한 이야기가 아닐 수 없다.

법정 스님은 『무소유』라는 책에서 한 가지 일화를 적었다. 큰 절에 손님이 찾아와 재미있는 이야기를 나누는데 갑자기 소나기가 쏟아졌다. '아뿔싸, 난 화분을 치워야 하는데….' 스님은 허둥지둥 암자로 돌아왔다. '후유! 난을 들여놓고 나니 안심이다.' 한데 이게 무슨 꼴인가. 흠뻑 젖은 자신의 몰골이 우습다. 그야말로 '비 맞은 중'이 되었다. 하찮은 난 때문에! 허둥대고 달려온 자신이 부끄러웠단다. 맛있는 떡도 못 먹고, 이게 무슨 꼴이냐? 그는 미련 없이 그 난을 다른 사람에게 줘 버렸다. 그러고 나니 마음이 그렇게 홀가분할 수가 없었단다. 갖는다는 건 참 치사하고 힘든 일이구나. 그냥 맨손이 편하다. 그런 자세로 살아야 한다.

해보는 거다. 비록 그게 실패로 끝난다 해도 내 길은 내가 걸었다는 자부심은 남을 것이다. 내가 선택한 인생을 내가 살았으니 비록 바닥에 떨어져도 나라는 존재가 죽진 않는다. 젊을 때는 일부러도 떨어져 봐야 한다. 실패해 보지 않으면 성공도 없다. ==실패가 뭔지 모르는 사람은 성공이 뭔지도 모른다. 바닥에 앉은 인생, 바로 거기서 삶의 철학을 터득할 수 있다.==

이혼 공포증? 이혼은 권리

링컨은 대통령으로서 화려한 업적을 남겼다. 노예해방 같은 큰일도 박력 있게 밀고 나갔다. 하지만 그의 사생활은 정말 미지근했다. 우선 결혼식장에 나타나지 않은 일부터 그의 미지근한 성격을 잘 알려준다. 싫으면 아예 말 것이지 결혼 날짜가 닥쳐서야 달아난 것이다. 달아날 정도의 행동력이 있었던 게 다행이다. 하지만 그리 길지 못했다. 2년을 질질 끌다 결혼을 하고 만다. 그는 미지근한 성격의 소유자, 차마 딱 끊지 못하는 우유부단한 사람이었다. 그런 결혼이 행복할 리 없었다. 집에 들어가기 싫어 밤이 늦도록 친구들과 어울렸다. 집이 싫으면 술이나 도박에 빠지는 사람도 있지만, 링컨은 오히려 그 불행을 역이용했다. 거기에 그의 위대성이 있다. 밤늦게까지 폭넓은 교우를 하게 된 것이 그를 대통령으로 만든 원동력으로 작용했다. 인간적 불행을 사회적 성공으로 승화시킨 것이다.

이혼에 합의하고도 막상 실천에 못 옮기는 부부도 많다. 이유는 여러 가지다. 하지만 이혼밖에 다른 해결방법이 없는 경우도 적지 않다. 둘은 물론이고 애들이나 직장, 사회를 위해서도 헤어지는 게 상책인 경우엔 주저치 말아야 한다. 서양에선 싫다면 그만둔다. 내가 좋아도 상대방이 싫다면 놓아주는 게 서양 윤리다. 애정은 일방통행이 아니다. 결혼과 이혼을 감정우위로 하는 이러한 서양인의 의식구조가 여러 가지 사회적 부작용을 몰고 온 것도 사실이다. 하지만 전통의식에 집착한 나머지 헤어져야 할 사람과 일생을 불행하게 어물쩍 산다면 더 큰 문제다. 이혼이란 불행의 시작이 아닌 행복을 향한 새로운 출발이다. 흔히들 여자는 해방을 위해 남자는 재혼을 위해 이혼한다지만 이것도 옛말이다. 이혼은 이제 인간으로서 가져야 할 권리다. 오늘날에는 이혼이 절대로 멍에가 되진 않는다. ==이혼할 자신도 있어야 한다. 그래야 결혼생활도 자신 있게 할 수 있다. 이혼할 자신이 없는 사람은 비굴해질 수밖에 없다.== 자학과 타학의 연속이다. 결혼이 생활의 수단이고 존경의 상징이던 시대는 과거의 유물이다. 결혼도 이혼도 결정적 시기가 오면 과감히 해야 한다. 기회가 언제든 찾아올 거라는 생각은 착각이다.

쉬는 시간을 이용하라

축구는 팀워크가 중요하다. 그리고 무엇보다 섬세한 개인기가 절대적이다. 개인기 향상은 공만 차는 단순한 반복만으로는 완성되지 않는다. 중요한 건 '혼자, 조용히, 생각하며' 하는 연습이어야 한다. 나쁜 버릇이나 잘못 익힌 기술은 버리고 새로운 기술을 터득하는 일에는 '혼자' 하는 것이 절대적으로 필요하다. 나쁜 버릇을 고치려면 시합이나 단체연습 기간에는 되지 않는다. 축구나 농구선수가 공을 잡으면 습관적으로 한두 번 드리블하는 통에 공격 리듬이 늦어지는 걸 목격할 수 있다. 대표선수 중에서도 볼 수 있는 이런 버릇을 고치려면 역시 혼자 연구하고 수정하는 기회를 가져야 한다. 혼자 하는 연습이라야 조용히 눈을 감고 '최선의 동작'을 상상하는 여유가 생긴다. 그러곤 계속 이를 떠올리며 중추에 그 영상을 기억시켜야 한다. 이 과정이 반복되어야 버릇을 고칠 수 있다. 사실 기술향상은 연습하는 동안이 아니고 쉬는 동안에 이루어진다.

연습 후 잔디에 누워 쉬면서 자신의 단점을 생각하고 최선의 동작을 상상할 때 '아! 이거구나'하는 생각이 머리를 스쳐 간다. 이걸 실천에 옮길 때 비로소 자연스러운 최선의 동작이 만들어진다. 이런 순간을 잡으려면 혼자 해야 한다. 코치나 동료라도 옆에 있으면 중추가 벌써 이들을 의식한 나머지 자연스러운 행동이 연출되지 않는다. 득점왕은 예외 없이 혼자 연습하는 선수다. 쉬는 동안, 공 넣은 기억을 중추에 강화시키고 안 들어간 공은 원인분석을 하는 정적인 순간을 많이 갖는 선수다. 이런 현상은 운동 분야뿐 아니라 새로운 일을 창조해야 하는 수많은 인간 행위에 똑같이 적용할 수 있다.

발명왕 에디슨은 낮잠을 자고 일어나면 문제가 다 해결되어 있었다. 다윈은 드라이브, 러셀은 여행 중에, 그리고 유명한 벤젠환(環) 구조는 케쿨레가 자면서 얻은 결과물이다. 무슨 일을 골똘히 생각하면 나중엔 생각이 머리를 가득 채워 더 이상의 진전이 안 된다. 이때 필요한 게 휴식이다. 낮잠도 좋고 의자에 앉아 멍하니 넋을 놓고 있어도 좋다.

==사람은 의식이 약간 혼탁한 상태에서 가장 위대한 아이디어가 떠오르게 마련이다. 한잔 술에 취해 흥얼거리다 명곡을 작곡하고, 담배 한 대 물고 졸 듯 의자에 앉아 있는 동안 불후의 명작이 탄생한다.== 의식적인 비판이나 통제, 감독의 기능이 약화되어야 새로운 아이디어가 은연중에 떠오른다. 정신이 맑은 상태에선 행여 비판이라도 받을까 봐 겁을 집어먹곤 엉뚱한 아이디어들이 감히 떠오를 생각을 못 하고 위축된다. 연습 후 지친 몸을 뉘어 마음대로 하는 상상이 때론 기발한 아이디어를 낳게 한다. 쉴 수 있는 여유, 이건 시합 때도 마찬가지다. 복싱에서도 시작종이 울리기도 전 먼저 일어서는 선수가 있다. 테니스도 코트를 바꾸면서 휴식하는 동안 꼭 먼저 일어서는 선수가 있다. 신기한 일은 어느 쪽이든 열세에 있는 선수가 먼저 일어난다는 사실이다. 더 앉아 쉬기엔 열세라는 부정적인 생각이 떠오르기 때문이다.

이쯤 되면 승부는 끝난 거다. 시합 후 지는 줄도 모르고 끝나 버

DMN, 디폴트 모드 네트워크

우리 뇌는 한순간도 가만히 있질 않는다. 생각 없이 멍하니 있는 순간에도 뇌가 활발하게 움직인다. 일하지 않을 때 열심히 일하며 활성화되는 것이 DMN(Default Mode Network)이다. DMN은 우리가 어떤 생각에도 집중하지 않을 때, 즉 토론을 벌이거나 회의자료 준비 또는 과제를 수행하지 않고 쉴 때 놀랍도록 활성화된다. 과거에 대한 회상, 자아 성찰, 내면의 깊은 생각 등의 활동이 DMN을 활성화한다고 알려졌다. DMN은 우리가 어떤 일에 집중하는 상황에서는 활동하지 않다가도 휴식, 명상, 과거의 기억 회고 등을 하면 활발하게 작동한다. 가령 아무 생각 없이 휴식을 취하려고 침대에 누웠을 때나 몸을 씻기 위해 샤워를 하는 상황이 되면 DMN이 깨어난다. 또 집중해서 공부하다가 잠시 화장실에 갈 때라든가 누워서 쉴 때 활성화된다. 한마디로 DMN은 우리가 멍때릴 때 비로소 나타나는 장난꾸러기와 같다. 그런데 이 모드가 창의성이 필요한 분야의 해결책을 제시하기도 한다. DMN이 높으면 자아 성찰 활동이나 명상 몰입, 스트레스 감소 등에 도움이 된다고 알려져 있다. 그런데 DMN 모드는 일하지 않는 뇌의 대기 모드가 아니다. 인간의 감정과 기억을 통합해 해석하려는 숨겨진 인간의 내면 공간이다.

DMN은 실제로 뇌에 상당히 넓은 부위를 활용해 움직인다. 그래서 실제로 뇌가 사용하는 에너지의 대략 80%가 DMN 활동이다. 이 말은 우리가 일하지 않을 때 사용하는 뇌 에너지 비율이 80%라는 이야기다. 바꾸어 생각하면 인간의 뇌 에너지를 낭비하는 것으로 오해할 수 있다. 일을 안 할 때 활성화되어 80%의 에너지를 사용하니까 오해를 하기 쉽다. 그러나 놀라운 건 DMN의 효과다. 요상하게도 우리가 어떤 일에 집중함으로써 새로운 아이디어나 창의성을 끄집어내려 할 땐 도통 떠오르지 않던 생각이 뇌의 전원을 끄면 비로소 여러 가지 아이디어가 떠오른다. 그러니까 머리 싸매고 궁리해도 영 풀리지 않던 숙제가 오히려 쉬는 모드, DMN에 들어가면 굉장히 좋은 아이디어가 떠오르게 해준다. 즉, 브레인 원더링이다 왔다갔다 방황하는 순간이다. 우리가 열심히 공부할 땐 정신을 한 곳에 집중하느라 뇌의 작은 부위만 사용하게 된다. 그러나 DMN은 넓은 부위가 활성화되며 온갖 부위가 작동하니까 별별 생각과 아이디어가 떠오를 수 있다.

가령, 술 한잔 마시고 흥얼거리며 집으로 귀가할 때, 잠들기 직전, 또 잠에서 깨어나 아직 정신이 온전치 못한 엉성한 상태에서 놀랍게도 새로운 아이디어가 떠오르는 경험을 해보았을 것이다. 그것이 DMN의 효과다. 그러니까 오히려 어떤 의식적인 방해라든가 그런 억제하는 힘이 약해질 때 정말 저 구석에 숨어 있던 좋은 아이디어가 떠오르는데, 만약 글을 쓰는 작가라면 좋은 작품을 집필할 수도 있다. DMN 상태에서 떠오르는 아이디어가 예술가들에게는 훌륭한 작품을 만들어내는 원동력으로 작용한다. 따라서 문학계나 예술 분야에서 일하는 분이라면 DMN 활성화가 중요하다. 틈틈이 시간을 내어 릴렉스하면 정신 건강에 도움이 된다는 이야기를 꼭 전하고 싶었다. 향후 DMN 관련 연구가 밀도 있게 진행되면 아직 우리가 모르는 이 모드의 숨겨진 기능이 더 많이 밝혀져 인간의 정신 건강을 이해하는 데 도움이 될 것으로 생각한다.

렸다고 투덜댄다. 그만큼 열세라는 사실을 부인하고 있었고 또 게임 진행 연구와 분석을 할 수 있는 여유가 없었다는 증거다. 빨리 끝났으면 하는 생각이 그의 잠재의식에 가득 찼으니 만회할 길이 없다. 혼자 연습하고 쉬는 동안 연구할 수 있는 여유, 이게 선수에게 필요한 배짱이다.

한국인의 이민 증후군

캘리포니아주립대에서 열린 세미나에서의 일화다. 한국인의 '향수병'이 세미나 주제였다. 세계 각국 사람이 모여 사는 LA에서도 한국 사람들의 향수병이 유별나다는 것이다. 그곳 한국 정신과 의사들의 주장에 따르면, 우리만큼 두고 온 고향에 미련이 많은 민족도 드물다는 것이다. 이처럼 강력한 귀소 의식이 이민 생활의 적응에 정신적 장애가 된다는 결론이었다. 이게 곧 이민 증후군을 일으키는 발병요인으로 지적됐다. 이것은 이민 간 사람에게서 흔히 볼 수 있는 증상으로 '몸은 와도 마음이 아직 오지 않은' 일종의 분열 상태. 이민 와서 처음 얼마간의 흥분이 가라앉으면 모든 게 낯선 이국땅에서 불현듯 고국의 그리움이 밀려든다. 서러워 울기도 하고 괜히 왔다고 후회도 한다. 이런 심경에서는 이민 생활 정착이 쉽지 않다. 보통 6개월에서 1년 정도 지나면 '몸도 마음도 함께' 오면서 차츰 진정된다. 이런 상황이 장기간 계속된다면 전문가의 치료가 필요하다.

　이와 비슷한 증상은 시골에서 도시로 이사 온 사람에게서도 똑같이 나타난다. 금의환향의 꿈을 안고 차가운 도시 생활의 설움을 겪어야 하는 외로움이 이른바 '상경 증후군'을 만들어낸다. 시집을 온 새색시 마음이 항상 친정집에 가 있는 것도 같은 이치다. 여하튼 이 병을 치료하려면 딱 한 가지, 몸이 왔으면 마음도 함께 따라와야 한다. 일단 온 이상 모든 걸 잊고 새로운 생활에 전념해야 한다. 물론 이처럼 인생의 큰 전환점에 와서야 자기 결심에 대한 회의가 생길 수도 있다. 그런데 일상생활의 작은 일까지 어떤 결정을 내리고 실행하면서도 후회하는 사람도 많다. 가령, 버스표를 끊어놓고 '기차로 갈걸….' 하고 후회하는 식이다. 비라도 내리면 길이 미끄러울 텐데, 혹여 기사가 과속이라도 하면 어쩌나 별걱정 다 한다. 후회가 클수록 걱정도 더 커진다. 그렇게 걱정이 많으면 아직 늦지 않았다. 버스를 타기 전이라면 생각을 바꿀 수 있다. 표를 물리고 기차역으로 가면 그만이다. 그런데 문제는 이미 버스가 출발한 후에도 계속 기차 생각만 하는 경우다. 이 정도면 병이다. 버스니까 커브를 돌 적마다 사고가 아닌지 가슴이 철렁 내려앉는다. 불안해서 앉아 있을 수가 없다. 심한 경우 목적지까지 못 가고 도중에 내려야 한다. 이 정도면 중증 환자다.

　이래선 무슨 일이든 되지 않는다. 추진력의 결정적 방해인자는 후회라는 마물이다. 버스를 탄 이상 맡기고 편히 자는 거다. 사고를 당해도 자는 사람이 덜 다친다고 한다. 몸이 긴장하면 골절이 더 잘 일어나니까 그렇다. 모임에서 연설을 하기로 수락했다면 하는 거다. 이제 와서 할지, 말지를 고민할 때가 아니다. 결정은 이미 끝났다. 남은 건 실행뿐이다. 걱정은 승낙하기 전 단계의 일이지 이제 후회해야 일만 복잡해진다. 이렇게 되면 걱정의 순서가 뒤바뀐 것이다. 이 역시 소심증의 발로다. 거절을 못 해 승낙하고서는 돌아서 후회한다. 이제 남은 걱정은 '어떻게 하면 잘할 수 있을까?'라는 것이어야 한다. '할까, 말까?'라는 걱정은 이미 끝났다. 그런데도 지금 와서 안 하려는 구실을 찾자니 마음이 더 초조할 수밖에 없다. 그럴수록 더 불안하다. 많은 사람의 불안과 걱정은 어차피 하기로 결정한 일을 피하려는 마음의 균열에서 시작된다. 정 싫으면 당장 그만두면 된다. 거절도 배짱이다. 그럴 배짱도 없다면 해야 한다. 어차피 해야 할 일이라면 안 할 생각은 접자.

싫은 약속은 처음부터 아예 하지 말든지 약속했다면 달아날 생각은 말아야 한다. 엉거주춤한 상태니까 마음에 마찰이 오고 갈등이 생긴다. 하면서도 하는 것도 아닌 이런 갈등상태라면 걱정만 쌓이고 일만 밀린다. 몸과 마음이 합일되지 않으면 마찰이 생긴다. 기왕 회의장까지 왔을 바엔 우거지상일랑 씻어내고 반가이 사람들과 악수도 하며 어울려야 한다. 결정한 이상 자기 결정을 존중하고 모든 걸 거기에 맡겨야 한다. **박력 있는 사람은 결심이 서면 옆을 돌아**

보지 않는다. 어떤 미련이나 후회도 없다. 그게 비록 불행을 몰고 오는 한이 있더라도 자기가 한 결심인 이상 감수할 수 있다는 자부심도 생긴다. 그래야 전력투구하는 마음의 자세가 된다.

약점을 강점으로

인생이 장애물 경주라면 이를 극복하고 뛰어넘는 용기와 추진력은 가상한 행위다. 하지만 그보다 더 현명한 일은 그 장애물을 역이용하는 슬기다. 발길에 채어 넘어진 돌을 디딤돌로 쓰는 지혜 말이다. 여기엔 물론 장애물을 예리하게 분석하는 지적 능력도 중요할 테지만, 그보다는 마음의 여유가 더 중요하다. 장애에 부딪혀도 당황하지 않고 냉철히 대처하는 마음의 여유 말이다. 이게 곧 현명한 사람이 발휘하는 추진력이다. 화가 절로 복이 되진 않는다. 그렇게 할 수 있는 여유가 있어야 한다.

소크라테스가 유명해진 건 악처를 얻었기 때문이라고 말하지 않던가. 그 자신도 그걸 시인했다. 딱하게 여긴 친구들이 악처를 규탄하자 그는 '좋은 마누라를 얻으면 행복한 사람이 되지만 악처를 얻으면 철학자가 되지'라고 태연히 말하며 웃었다고 한다. 그는 마누라가 긁는 바가지를 그의 철학적 사색을 깊게 하는 자극제로 활용했다. 어느 날 친구와 담소를 나누는데 마누라가 나타나 또 바가지를 긁기 시작했다. 하지만 그는 태연히 대화를 계속했다. 드디어 물벼락이 날아왔다. 보다 못한 친구가 화를 냈다.

"여보게, 어떻게 좀 해야지. 이건 너무 심하잖아?"

소크라테스는 물벼락을 맞고 앉아서 담담히 응수했다.

"뇌성이 치면 소나기가 쏟아지는 법이라네. 거친 말을 길들여야 준마가 되고 그럴 수 있어야 훌륭한 기사가 되는 걸세. 내 마누라한테 참을 수 있으면 세상에 어려운 사람이 없게 되네."

이런 여유는 보통사람의 경지에선 생각도 할 수 없는 일이다. 화를 복으로 만들고, 또 약점을 강점으로 이용하는 슬기야말로 진정한 배짱이 아닐까 싶다.

역사 이래 여자는 약하다. 그러나 약하기 때문에 강할 수 있었다. 전쟁이 휩쓸고 간 폐허에서도 살아남은 건 여자였다. 천하 용장도 여자의 눈물 앞엔 항복했다. 약하다고 배짱이 없는 건 아니다. 약점을 보완하려는 끊임없는 노력으로 강해질 수 있다.

철혈재상으로 알려진 비스마르크는 강심장으로 유명하다. 그러나 그의 소년 시절은 겁 많은 울보였다. 자기보다 몸집이 작은 꼬마가 시비 걸고 멸시해도 싸울 용기가 없었다. 밀려 넘어져도 울기만 했지 대들지 못했다. 매우 약했던 그는 자신의 단점을 극복하려는 끝없는 노력으로 마침내 세기의 강심장이 되었다. 이런 슬기와 끈기는 우리의 일상생활에서 꼭 필요하다.

필자가 미국에서 지낼 때 내 연구실의 피터는 뉴욕 교외에 살면서 기차통학을 하고 있었다. 아침마다 땀 냄새 가득 찬 만원열차에 시달려 짜증이 나서 견디기 힘들다고 불평했다. 소리를 쳐도 별수 없고 진정을 해봐야 마이동풍이다. 점점 화만 치밀었다. 견디다 못한 그는 생각을 바꾸어 바로 그 철도회사의 주식을 사기로 했다. 자신이 주주가 된 이후 기차에 사람이 넘쳐 만원이 될수록 기분이 좋았다. '더 태워라, 터지도록 태워라' 하고 속으로 외쳤다. 주주가 되고 보니 만원열차가 그렇게 기분 좋을 수 없었다. 땀을 뻘뻘 흘리며 출근하면서 좋아라 하며 두 주먹 흔들고 껑충 뛰던 그 모습이 지금도 눈에 선하다.

나는 위의 사례를 불면증에 시달리는 후배에게 들려준 적이 있다. 그는 이웃에서 들리는 건설현장 소음 때문에 도저히 잠을 이룰 수 없다고 호소했다. 내 이야기를 들은 그는 바로 달려가 소음을 일으킨 건설회사 주식을 샀다. 이후로는 그 소음이 자장가처럼 부드럽게 들렸다고 한다. ==난처한 일이 생겼을 땐 정면도전을 하는 것도 배짱이지만, 그걸 역이용하는 생각의 전환, 즉 슬기가 더 멋진 배짱==

이다. 꾸중만 해도 그렇다. 꾸중을 들었을 때 대드는 정면도전형이 있다. 이런 반항이 통할 수만 있다면야 이것도 배짱이겠지만 통하지 않는 일이라면 그건 오기다. 배짱은 아니다. 또 어떤 사람은 변명부터 늘어놓는다. 거의 습관적이다. 이쯤 되면 상사에게 좋은 인상을 주긴 글렀다. 이보다 더 서글픈 친구는 '아! 역시 난 형편없어'라는 낙담 형이다. 작은 꾸중에 마치 자기의 전 인생에 사형선고나 받은 것처럼 실망한다면 발전은커녕 후퇴만 한다. 그런가 하면 꾸중이 계기가 되어 상사로부터 인정받는 기회로 만드는 사람도 있다.

"미처 주의를 못 했습니다. 날카롭게 지적해주셔서 감사합니다. 이런 일이 없도록 노력하겠습니다."

잘못을 솔직하게 인정한 후 노력을 더 기울인다면 그는 상사로부터 두터운 신임을 받을 게 틀림없다. 이런 사원일수록 꾸중을 영광으로 생각한다. 그만큼 자기에게 관심이 있고, 또 자기를 아끼니까 상사의 꾸지람을 격려로 받아들인다. '꾸중을 해주셔서 감사합니다'라고 생각하는 마음, 이런 자세도 진정한 배짱이다. 이런 사원은 휴가결재를 받지 못해도 기분이 좋다. 그만큼 자기가 이 회사에 필요한 존재라는 긍지가 생기기 때문이다. 잘 다녀오라고 했다면 오히려 서운했을 게 틀림없다. 이건 회사를 위해서가 아니라 자기 자신을 위한 것이다. 화를 복으로 만들어내는 여유야말로 배짱 중 배짱이다.

현대는 실력이 있어야 살아남는 사회다. 무슨 일을 하든 남보다 앞서는 실력이 있어야 한다. 그러나 그보다 더 중요한 건 자신의 실력을 한껏 발휘하는 일이다. 상대에게 위축되거나 다른 심리적 제동 때문에 제 실력을 다 발휘하지 못한 채 게임에 지면 이보다 서글픈 일이 또 있을까. 누구에게나 무한한 가능성과 능력이 잠재되어 있다. 이를 어떻게 개발, 발휘하느냐는 당신이 찾아야 할 배짱이라는 열쇠다. 이것이 곧 당신의 갈 길을 열어주는 길잡이가 되고 또 뒤에서 밀어주는 후원자가 되어줄 것이다.

숙맥에서 벗어나는 처방전 ②

추진력이 부족해 망설이는 사람들

'학교'라는 단어를 생각해보자 순간적으로 떠오르는 것들이 있을 것이다. 운동장, 교문, 안경 낀 교장 선생님, 짓궂은 동창들이 떠오를 것이다. 그 이유는 학교라는 기억이 이 모든 것들과 함께 기억되기 때문이다. 이것이 곧 기억의 연상 단위다. 이 중추신경의 원리를 잘 이용할 수 있어야 추진력에 가속력이 생긴다. 그 원칙을 몇 가지 소개한다.

1. 무슨 일이든 시작부터 하자
일단 움직이기 시작하면 대뇌에 잠자던 의식들에 파동이 전달되어 일이 진행되는 동안 처음엔 생각지도 못한 아이디어들이 떠오른다.

2. 관습적인 생각은 과감히 버려라
타성에 젖은 기계적인 생각으로는 똑같은 일만 반복하게 만든다. 물은 컵으로 마신다는 습관적인 생각이라면 새 아이디어가 떠오를 수 없다. 다람쥐가 쳇바퀴 돌 듯 밤낮 뛰어봐야 제자리만 맴돈다. 물은 손으로 마실 수도, 또 입으로 바로 마실 수도 있다. 일도 다른 각도에서 봐야 새롭게 보인다. 어린이는 흙탕물도 개의치 않고 뛰어든다. 어린이 눈에는 흙탕물도 첨벙거리며 놀기 좋은 물과 별반 차이가 없다. 젊은 여자는 위생적인 수돗물이 좋다고 하고 노인네는 생수가 몸에 좋다고 한다. 물도 보는 사람의 눈에 따라 달라지게 마련이다.

3. 자기 최면을 걸어라
"이 일을 시작하길 잘했다. 현명한 결정이다. 정말 다행이다. 덕분에 술도 한잔 공짜로 마시게 되었고, 난 역시 똑똑한 놈이다."

우리에겐 이런 최면이 필요하다. 최면은 자신을 밀어주는 힘으로 작용한다. 물론 지나친 자기 자랑이 자칫 흉이 될 수도 있겠지만, 그렇더라도 어느 정도는 자기 자랑이 필요하다. 내가 하는 일에 회의감이 들 때 위와 같은 자기 자랑이 확신을 심어주기도 한다.

4. 장애물을 역이용할 수 있는 슬기를 발휘해라
잘 가다가도 장애물이 가로막으면 추진력은커녕 그만 좌초하는 것이 보통사람이다. 하지만 이를 역이용하는 슬기가 있다면, 장애물이 오히려 가속제가 되기도 한다. 서울에선 물 한잔도 돈을 줘야 먹는다고 투덜대지 말고 서울에선 물도 돈이 되네, 이렇게 생각하라. 이게 박력이다. 박력이란 힘으로 우지끈 밀고 나가는 것만은 아니다.

5. 어렵다는 생각을 버려라
추진력의 결정적 방해요소는 회의다. 과연 될까? 하는 회의가 들면 일이 진행되지 않는다. 마이너스 모드가 중추에 덮이면 모든 게 부정적인 쪽으로 바뀐다. 안 될 때 손을 들더라도 그때까진 되는 쪽으로 생각해야 한다. 그것이 추진력의 원천이다.

CHAPTER 3

결단력,
뛰고 나서 생각하라

땅을 사랑한 민족

결단하는 용기

다행이라니? 비극이다

낯선 길을 용기 내어 가보라

결단의 적 3총사 미련, 핑계, 구실

용기가 없어 일을 망쳐?

고독사회, 고독한 노인의 대처법

완벽주의 강박증

처칠 경의 여유

숙맥에서 벗어나는 처방전 ③
무엇이든 잘해야 한다는 완벽증 버리기

"우리가 어떤 결단을 내리고 결심을 굳힐 땐 용기도 따라야 한다. 과거와 다른 새로운 일을 하는 거니까 위험을 감당해야 하고 두려움도 앞서게 마련이지만, 그게 싫어 결단하지 못하면 삶이 변하지 않는다. 내내 그 자리다. 위험을 감수하고 두려움을 극복할 수 있다는 용기를 내어보자."

땅을 사랑한 민족

우리가 어떤 결단을 내리고 결정하기까지는 당연히 정확한 상황분석이 뒤따라야 한다. 무척 중요한 일이다. 하지만 이보다 더 중요한 건 모험을 감수하는 용기다. 더군다나 결단이나 결정 이후에 뒤따를 상황변화에의 적응도 자신이 있어야 한다. 결단을 내린다는 건 늘 새로운 변화로의 추구를 전제로 하기 때문이다. 그리고 어떤 계획도 100% 성공한다는 보장이 없으니 용기와 자신감이 필요하다. 당연히 실패할 가능성도 있다. 따라서 실패를 감수할 용기가 있어야만 결단이 선다. 모험 감수, 변화 적응에 자신이 없다면 어떤 결단도 내릴 수 없다. 불편해도 그대로 사는 수밖에 없다. 영영 낙후되더라도 도리가 없다. 결단이 서기까지의 과정이 이렇다면, 우리 한국인에게 과연 그런 과단성이 있을까? 나는 조금 회의가 든다. 그 원인을 몇 가지 측면에서 분석한다.

우리 민족의 뿌리는 알타이산에서 시작, 시베리아, 몽골, 요동벌판을 거쳐 달려온 기마 유목민족이었다. 야성적이고 도전적인 기질은 지금도 우리의 내면에 전달되어 면면히 흐른다. 우리는 1만 년쯤부터 한반도에 정착 후 농경민족이 되면서 기질이 많이 달라졌다. 거친 기마 유목민족 기질이 유순한 정착 농경민 기질로 바뀌어 갔다. 한자리에 정착해 농사를 짓고 살면서 비록 그게 박토라도, 비좁은 초가삼간이라도 천혜로 알고 그런대로 살아왔다. 그래서 우리에겐 불편해도 그냥 참고 견디는 인내심이나 집착이 강하다. 반면에 그 불편을 타개하려는 개혁 의지는 박약하다. 한편, 그렇게 농경민족으로 바뀐 후, 농사를 짓자니 땅이 필요했다. 농사에 유리한 평평하고 반반한 땅은 턱없이 부족했다. 그래서 많은 조상이 산으로 올라갔다. 그렇게 계단식 논, 다랑논을 개척했다. 지금 시각으로 보자면, 아름답고 낭만적으로 느껴지기도 할 테지만, 그 땅을 개척하고 개관하느라 얼마나 힘들었을지 짐작조차 어렵다.

최근에는 그간 억눌려온 기마 유목민족 기질이 되살아나기 시작해 빠른 속도로 산업화에 성공했지만, 우리에게는 지금도 땅에 대한 애착이 강하게 남아 있다. 거기에 유교적·이성적 순화가 접목되면서 도전적인 변화보다 현재에 안주하려는 경향이 강해졌다. 변화보다 안전을 추구하려는 심리다. 매사에 적극적이라기보다는 소극적일 수밖에 없었다. 서양의 유목민처럼 물 따라, 풀 따라 옮겨 다녀야 하던 떠돌이와는 달랐다. 철마다 어느 쪽으로 옮겨야 할지 결정해야 하는 그런 큰일이 없었다. 유목민들에겐 그야말로 운명을 건 사생 결단이 필요했지만 우리는 그렇지 않았다.

산을 넘고, 신대륙을 찾아 바다를 건너는 그런 기상이 움틀 여지가 없었다. 새로운 곳을 찾아가는 개척정신이란 상상도 못 할 일이었다. 그저 한자리만을 지켜왔다. 변화란 게 없었다. 봄에 씨 뿌리고 가을에 추수해 1000년을 지켜온 조상의 자취를 답습하는 모습이 전부였다. 최근 들어 도시로의 이주가 많아지고 해외 이민도 많아졌다. 그러나 우리의 잠재의식은 언제나 갈등으로 남아 있다. 향수병이 심한 것도 그렇고 언젠가는 고향 땅으로 돌아가겠다는 귀소의식도 우리만큼 강한 민족이 없다. 우린 변화를 어색해하고 두려워한다. 수천 년을 한자리에서 살아온 우리로선 당연한 심리다.

작은 변화도 두려워한 나머지 모험이란 걸 생각조차 해볼 수 없었다. 당연히 새로운 아이디어가 떠오를 수 없는 환경이었다. 역사적으로 우리의 독창성이 세계에 알려진 것으로는 그저 손에 꼽을 정도의 몇 가지뿐이다. 옛것을 답습하는 반복 강박증의 테두리에서 오랫동안 벗어나지 못했다. 한마디로 안전제일주의가 우리 삶을 지배했다. 지금보다 나을 거라는 매우 전망이 보이는 일이라도 만에 하나 실패할 가능성이 두려워 주저앉곤 했다. 빈틈없이 완벽한 일이라고 판단이 서야 움직였다. 따라서 새로운 일을 대할 땐 되는 쪽보다 안 되는 쪽부터 먼저 생각했다. 실패라도 하는 날이면 체면도 문제려니와 그 후에 올 엄청난 변화에 적응하는 일도 끔찍스럽게 느껴진다. 그래서 우리는 작은 실패도 지나치게 두려워하는 실패 공포증을 안고 살아간다. 이런 모습이 우리에게 각인되어 있다. 물론 최근 들어 소극적이고 변화를 두려워하며 쉽게 용기를 내지 못하는 한국인 이미지를 많이 벗어냈다. 그나마 다행이라고 본다.

얼마 전까지만 해도 시골에선 논 팔아 장사를 하겠다는 아들과 절대 안 된다는 아버지 사이의 알력을 종종 볼 수도 있었다. 아버지는 땅이나 파먹고 살지 무슨 외도냐며 펄펄 뛰었다. 그리고 예로부터 돈은 땅에 묻는 거라고 강조했다. 논을 팔면 후회할 일이 온다는 걸 항상 경고했다. 땅덩이가 좁아서도 그렇겠지만 우리 조상만큼 땅 한 조각에 애착이 많은 민족이 이 지구상에 또 있을까. 그들은 죽음으로 땅을 지켜왔다. 땅은 곧 생명이요, 역사요, 모든 것이었다. 그 속에서 태어나 거기서 살다 다시 거기로 돌아가는 사람들에게 변화란 엄청난 스트레스다. ==새로운 일을 결심해야 할 필요도 없었다. 변화를 도모하고자 결심한다는 건 가문을 배신하는 반역아가 된다는 의미였다. 집에서 시키는 대로 잠자코 따라 해야지, 자기 생각을 멋대로 드러낼 수 없는 구조였다.==

부모에 대한 의존성이 강한 우리로선 나 혼자 뭔가를 결정할 수 없었다. 따라서 우린 어릴 적부터 의사결정을 스스로 내리는 훈련이 부족했다. 상황판단과 분석, 성패 가능성의 진단, 그리고 폭넓은 의견교환으로 다수 의견에 따르는 민주적 훈련 역시 부족한 상태였다. 민주주의가 정착되기까지 위와 같은 관습을 하나씩 타파해 가야만 했다. 예로부터 우리는 어떤 작은 결정일지라도 집에선 가장이, 고을 일은 원님이 결정했다. 의견을 제시하는 훈련이 많이 부족했다. 잘못하다간 말대꾸로 낙인이 찍혀 호통이 떨어지기 일쑤였다. 산업화가 진행되면서 우리나라 기업체의 사원 교육훈련 과정에 포함된 필수 과목 중 하나가 의사결정 훈련이다. 지극히 한국적인 이야기다.

결단하는 용기

자동차를 운전해봤다면 초보운전 시절, 추월이라는 결단도 쉽지 않음을 잘 알 것이다. 우선 사이드미러로 옆 차선에 다른 차가 있는지를 살펴야 하고, 내 차의 속도를 더 올려 부드럽게 앞차를 추월해야 한다. 추월에는 빠른 상황판단이 필요하고 위험도 뒤따른다. 노면의 폭, 반대편 차, 앞차 운전사의 순간적 심리상태까지 자세한 분석이 필요하다. 분석 결과 위험이 최소한이라고 판단하면 추월 결단을 내려야 한다. 이때 작은 위험을 각오해야 한다. 자신의 위치를 잘 살펴 어느 시점에 추월하여 어디쯤에서 끝낼지 결정하면 이제 남은 건 가속이다. 차선을 바꾸며 속도를 올려 가속 페달을 밟아야 한다. 이때가 위험의 시작이다. 순간 중추신경이 긴장된다. 가슴도 두근거린다. 아찔한 기분이 든다. 운전에도 이 같은 생리적 현상이 필수적으로 동반된다.

초보자는 이런 생리현상을 불안으로 착각하여 불안 발작상태로 빠질 위험도 있다. 일단 가속했다면 이젠 되돌아갈 수 없는 시점이 온다. 중지할 수 없다. 그랬다간 더 위험해진다. 우물쭈물하다간 맞은편 차와 정면충돌을 할 수도 있다. 모험을 중지할 수 있는 순간과 그럴 수 없는 순간은 그야말로 순간이다. 이 순간을 넘어서면 이젠 전진 가속뿐이다. 브레이크를 밟으면 오히려 더 위험하다. 이게 결단의 순간이다. 안전하게 뒤를 따라가기보다 추월하는 데는 항상 위험이 따른다. 그걸 감수할 용기가 있어야 추월할 수 있다. 초보운전자의 추월 행위는 결단이 필요한 일종의 종합 예술과 같다. 결단은 일종의 모험을 거는 일이기도 하다. 결단하지 않을 거라면 약속 시간에 늦는 수밖에 없다. 어디 운전만이랴. 사회생활을 할 때도 어느 시점에 이르면 반드시 중요한 결심을 내려야 하는 순간이 찾아온다. 취직, 이직, 이사, 애정 문제 등 크고 작은 일들이 우리의 결단을 기다린다.

현대사회에서는 크고 작은 여러 가지 일들이 벌어진다. 당연히 우리가 결단을 내려야 하는 일들도 많다. 하루에도 수십 번의 결단이 필요하다. 과감히 결단해야 할 시점에서 그런 의사결정이 늦어지거나 결단하지 못하면 경쟁자에 뒤지는 게 당연하다. 개인의 발전도 기대하기 힘들다. 아직도 결단이 힘든가? 소설 『삼국지』에도 이런 이야기가 나온다.

"결단하고 마음을 굳히면 하늘이 움직여 돕는다!"

우물쭈물하다간 짝사랑하던 애인이 다른 남자에게 시집을 가고, 사업은 벌써 다른 사람이 손을 대기 시작한다. 기회를 놓치면 우리에게 남는 건 후회와 낙후뿐이다. 하루 이틀 미루다 보면 그만큼 뒤떨어진다. 이게 결단을 못 하는 사람의 비극이요, 병리다. 물론 우리가 어떤 결단을 내리고 결심을 굳힐 땐 용기도 따라야 한다. 과거와 다른 새로운 일을 하는 거니까 위험을 감당해야 하고 두려움도 앞서게 마련이지만, 그게 싫어 결단하지 못하면 삶이 변하지 않는다. 내내 그 자리다. 위험을 감수하고 두려움을 극복할 수 있다는 용기를 내어보자. 옆자리 여성에게 커피 한잔 마시자고 말하는 용기와 결단이 어쩌면 숙맥의 운명을 바꿀 수도 있다는 걸 알아야 한다. 용기 내어 말했는데, 그녀가 거절하면? 그건 나중 일이다. 그런 거절을 당해보기라도 해봤는가?

다행이라니? 비극이다

대형사고가 날 때마다 느끼는 일이 한두 개가 아니다. 우선 보는 사람의 반응이다. '그만하길 다행이다'는 말이 대표적이다. 엄청난 참사를 두고 '다행'이라니 도대체 제정신인가! 눈이 빠져도 다행이란 소리가 있긴 하지만 어쩐지 우리의 슬픈 내력이 드러난 듯해 측은한 마음을 금할 길 없다. 서양인이 들으면 뺨 맞을 일이다. 그러나 우린 그런 말로 위로하고 또 위로를 받는다. ==불행이 더 크게 번지지 않은 것만으로도 다행이라 여긴다. 이거야말로 불행이 몸에 찌든 자학에서 오는 자위다. 현재의 불행을 있는 그대로 받아들이고 그나마도 고맙게 생각하는 슬픈 이야기다.==

현재의 불행을 타개하는 새로운 변화에의 시도란 감히 상상도 할 수 없는, 나약한 사람만이 할 수 있는 특유의 자학이다. 그만하기 다행이라니, 그 불행이 남의 일이라서 그리 말하는 건 아니다. 진심으로 그게 내 일인 양 생각하고 또 그만하기 다행이라고 여기는 것이다. 그런데 어떤 대형사고든 그 내용을 자세히 들여다보면, 아연실색한다. 사고가 우연이 아니고 어떤 의미에선 당연히 날 수밖에 없는 인재(人災)가 많기 때문이다. 뻔히 사고가 날 줄 알면서 미련하게 그냥 둔 것이다. 무작정 방치한 건 아니겠지만 그래도 지금껏 괜찮았는데 무슨 일이 나랴 싶은 미련이다. 설마가 사람을 죽이는 것이다.

지각 있는 사람이 들으면 분노를 금할 수 없는 일이다. 어쩌면 그런 위험을 뻔히 보고도 그냥 있을 수 있었을까 하는 생각이다. 대형 사고가 날 적마다 당국이 욕을 먹는다. 백번 규탄을 받아 마땅한 일이다. 하지만 그보다 더 답답한 일은 그런 위험을 예견하고서도 피하지 않고 미련을 떤 피해자 자신들이다. 정원의 몇 배가 넘게 태우는 뱃사공도 문제고 이를 그대로 방관한 감독관리도 문제다. 하지만 보다 더 큰 문제는 그런 배를 탄 피해자의 미련함이다. 그것도 기를 쓰고 밀치며 탔던 그 미련함에는 무어라 할 말이 없다.

어릴 적 할아버지한테 들은 이야기 한 토막이 생각난다. 한양에서 벼슬아치로 지내던 사람이 고향엘 다녀가느라 한강을 건넜다. 배에서 내리는데 친구 아들이 그 배를 타고 상경한다며 인사를 했다. 아버지 약을 지으러 간다는 사연이었다. 꽤 붐비는 나루터에서 잠시 쉬는데, 아뿔싸 그 친구 아들이 탄 배가 그만 강 한복판에서 침몰하는 게 아닌가. 배도 사람도 그대로 가라앉아버린 것이다. 이 일을 어찌하면 좋담. 그는 친구 집엘 바삐 찾아갔으나 차마 말이 나오지 않았다. 그 속을 모르는 주인 영감은 오랜만에 만난 친구가 반갑기만 한 모양이었다. 사실 이 친구는 벼슬자리가 역겹다고 모든 걸 청산한 후 낙향한 선비였다. 그들은 한양 이야기로 한낮을 보냈다. 하지만 손님은 조바심이 나 견딜 수가 없었다. 초조한 빛이 역력해지자 주인 영감이 묻는다.

"여보게, 자네 무슨 걱정이 있나, 안색이 좋지 않네! 그려."
"그래? 사실은 말일세, 자네 아들이 탄 배가…."
그는 떠듬거리며 낮에 있었던 이야길 끄집어냈다.
"이 사람아, 할 말이 없네. 그 뱃사공 녀석이 미련하게 너무 많이 태웠으니 그 배가 무사할 리가 있나? 그놈을 당장…."
"많이 태웠다고? 아, 그럼 내 자식은 괜찮을 걸세."
주인 영감은 태연했다.
"아니 괜찮다니? 한 사람도 나오질 못했어. 내 눈으로 똑똑히 봤다니까!"
이거야말로 답답한 노릇이다. 외아들이 죽었다는데 괜찮다니 말이다.
"걱정하지 말게, 내 아들놈은 사람이 많이 탄 배를 탈 만큼 미련한 녀석이 아닐세."

그는 역시 태연했다. 위로하는 측은 오히려 주인 영감이었다. 이쯤 되니 난처하게 된 건 손님이었다. 좋은 일도 아닌데 더 이상 우길 수도 없고, 막 자리를 뜨려는데 밖에서 인기척이 난다.

"아버님, 다녀왔습니다."
이게 누군가. 분명히 물에 빠진 그 아들이 이렇게 멀쩡하게 돌아온 게 아닌가. 옷도 젖질 않고 돌아오다니 정말 믿기지 않는 일이었다.

"이 사람아, 자넨 아까 물에 빠진 그 배를 타지 않았던가?"

"네, 탔습니다. 하오나 뱃사공이 자꾸 사람을 태우기에 저는 다음 배로 다녀올 양으로 내렸습니다. 그래서 이렇게 늦어 죄송할 따름입니다."

주인 영감은 두 사람의 대화를 조용히 듣기만 할 뿐 아무 말이 없었다. 역시 태연했다. 미련이 지나치면 화를 자초하는 건 물론이고 자칫 생명이 위험할 수도 있다. 그런데도 우리는 미련한 일에 매우 긍정적인 가치관을 부여한다. 워낙 조급한 백성이어서 좀 곰같이 미련한 사람을 좋게 보는지도 모른다. 여하튼 '곰 같은 녀석'이라면 칭찬에 속한다. 참을성이 많고 줏대 있다는 의미로 통한다. 하지만 사실은 그와는 반대다. 소신이 있어서가 아니라 변화에 적응할 자신이 없으니까 미련을 떠는 것이다.

언제 닥칠지 모를 위험을 그대로 안고 산다는 건 보통 강심장이 아니다. 그러나 사실은 강해서가 아니라 약하기 때이다. 변화를 싫어하고 자신이 없기 때문이다. 불편해도 그냥 살던 대로가 좋다는 식의 안전불감증이 더 큰 화를 부르곤 한다. 옛말에 여우를 피하려다 범을 만난다고 했다. 이런 사람들과 이야기하노라면 정말 답답해서 견딜 수 없다. 변하지 않고 그대로가 좋다면 그런대로 사는 수밖에 없다. 앉은 자리가 꽃자리다. 더는 발전을 기대하지 말아야 한다.

이런 사람들에겐 행운이나 요행도 없다. 행운과 요행도 노력한 대가로 찾아오는 것이다. 현상을 유지하려는 심리는 우리의 삶을 후퇴시킨다. 기회를 봐서 결단을 내려야 한다. 기왕이면 되는 방향으로 말이다. 기회란 그렇게 많은 건 아니다. 지금 당장, 오늘 이 시간이 기회일 수 있다. 잘 판단하고 결단을 내려 모험해볼 필요가 있다. 좋은 것이든 나쁜 것이든 변한다는 건 인생의 양념이 된다. 여행이란 것도 그런 기분에서 한다. 낯선 곳에서의 여러 가지 변화가 권태로운 생활에 활력을 준다. 인생살이 자체가 하나의 여정이다. 낯익은 길만이 길은 아니다. 길은 많다. 그렇게 두려워하지 않아도 된다. 어느 길이든 들어서기만 하면 또 가게 돼 있다. 그게 인생이란 길이다.

낯선 길을 용기 내어 가보라

길은 많은 사람이 오가며 만들어진다. 남들이 가본 길엔 새로움이 없다. 특별함도 물론 없다. 뻔하고 지루하다. 남들이 가지 않은 길, 새로운 길을 가봐야 호기심도 생기고 흥미도 생긴다. 그러니까 안전하고 평탄한 길 대신 새로운 길을 가보자. 안전하고 평탄하다는 말 뒤에 숨으면 아무 변화도 일어나지 않는다. 새로운 길을 가야만 새로운 아이디어와 창의력, 모험심과 도전 정신을 만날 수 있다. 그래서 새로운 길을 간다는 건 아름다운 도전이기도 하다. 사람들이 여행을 즐기는 것도 그 초행길에서 만나는 낯섦과 용감하게 마주하기 위해서다. 다소의 긴장과 불안, 그리고 불확실성이 여행하는 사람을 흥분하게 만든다. 그런 여행에서는 전혀 예측하지 못한 일들도 종종 벌어진다. 불확실하지만 그런 경험을 기꺼이 즐기는 일이 여행이다. 그러나 여행을 쉽게 떠나지 못하는 사람은 이와 반대다. 낯선 게 싫고 적응도 싫다. 아울러 여러 가지 변수에 적응할 자신도 용기도 없다. 이래서야 정말 평생을 그 자리에서 머문 채 지내야 한다. 우물 안 개구리와 무엇이 다른가.

좋은 아이디어를 얻고자 한다면, 낯선 환경에 자신을 노출 시켜라. 낯선 것들을 보면 새로운 생각이 떠오른다. 우리 뇌는 새로운 환경에 접할 때 새로운 아이디어가 샘솟도록 설계돼 있다. 내 안에 숨겨져 있던 아이디어 하나가 툭, 터져 나오면 고구마 줄기처럼 여러 가지 아이디어가 연쇄적으로 떠오르는 경험을 할 것이다. 새로운 길을 가는 사람에게만 주는 신의 선물이다. 이제 익숙한 것들을 과감히 털어버리고 용기 내어 새로운 길을 찾아 떠나자. 길을 가다 막히면 돌아가도 좋고. 스스로 내 길을 만들면서 가도 좋다. 처음부터 지구엔 길이 없었다. 다 누군가가 만들어낸 길들이다.

"아무도 가지 않은 당신의 길을 만들어 가보라."

이 말을 꼭 전하고 싶다.

결단의 적 3총사 미련, 핑계, 구실

현역 시절, 진료실에는 운동이 부족해서 오는 증상을 지닌 사람이 많이 찾아왔다. 불면증, 비만증, 소화불량증은 물론이고 술, 담배 못 끊는 사람에 이르기까지…. 나는 운동을 권한다. 모두가 쉽게 수긍은 해도 선뜻 시작을 못 하는 것 같다. 구실이야 여러 가지다. 시간이 없다는 사람이 제일 많다. '어차피 해봐야 안 되겠지'라며 포기하는 단념형, '하긴 해야 할 텐데' 하고 벼르기만 하는 사람, '시작만 하면 될 거야' 등등 저마다 할 말들이 있다. 하지만 이건 모두 자기기만이요, 변명이다. 아이 볼 사람이 없느니, 시설이 없느니, 돈이 없느니 등 자기는 도저히 할 수 없다는 구실을 대기에 바쁘다. 이건 모두 미련증 환자다. 이대로 미련을 떨다간 생명을 잃을 수도 있다. 의사가 아니라도 알 수 있다. 결정적 조치를 안 취하면 무슨 변고가 나리라는 건 상식이다. 그런데도 주저한다. 심한 경우 그런 처방이라도 내릴까 봐 무서워 병원에 못 간다는 사람도 있다. 술을 끊으라 권하면 어쩌나 싶은 두려움에서다. '운동을 하시오' 하는 날이면 큰일이다. 물론 해야 하는 일이란 건 잘 안다. 하지만 일찍 일어날 수 없는 걸 어떡하나. 소질도 없는데 무슨 운동이냐. 참 구실도 많다. 어느 환자와 나눈 대화다.

"달리기라도 하시죠. 그건 소질도 취미도 필요 없는 운동이니까요."

"인내심이 없습니다. 싫어도 참고 뛰어야 하는데 그게 안 되는걸요. 그게 제 성격의 단점입니다."

"인내심이 없다니요? 혈압이 오르고, 뚱뚱해도 참고 견디는 그 인내심은 대단한데요."

내 말을 듣곤 환자가 웃는다. 환자들이 병원을 찾는 이유는 무언가 변화가 필요함을 알기 때문이다. 그런데도 이상한 일은 이대로 가만히 있으면 안 될까 하고 통사정을 한다. 담배를 끊으라면 사색이 된다. 계속 담배를 피우면서 다른 방법이 없는지 묻는 게 환자의 주문이다. 정말 어려운 주문이다. 누구나 자기 습관을 깬다는 건 쉽지 않다. 개인의 하찮은 버릇도 이런데 하물며 인생의 중대한 변화를 가져오는 일에 선뜻 결심을 내리기란 쉬운 일은 아니다. ==많은 사람이 자기는 결단력이 없다고 여긴다. 따라서 아예 할 생각을 않는다. 하지만 사실은 그렇지 않다. 결단을 않겠다는 결심은 대단한데 뭘!== 따지고 보면 누구에게나 이 엉뚱한 결단력은 강력하다.

하루의 일과 전부가 내 결정에 따라 진행된다. 독서, 식사, 운동, 가게 문 닫고 열고 등 어느 것 하나 의사결정을 거치지 않는 일이 없다. 결단력이 없는 게 아니다. 다만 이걸 너무 거창하게 생각하는 것이 문제다. 술로 인생을 망친 사람에게 왜 그렇게 마셔야 했는지를 물어보라. 아마 소설 몇 권 분량도 넘는 슬픈 이야기를 들려줄 것이다. 계모 밑에서 자란 설움, 아버지가 가산을 탕진하고…. 마누라의 바가지…. 그의 이야기를 듣고 있노라면 이 사람에게 술마저 없었더라면 어찌 되었을까 하는 측은함이 생겨날 것이다.

결단력이 없어 금주를 못 하는 것도 아니다. 이들은 자기가 남에게 왜 마시지 않으면 안 되었던가를 설득시키는 일에만은 가히 천재적이다. 그런 설득력으로 세일즈를 했더라면 분명히 대성했을 텐데 정말 안타깝다. 술꾼만이 아니다. 이 핑계 저 구실로 못한다는 이유만 생각할 뿐 '아, 이렇게 하면 되겠다'는 방향으로 생각하지 않는 게 문제다. 겨울이나 나고 봄부터 시작하겠다지만 그 말도 변명이다. 체중을 줄이려면 겨울이라도 당장 시작해야 한다. 방 안에 있는 시간이 많을수록 술, 담배는 물론 먹을 기회만 늘어난다. 금주·금연이란 구호를 써 붙이고 무슨 거창한 날을 받아야 하는 일도 아니다. 결심이 서면 당장 시작해야 한다.

뭘 별러? '오늘부터 금주다.', '오늘 저녁엔 운동하러 간다.' 간단하다. 이게 전부다. 그러고는 술친구를 뒤로하고 운동장으로 달려가자. 이 간단한 일이 왜 안 되는가?

용기가 없어 일을 망쳐?

결단을 내린다는 건 모험을 하겠다는 뜻이다. 어떤 결과가 나올

지 예측할 수 없기 때문이다. 전혀 엉뚱한 예상 밖의 결과가 올 수도 있다. 미지수가 클수록 모험도 커진다. 이 모험을 감수하려면 용기가 뒤따라야 한다. 우리는 이 용기가 체질적으로 부족하다. 하지만 무슨 일에든 모험이 따르게 마련이다. 적극적인 인생을 살려면 모험 없인 발전도 없다. 사람에 따라선 자기 인생 전부를 모험으로 채운다. 혹자는 모험 없는 인생은 사는 재미가 없다고 말한다. 돛단배로 대양을 건너기도 하고, 자동차 경주에 생명도 건다. 공중곡예도 그렇고 고공낙하도 모험을 건 인생이다. 그래야만 살아있다는 생동감을 느끼는 사람들이다. 물론 내가 말하려는 모험은 이처럼 거창한 일이 아니다.

아주 작은 규모의 모험을 말하려 한다. 최악의 경우 밑져야 본전이 되는 그런 자질구레한 일들 말이다. 그마저 못한다면 당신 인생은 위축일로의 길로 빠져들 수밖에 없다. ==작은 모험, 이건 현대사회를 살아가는 데 필수요건이다. 마음이 끌리면 모험을 걸어보자.== 미국의 유명한 마셜 장군의 청년 시절은 수줍기로 유명했다. 어느 날 파티에서 알게 된 멋진 아가씨를 집에 데려다주는 영광을 얻었다. 한데 가슴만 두근거릴 뿐 한마디 말도 나오지 않았다. 차를 몰고 그냥 시내를 빙빙 돌기만 했다. 드디어 아가씨가 입을 열었다.

"이 도시엔 처음 오신 분이군요. 길을 잘 모르는 걸 보니까…."
정곡을 찔려 숨이 막힐 것만 같았다. 그러나 용기를 내어 응수했다.

"천만의 말씀. 나야말로 길을 잘 압니다. 그러기에 아가씨 집 앞은 용케도 피해서 가지 않습니까?"

그는 어디서 그렇게 여유 있는 대답이 나왔는지 알 수 없다고 회고록에 썼다. 이것이 그들 부부의 첫 데이트였다. 천하의 용장에게도 이런 수줍음이 있었구나 싶지만, 누구나 좋아하는 사람 앞에선 말문이 막힌다. 심지어 내가 좋아한다는 걸 상대가 알기라도 하면 어쩌나 하는 생각에 가슴이 두근거린다. 귀중한 보물이나 훔쳐온 것처럼 말이다.

그런데 한편으로는 내 마음을 알아줬으면 하고 애태운다. 이게 짝사랑의 양가성 심리다. 밤새 연애편지를 써놓고도 막상 날이 새면 그만 부끄럽고 기가 죽어 도저히 부칠 용기가 안 난다. 써보지도 못하는 주제보다야 그나마 나은 편이지만 써놓고 못 부치는 위인도 참 딱하다. 이건 용기 부족이다. 행여 거절이라도 당하면 자존심의 손상이 여간 아니다. 체면도 말이 아니다. 이런 걸 생각하면 쉽게 엄두가 나지 않는다. 차라리 이대로가 좋다. 이건 재판 결과가 두려워 평생 미결수로 남겠다는 심리와 같다. 신청 안 하면 거절당할 염려도 없다. 체면 손상이 될 리 없고 그야말로 안전하다.

이래서야 잃는 것도 없지만 얻는 것도 없다. 배를 타지 않는 한 물에 빠질 염려는 없지만, 어느 세월에 저 바다를 건너랴. 소문이라도 나면? 대꾸를 안 하면? 내가 싫다면? 별걱정 다 한다. 그래, 걱정대로 싫다 할 수도 있다. 하지만 그건 그녀의 권리다. 내가 그녀를 좋아할 권리가 있듯 말이다. 그렇다고 안전만 생각하다간 이번 생엔 장가들긴 글렀다. 가더라도 형편없는 여자한테 가는 수밖에 없다. 여러분 마음에 꼭 드는 사람을 만났다면 작은 모험쯤은 시도해야 한다. 인생이 도박이라면, 돈 말고 자기에게 한판 걸어보자. 이런 용기 없이 멋진 인생을 살겠다는 건 망상이다. 다정한 눈인사라도 건네보자. 그것도 안 되면 쳐다보기라도 해라. 못한다는 생각을 접고 용기를 내어 바라보는 거다. 용기란 없는 게 아니다. 발휘해보지 않았을 뿐이다. 해보기도 전에 자신이 얼마나 용감할 수 있는지는 누구도 모른다. 누가 알아? 기다렸다는 듯 그녀가 가녀린 손을 내밀어 줄지.

용기란 전쟁터 영웅만의 전유물이 아니다. 일상생활의 작은 일에도 용기가 필요하다. 사실 우린 이 작은 용기가 없어 얼마나 많은 일을 해보지도 않고 망쳐왔는가. 데이트뿐만 아니다. 시험공부를 해야 하는데, 방바닥에 엎드려 휴대폰만 만지작거리는 학생에게도 필요한 건 용기다. 자리에서 벌떡 일어나 책상 앞에 앉는 용기 말이다. 사과할 일이 있는데 전화에 손이 안 가는 사람, 아픈 이를 악물고 치과를 그냥 지나치는 사람도 매한가지다. 작은 모험을 해보는 작은 용기, 용기없이 성공한 사람은 세상에 없다.

고독사회, 고독한 노인의 대처법

최근 들어 세계적으로 '고독(孤獨)'에 대한 이슈가 또 하나의 사회적 문제로 떠오르고 있다. 심지어 영국이나 일본 같은 나라에서는 행정기관 중의 하나로 '고독부장관'이 마련될 정도다. 우리나라도 서울시 산하에 '고독행정관'이라는 직책이 있을 만큼 고독은 심각한 사회적 문제가 된 지 오래다. 통계청 자료에 따르면, 현재 우리나라 가구의 33%가 독거 가족이란다. 말 그대로 세대주와 세대원이 달랑 한 명인 혼자 사는 가구를 일컫는다. 그런데 독거 가족의 가장 큰 문제는 살면서 어떤 문제가 발생했을 때, 도움을 받기 힘든 구조라는 점이다. 혼자 외롭게 생활하다 심장마비가 오거나 이에 버금가는 큰일이 닥치더라도 도움을 요청할 사람이 주변에 없어 난감해진다. 독거 가족, 즉 1인 거주 가구 중에서 약 56%가 전화해서 도움을 청할 사람이 없다고 한다. 이런 소식을 듣고 필자는 깜짝 놀랐다. 상황이 이렇다 보니, 혼자 산다는 일이 때로는 굉장히 위험하다는 생각이 든다. 뉴스에서는 혼자 생활하다가 외롭게 세상을 떠나는 노인들의 독거사 이야기가 실리곤 한다. 정말 안타까운 사회적 현상이다. 평소 인사를 하고 지내거나 왕래하며 지내는 사람이 없었으니 작은 방에서 쓸쓸히 죽음을 맞이해도 이런 사실을 아는 사람이 없는 게 당연하다. 그 말로가 참 허무하고 쓸쓸하기 이를 데 없다. 이렇듯 연고가 없는 독거노인의 사후 처리는 다행히 국가에서 도맡아 간소하게 처리하는 것으로 알려져 있다.

이런 이야기를 꺼내는 이유는 이렇다. 우선 나이가 들더라도 경제적으로 어려움이 없어야 한다. 돈을 펑펑 쓸 정도의 여유를 말하는 것이 아니라, 나의 인권을 지키며 최소한의 삶을 살아가는 데 필요한 경제적 자립이 꼭 마련되어야 한다. 둘째는 건강이다. 특히 건강은 다른 누군가가 돌봐줄 수 있는 문제가 아니다. <u>스스로 잘 챙겨야 한다. 걷고 뛰고 움직여야 한다.</u> 마지막 세 번째가 주변 친구들이다. 좋은 친구를 만들어 끈끈한 유대 관계를 맺고 살아야 외롭지 않다. 필요할 때면 언제든 눈치 안 보고 전화를 걸어 만날 수 있는 만만한 친구 몇 정도는 만들어야 한다. 적어도 세 명 정도가 필요하다고 본다. 그래야 혼자 생활하더라도 삶의 의미가 있다. 자녀들은 이제 품을 떠났으니, 잘 살기만을 바랄 뿐 기대고 싶진 않다. 그래서 나이가 들수록 친구가 중요하다.

필자는 지금도 고등학교 동창들과 모임을 갖는다. 친구들과 한 달에 한두 번 만나 점심을 먹는다. 처음에는 20여 명이 모였는데, 시간이 갈수록 점점 줄어 이제 일곱 사람만 남았다. 만날 때마다 반갑고, 고맙다. 우리 일곱 명은 서로가 서로에게 힘이 되어주기도 한다. 서로서로 버티고 의지하는 것이다. 여전히 우리는 해맑게 웃고 떠들며 어린 시절의 이야기를 빼놓지 않는다. 옛이야기는 몇백 번도 더 들었지만, 질리지 않는 특별한 힘을 가졌다. 참 희한한 일이다. 만나고 돌아설 땐 벌써 다음 만남이 기다려지기도 한다. 동시대에 태어나 동시대에 겪은 일을 회고, 대화하며 많은 생각을 한다. 참 좋은 친구, 동지들이다. 지금이라도 주변의 이웃이든 친구든 잘 사귀어 두어야 함을 강조하고 싶어 드리는 말씀이다. 내가 급할 때 전화할 데 없는 독거노인이 56%라니, 이건 좀 아니다 싶다. 그렇다고 내가 고독한 사람이 되어선 안 될 것이다.

세상 어떤 일도 확실한 성공이 보장되진 않는다. 그러나 실패를 두려워 말고 과감히 뛰어드는 거다. 제자리에 멈춘 것보다야 잘못 든 길이라도 가보는 게 백번 낫다. 일단 걷기 시작한 이상 잘못된 길이다 싶으면 고쳐서 가면 된다. 작은 실패쯤이야 감수해야지. 그게 겁나서 뛰지도 못하면 무슨 일이 되겠나.

소심증에 떠는 사람치고 인생을 신나게 사는 사람은 없다. 아무 일도 안 하면 아무것도 얻지 못한다. 아무 일도 벌어지지 않으니 말이다. 남는 건 고독과 욕구불만이다. 이걸 벗 삼아 혼자 알아서 안전하게 살겠다면 더는 할 말은 없다. 그러나 한번 해보자. 두려워 움츠러들지만, 당신이 생각하는 만큼 당신은 겁쟁이가 아니다. 겁이 난다고 겁쟁이가 아니다. 용기와 겁쟁이는 행동에 옮기고 못 옮기고의 차이일 뿐이다.

전쟁 영웅의 정신분석으로 유명한 챔버 박사에 의하면, 그들은 원래 용감하지 못했다고 한다. 오히려 자신에 대한 회의로 가득 찬 겁쟁이가 많았단다. 그들 자신도 어디서 그런 용기가 나왔는지 알 수 없다고 회고했다는 것이다. 전차의 영웅 패튼 장군도 적진에 들어서면 겁이 났다. 다만 겁을 드러내지 않을 뿐이라고 했다.

완벽주의 강박증

　결정을 못 내리고 어물쩍하는 데엔 우리의 완벽주의도 한몫한다. 모든 계획이 빈틈없이 진행되어야 하는 완벽증 말이다. 이것도 따지고 보면 변화를 두려워하는 마음에서 비롯된다. 모든 과정을 몇 번씩 검토해서 그야말로 완전무결해야 결심을 내린다. 마치 로켓을 하늘로 발사하는 일을 하듯 치밀하다.

　매사에 그토록 치밀하게 분석, 계획하는 체질이 아닌데 그래야 하는 이유는 딴 데 있다. 자신의 예상대로 돼야 하는 확실한 심리적 보장을 얻기 위함이다. 새로운 일을 계획하면서 여느 때처럼 모든 게 순조로울 걸 기대한다는 건 환상이다. 이걸 기대한다면 어떤 일도 시작할 수 없다. 그야말로 백년하청이다. 미지의 사태에 자신이 없고 또 이를 감당할 모험심이나 용기가 부족하기 때문이다. 실패를 지나치게 두려워하다간 뭐든 벼르기만 할 뿐 행동으로 옮겨지지 않는다. 마음만 먹는다고 되는 일은 세상에 없다. 객관적으로 나타나는 증거가 있어야 한다. 그것이 바로 행동이다. 백번 마음먹어도 한 번의 행동이 없으면 그것은 없는 거나 마찬가지다. 인정을 받으려면 움직여야 한다. 움직이지 않는 건 무능하다고 평가받는 게 우리가 사는 현대사회다.

　구소련 후루시초프 수상에게 펩시콜라를 마시게 한 사나이를 아는가? 그가 바로 유명한 캔들이다. 1959년 모스크바에서 열린 미국 물산전시장에서 일어난 해프닝이다. 회장에 나타난 후루시초프에게 캔들은 서슴없이 펩시를 권했다. 수상은 흔쾌히 잔을 받았다. 그러곤 당시 미국 측 단장이던 닉슨 씨와 건배를 들었다. 펩시 잔을 든 이 세 사람의 사진은 전파를 타고 순식간에 전 세계로 퍼져 나갔다. 어떤 광고보다 극적이었다. 누가 보더라도 기막힌 작전이다. 하지만 또 한편으로 생각하면 이건 정말 어이없는 일이기도 하다. 콜라야말로 미국 자본주의의 상징이 아니던가. 이걸 다른 사람도 아닌 소련의 수상에게 권했으니 놀라울 따름이다. 더구나 모스크바 한복판에서….

아이디어도 기발했지만, 배짱 역시 보통이 넘는다. 여하튼 이 사진 한 장이 1,000만 달러짜리 광고보다 더 효과적이었다. 캔들은 여기서 그치지 않았다. 소련 땅에 펩시 공장을 짓자고 제의했다. 이 역시 돈키호테 같은 엉뚱한 제안이었다. 하지만 그 엉뚱한 제안이 받아들여졌다. 미국의 민간기업이 소련 땅에 상륙한 제1호였다. 세계 기업사상 획기적인 사건이었다. 코카콜라에 열세였던 펩시가 거의 2:1의 판매율에 육박한 것도 캔들의 비상한 세일즈 작전의 결실이었다. 그는 생각이 떠오르면 주저 없이 실천했다. 그야말로 뛰면서 생각하는 사람이었다. 그가 만약 수상 앞에서 주저했다면 펩시의 역사적 쾌거가 만들어지지 못했을 것이다. 캔들은 어떤 아이디어도 일단 옮겨보는 행동파였다. 사람들은 그를 보고 결단력이 강한 사람이라고 평가하지만, 그의 자평은 좀 달랐다.

"난 결심이란 걸 따로 하지 않아요. 생각이 곧 행동으로 이어지는데 결심을 하고 말게 뭐 있습니까. 생각이란 행동하기 위해 있는 것 아닙니까."

여유만만한 이야기다. 듣고 보니 일리 있는 말인 듯하다. 캔들은 자기 말대로 일단 생각이 나면 실천했다. 모양과 크기, 포장지에 이르기까지 아무리 엉뚱한 생각도 일단 실천하고 평가했다. 물론 실수와 시행착오도 많았다. 하지만 얻은 게 훨씬 더 많았다는 게 그의 결론이다. 그렇게 해보고 안 되면 그만둔다. 해보지 않고선 성패를 장담할 수 없다는 게 캔들의 지론이다. 밑져야 본전이라는 그런 배짱이 무서운 힘이다.

캔들의 이야기와 비교하자면 우리는 너무 소극적이다. 행동뿐 아니라, 말 한마디를 할 때도 무척 힘들다. 회의장에서도 발언 한마디 하는 게 마치 죽을 일이나 되는 듯 입이 안 떨어진다. 자기 의견의 타당성 여부를 검토하고, 이를 정리, 편집해 결론에 이르기까지 똑같은 과정을 몇 번이나 속으로 되풀이한다. 실수하지 않기 위해서다. 드디어 결단을 내리고 손을 든다. 그러나 이미 회의는 다른 의제로 넘어간 이후다. 버스 떠난 후 손들기와 같다. 말 한마디도 이렇게 큰 결단이 동원되어야 하는 이런 사람에게 무슨 발전을 기대할 수 있나. 의견이 틀리기라도 한다면 괜히 긁어 부스럼이다. 형편없는 녀석으로 평가절하를 받느니 그냥 있는 편이 낫다. 그 말대로 더는 내려가진 않을 것이다.

하지만 올라갈 수도 없다. 실수도 있고 실언도 할 수도 있다. 자기가 무슨 전능한 신이라고 그렇게 완벽할 수 있단 말인가. 무슨 일에든 덤벼들 자신이 없다는 사람은 그걸 못해서가 아니라 반드시 잘 해야 한다는 완벽증 탓이다. ==긴 말 할 것 없다. 사람은 완벽할 수도 없고 또 그래서도 안 된다. 어수룩한 데도 있어야 사람 훈기가 난다. 강연도 물 흐르듯 실언 한마디 없으면 오히려 지루하다.==

명연사는 의식적으로 실언을 유발한다. '그 남자가 시집갔을 때만 해도….' 조용하던 청중이 웃기 시작한다. 이것도 강연기법이요, 양념이다. 유창한 능변만이 설득력을 갖추는 건 아니다. 말 잘하면 변호사라지만 법정에 가보면 그렇지도 않다. 일류 변호사의 변론을 듣노라면 무슨 말을 하는지 떠듬거리기만 할 뿐이다. 당신도 할 말이 있으면 하는 거다. 떠듬거려도 좋고 실언도 괜찮다. 무슨 일이든 실수가 있게 마련이다. 사실 항상 옳다는 건 성장에 도움이 안 된다. 완벽주의라는 망상에서 벗어나자. 당신의 실패가 성공보다 더 확실히 보장되는 일은 완벽주의라는 망상에 얽매이는 일이다.

처칠 경의 여유

영국 처칠 경의 수상생활에는 찬사만 따랐던 건 아니다. 2차대전의 막바지, 매일 계속되는 공습에 시민들은 전전긍긍했다. 그날도 폭격에 쫓겨 처칠 경도 방공호로 대피했다. 사람들이 수군대기 시작했다. '영국군은 무얼 하지?', '수상은 낮잠 자나?' 들으란 듯이 온갖 핀잔이 쏟아졌다. 그는 말없이 얼굴만 찌푸린 채 있었다. 딱하게 여긴 옆 사람이 물었다.

"수상은 지금 무슨 생각으로 울상입니까?"
"방공호가 좀 더 넓었으면 하는 생각을 하는 중이죠."
"예, 방공호가?"
"그래요. 누가 내 발등을 밟고 있거든요."

사람들은 웃었다. 어이없는 웃음이었다. 이처럼 절박한 상황에서 일국의 수상이 하는 소리치곤 정말 어이없는 이야기였다.

"아니 폭격을 멈출 생각은 않고…."
"그렇습니다. 하지만 난 두 개비 담배를 한 번에 피우는 재주는 없는걸요. 발부터 빼야 할 텐데…."

시끄럽던 입들이 조용해졌다. 그렇다. 어떤 천재도 여러 가지 일을 한 번에 해낼 순 없다. 발등에 떨어진 불부터 끄고 하나씩 처리해야 한다. 하지만 사람들은 이러질 못하고 허둥대다 일을 더 어렵게 만든다. 이상한 일은 한 가지 걱정이 생기면 다른 걱정이 연달아 일어난다는 사실이다. 그러니 무엇부터 손을 써야 할지 우왕좌왕이다. 머리가 터질 것만 같다. 바쁘고 초조할 뿐 풀려나가는 게 없다. 마치 세상의 끝으로 쫓기는 듯한 불안에 휩싸인다.

이럴 때 사람들은 술을 마신다. 녹초가 되도록 마신다. 도박에 빠지는 사람도 있고 경마에 미치는 사람도 있다. 훌쩍 여행을 떠나기도 한다. 이 난리 통에 배짱 하나 좋아 보인다. 하지만 천만에다. '차라리 잊어버리자'는 게 이들의 자포자기 심리지만, 잊어서 될 일이 있고 잊어선 안 될 일이 있다. 물론 잠시 머리를 식히는 의미라면 좋다. 걱정 모드에서 벗어나 현실적이고 긍정 모드로 사고를 바꾸는 의미라면 효과가 있다. 하지만 아예 그 길로 빠져들어 간다는 건 파멸뿐이다. 이럴 때일수록 냉정해야 한다. 누구나 아는 사실이다.

하나씩 검토해 나가야 한다. 복잡한 문제들이 한 번에 터진 것 같지만 사실은 하나씩 터진다. 천장에 비가 새 방이 한강이 되어도 물은 한 방울씩 떨어진다. 해결도 한 가지씩이다. 모든 걸 한목에 해치우려니 되질 않는다. 엄청난 일들이 한데 얽혔다고 생각하니 엄두가 안 난다. 이게 중추신경의 취약점이다. 한 가지 걱정으로 하위중추까지 걱정 모드에 휩싸이면 세상 모든 일이 회색으로만 보인다.

사고중추에서 감정중추, 그리고 자율신경으로 걱정 모드가 옮겨가는 연쇄반응 때문이다. 밥맛도 의욕도 다 떨어진다. 마당의 개까지 꼬리가 축 늘어진다. 이쯤 되면 이 사람의 걱정은 주관적일 뿐 객관성은 없다. 모든 게 걱정거리로 보일 뿐 실제로 걱정거리가 많은 건 아니다. 판단 기준도 물론 흐려진다. 시험을 며칠 앞둔 수험생이 아무것도 모르는 바보가 된 듯한 기분도 그런 이치다. 심하면 해리현상(解離現象)이 일어난다. 마음과 몸이 분리되는 이런 현상은 지나친 걱정으로 당황할 때 나타나는 일종의 신경증이다.

작은 일을 확대해석하지 말자. 몇 해를 앓아온 두통인데도 아플 적마다 이렇게 아프긴 처음이라며 엄살을 떤다. 이보다 더 어렵고 힘든 걱정은 처음이라고 생각한다. 남의 걱정이야 차라리 그게 내 것이라면 얼마나 좋으랴 싶은 게 걱정의 심리다. 이것도 따지고 보면 비극적인 욕심이다. 하지만 냉정히 생각해서 걱정이 아무렇기로서니 죽을 일은 아니다. 이러긴 처음이라고 단정한 이상 해결의 실마리를 찾을 수 없다. 처음 당하는 일을 어떻게 하란 말인가. 하지만 이게 처음이 아니다. 그전에도 그런 걱정은 있었고 또 잘 해결해왔다. 이제 생각일랑 그만하고 전화를 들어라. 그게 해결의 시작이다. 신기한 일은 한 가지가 풀리면 다른 일도 연쇄적으로 풀려간다는 사실이다. **한 가지만을 위해 최선을 다하라.** 인생의 즐거움이란 문제가 없는 데 있는 게 아니라 그걸 푸는 데 있다.

숙맥에서 벗어나는 처방전 ③

무엇이든 잘해야 한다는
완벽증 버리기

교수 시절, 테니스 시합에 나간 적이 있다. 우리 선수 중 한 사람이 그날따라 설사병이 나 몸 상태가 엉망이었다. 도저히 시합에 나설 형편이 아니어서 의자에 앉아 있었다. 나는 게임에 져도 괜찮으니 대충 하고 나오라고 말하고 그를 게임에 내보냈다. 그는 마치 죽으러 가는 사람처럼 체념한 얼굴로 코트에 나갔다.

그런데 막상 시합이 시작되자, 그는 평소 기량보다 훨씬 뛰어난 모습을 보여주었다. 거의 일방적인 시합을 하고 돌아왔다. 사람들은 깜짝 놀라 물었다.

"아니, 다 죽어가던 사람이 어떻게 그럴 수 있어요?"
"져도 좋다고 하셨잖아요. 설사도 하고, 원래 테니스 실력도 보잘것없었으니까 지는 게 당연하다고 생각했죠. 그렇게 마음을 먹으니까 긴장감도 떨어지고 이상하게 제 실력보다 더 좋은 경기를 할 수 있었어요!"

그는 어차피 질 거라는 생각에 자포자기하듯 첫 번째 선수로 나가겠다고 고집을 부렸다. 그런데 막상 경기에서는 언제 아팠냐는 듯 잘 뛰었다. 단체전 경기니까 빠질 수도 없었고 져도 좋다는 마음으로 하니까 오히려 게임이 잘 되더라는 것이다. 나는 이 경험으로 느낀 바가 있다. 무엇이든 지나치게 잘하려는 마음은 때로 욕심이 된다. 그 욕심이 오히려 해보려는 용기를 꺾고 긴장을 높인다. 거꾸로 마음을 내려놓고 져도 된다는 생각을 가지면 기분도 가벼워지고 스트레스와 긴장도 줄어든다. 테니스 경기 첫 번째 선수로 나가 승리한 그처럼 자신의 실력을 넘어서는 결과가 나오기도 한다.

스포츠 경기에서 종종 이런 이변이 나온다. 겁 없는 신인이 베테랑 선수와의 대결에서 '어차피 져도 밑질 것 없다'는 심정으로 뛸 때 이 같은 이변이 벌어진다. 완벽하게 잘하려는 마음도 좋지만 때때로 내려놓는 마음이 더 좋은 결과를 만들기도 한다.

CHAPTER 4

소심증, 플러스 발상

기(氣)가 약한 소심증

위기에서 벗어나는 빠른 판단

행동, 잠재의식의 통일

보이지 않는 힘, 잠재의식

연단 공포증

튠(Tune)을 조절하라

패배도 익숙하면 습관이 된다

얼굴이 붉어져서

징크스를 깨라

정신강화 훈련

강함을 넘어뜨리는 부드러움

망각의 생리 활용법

'연애대장' 친구의 여친 만들기 비법

완벽증, 머스트 병에서 벗어나기

상대성 심리

공황장애 극복하기

숙맥에서 벗어나는 처방전 ④

화가 많고 짜증을 잘 내는 사람들

"마이너스 암시가 패인이 되듯 플러스 암시는 실력 이상의 무서운 힘을 내게 만드는 원동력이다. 격려를 위해 하는 말이 아니다. 과학적 실험으로 입증된 사실이다. 이긴다는 생각과 기분, 이를 활성화해 자신감을 높이면 매사가 술술 잘 풀린다. 그러니까 승패를 결정하는 플러스 암시를 머리에 새겨야 한다."

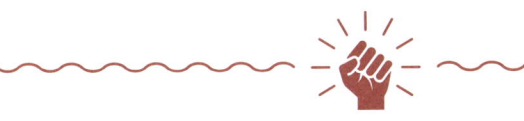

기(氣)가 약한 소심증

기가 약한 사람을 일컬어 소심하다고 말한다. 물론 이런 사람도 자연스러운 상태에선 여느 사람과 똑같다. 그러나 다른 사람들이 지켜보는 앞에선 그만 잘하던 일도 못 하고 벌벌 떤다. 좌석에선 잘 떠들다가도 막상 연단에 서면 말 문이 턱 막힌다. 연습 땐 잘하다가도 시합에서 제 실력을 발휘 못 하고는 참패를 당하기도 한다. 평소보다 잘 해야 하는 상황일수록 실력 발휘를 더 못 하는 게 소심증 인간의 특징이다. 예로부터 우리나라엔 '안방 통소'가 많았다던가. 안방에선 큰소리치다가도 골목 밖에만 나가면 찍소리 못한다. 하던 짓도 멍석 깔아주면 못한다는 말이 그래서 생겼다. 이건 모두 지나치게 남을 의식해서 나타나는 현상들이다.

특히 사람 앞에 나서길 싫어하는 우리에게는 그런 훈련마저 잘 되어 있지 못하다. 서양인들이 정면에 나서 당당하게 맞서는 것과 대조적으로 우리는 숨길 더 잘한다. 다른 사람의 그늘에 가려 고개도 내밀지 않고 지내는 게 가장 안전한 길이다. 남 앞에 나선다는 건 겸손을 잃는 짓이다. 이런 은폐심리가 지배하는 의식이 강하면 대중 앞에 나서는 일이 무척 부담스럽다. 평소에 그런 훈련이 잘 돼 있는 것도 아니다. 또 사회 구조상 그와 같은 훈련의 기회가 많이 마련된 것도 아니다. 따라서 대중을 대한다는 건 상당한 스트레스로 중추신경에 작용하고, 나아가 과잉흥분한다. 이게 소심증의 약점이다. 적당히 흥분해야 거기에 알맞은 적절한 행동을 수행할 수 있다. 그런데 지나친 반응이 나오는 것이다. 결국, 평소 페이스를 지킬 수 없다.

이런 상황에선 아무리 진정하려고 해도 되질 않는다. 소심증이란 곧 중추의 과잉반응을 뜻한다. 찬찬히 이야기를 잘하던 사람도 연단에만 서면 그만 억양이 높아지고 톤도 달라진다. 자기 페이스를 잃어서 그렇다. 이런 현상은 작은 자극에도 쉽게 기가 흔들려서 생긴다. 사람 앞에 나선다는 생각 자체가 큰 압박이 되고 스트레스로 작용해서 쉽게 기를 꺾어놓는다. 소심증이란 곧 사람 앞에 기가 약해지는 데에서 나오는 증상이다.

위기에서 벗어나는 빠른 판단

위기상황에 처하면 신속한 대책을 마련해야 한다. 이건 동물 특유의 본능적 반응인 개체보존의 반응이다. 상황판단이 빠르고 정확해야 하며, 대책이 결정되면 이를 담당하는 신체의 각 기관도 민첩하게 움직여야 한다. 자율신경은 생리적 준비를, 운동신경은 팔다리 활동의 지시를 전달한다. 이 모든 연쇄반응의 기능이 조화를 잘 이루어야 한다. 이중 어느 한 곳에 이상이 생겨도 결과는 엉뚱한 방향으로 흘러간다.

우선 상황판단이 정확해야 한다. 커피 한잔 내기에 마치 물건 파는 흥정이나 하는 듯한 상황으로 몰고 가선 안 된다. 정확한 상황판단이 되어야 거기에 필요하고 적절한 준비를 해야 한다. 그리고 그 생리적 준비상황을 정확히 잘 이해해야 한다. 가벼운 흥분은 생리적 현상임에도 이를 병적인 불안으로 오해하면 소심증의 발작이 오기 때문이다. 운동장에는 연습용 선수가 따로 있다. 연습 땐 잘하다가 막상 게임에 나가면 제 실력을 발휘 못 하는 사람이다. 게임도 그냥 하면 이기다가도 커피 한잔이라도 내기가 걸리면 번번이 진다. 이와는 반대로 연습 땐 시원찮아도 실전에 들어가면 실력 이상으로 잘 해내는 선수가 있다.

야구 감독은 선수 개개인의 이런 기질상의 차이를 잘 파악한다.

대타나 계투를 기용할 때에도 위기를 잘 처리해줄 배짱 좋은 선수를 고른다. 실력은 좀 모자라도 감독은 이른바 승부사 기질이 있는 선수를 내보낸다. 승부사 기질의 본태는 중추신경의 하위중추인 자율신경계와 밀접한 연관이 있다. 게임이 임박하면 손발에 땀이 나고 가슴이 뛴다. 이건 싸움을 앞둔 모든 동물이 보이는 자연스러운 본능 반응이다. 이 과정까진 기질의 강약에 상관없이 누구에게나 일어나는 필수적인 생리현상이다. 하지만 이 단계 이후가 문제다. 그러니까 기가 약한 사람은 자율신경의 흥분 현상이 일어나면 이걸 '불안'으로 생각한다. 그래서 문제가 생긴다.

"가슴이 두근거린다. 불안하다. 아이고 떨리는구나. 큰일인데, 진정해야지…."

위와 같은 일련의 심리적 반응이 일어나면 아무리 진정하려 해도 소용이 없다. 그럴수록 더 나빠진다. 식은땀 나던 손발이 어느새 마구 떨리기 시작한다. 이래서야 실력 발휘가 되지 않는다. 100미터 달리기 출발점에서 준비 자세를 하다가 덜덜 떨며 총소리와 함께 아예 쓰러지는 선수도 있다. 이 역시 '흥분'을 '불안'으로 오해해 스스로 기를 흔들어놓기 때문에 발생하는 일이다. 배짱 좋은 선수는 이와 반대다. 게임 전의 흥분은 곧 불길에 기름을 붓는 활력소로 간주한다. 임전 태세가 갖추어졌다는 생리적 신호로 받아들인다.

이젠 시작종만 남겨놓고 있다. 이런 흥분을 의식하며 자신감이 충만한 자신을 의식하는 것이다. 막이 오르기 전의 배우, 연설 직전의 연사, 취직시험의 면접 등 일상생활의 작고 큰 여러 가지 위기상황에서 흥분을 불안으로 오해하느냐, 아니면 준비 신호로 여기느냐의 차이에 따라 승패가 결정된다. 생리적인 흥분이 적절하게 되지 않는 한 위기에 대처할 수 없다. 급할 땐 쌀 한 가마도 번쩍 들어 올린다. 지나고 보면 어디서 그런 힘이 생겼으며 또 그런 슬기로운 생각이 떠올랐는지 믿기지 않는다.

이러한 여분의 힘이나 슬기는 위기상황을 마주할 때 본능적으로 일어나는 자율신경의 흥분에서 비롯된다. 인간의 모든 감정은 강하게 하기 위한 것이지 약하게 만들기 위한 건 없다. 어떻게 받아들이느냐에 따라 결과도 달라진다. 위기를 역으로 이용하는 배짱은 타고난 천성이 아니라 위기상황에 어떻게 대처하도록 훈련을 받았느냐에 달렸다. 그렇다고 연습을 많이 한다고 될 일도 아니다. 머릿속으로 위기상황을 상상하며 편한 마음으로 부담 없이 연습하는 게 비결이다.

이미지 트레이닝은 실제로 공을 치는 게 아니니까 긴장이나 부담이 없다. 게임 땐 지나친 긴장으로 공이 맞질 않기 때문에 이미지 트레이닝을 해보는 것이 도움이 된다. 모든 운동의 기본은 힘 빼기다. 어깨에 힘이 들어가면 홈런은커녕 안타도 힘들다. 힘 빼는 연습, 이게 비결이다.

세계 최고의 스트라이커로 인정받는 손흥민 선수는 몸뿐 아니라 머리로도 축구를 한다. 운동장을 뛰며 공을 차는 자신의 모습을 머릿속으로 상세히 그리면서, 공격 루트를 찾고 주변 동료들에게 패스한다. 그러다 결정적인 슈팅 기회가 오면 어떻게 처리할지 머릿속으로 수없이 떠올린다. 때로는 왼발, 때로는 오른발로 슛을 때린다. '나는 양발잡이다!' 이런 상상을 한 후 경기에 임한다. 실전에서는 그가 이미지 트레이닝을 했던 순간과 비슷한 상황이 찾아오면 주저 없이 몸을 움직인다. 겉으로 화려하게 보이는 슈팅 기술이나 퍼포먼스도 사실은 수없이 반복한 연습의 결과다. 연습으로 자연스럽게 몸에 밴 움직임이 주저 없이 나오는 것이다. 그가 최고의 스트라이커로 찬사를 받을 수 있었던 이면에는 상상력이 큰 몫을 했을 것이다. 축구를 해본 사람이면 박지성, 이영표, 손흥민 같은 최고 수준의 기량을 가진 선수들이 보이는 속임수 동작이 얼마나 중요한지 잘 안다. 오른쪽으로 공을 모는 척하다 상대 선수를 살짝 속인 후 반대편 왼쪽으로 공을 모는 동작, 이 기술에 능해야 명선수다.

하지만 이런 속임수 동작을 하는 데에도 상당한 용기가 있어야 한다. 세계적인 선수들과 겨루면서 속임수 동작을 자연스레 할 수 있으려면 배포가 있어야 한다. 이 기술이 통할까? 의심하는 순간 공을 여지없이 빼앗긴다. 마음이 위축되면 속임수 동작이 나올 수 없다. 세계 최고의 선수들을 상대로 겁도 없이 속임수 동작을 자유자재로 구사하는 손흥민 같은 선수들은 배짱 두둑한 사람이라 하겠다.

권투선수들의 '그림자 복싱' 연습도 매한가지다. 중추신경 기전을 이용한 연습법이다. 상대 선수가 실제로 앞에 있는 듯 가상하고 연습한다. 그야말로 그림자 상대다. 긴장이나 부담이 있을 수 없다. 이 훈련을 몸에 익히면 어느샌가 그런 위기상황, 즉 실전이 마치 평소 연습인 것처럼 머리에 그려져 실전에서도 위축되지 않고 담담히 싸울 수 있다. 이런 마음가짐이라면 게임에 임해도 마치 생사가 걸린 듯한 부담을 내려놓고 경기할 수 있다. 당연히 좋은 결과가 뒤따를 확률이 더 높다. 이런 연습이 밑질 건 없다. ==최악의 경우라도 옛날 그대로다. 가령, 면접에 떨어져봤자 어제와 같은 나일 뿐이다. 커피 내기에 지더라도 한잔 사면 그뿐이다. 그러니까 망하진 않는다.==

상황을 과장 해석하면 위기의식만 더 커지고, 자율신경의 과잉흥분으로 게임도 안 풀린다. 절대로 지면 안 된다고 습관적으로 떨지 말고 지면 무슨 일이 일어날까를 냉철히 생각해보라. 커피 한잔 내기가 당신이 생각하는 것처럼 그리 거창한 건 아니니까 가볍게 생각하자.

행동, 잠재의식의 통일

정신을 통일한다는 건 중추신경의 행동의식과 잠재의식을 일치시킨다는 뜻이다. 이 두 의식세계 사이에 한치의 갭도 없을 때 뜻한 바 목적을 달성할 수 있다. 그러기 위해선 무엇보다 잠재의식 속에 일체의 잡념이나 회의가 없어야 한다. 그런데 소심증은 이 과정이 잘 안 된다. 책을 잘 읽다가도 선생님이 교실에 들어오면 그만 안 된다. 선생을 의식 않고 책 읽는 일에 전념하자고 의식적으로 노력하지만, 기가 약한 잠재의식이 흔들리기 시작한다. 책을 못 읽는다고 꾸지람을 하시면 어쩌지? 지난번에도 발음이 틀렸다고 지적받았는데…. 이런 잡념이 잠재의식 속에 일어나면 벌써 거기에는 틈이 생긴다. 의식적인 노력에 반해 벌써 말부터 더듬는다. 이번엔 잘해야지 하는 생각은 수포가 된다.

이런 현상은 기가 약한 운동선수에게도 흔히 나타난다. 힘든 상대가 아닌데도 시합이 마음먹은 대로 잘 안 될 때가 있다. 징크스나 콤플렉스를 느끼는 상대도 아닌데 어쩐지 게임이 안 풀릴 때가 있다. 고개를 갸우뚱한다. 안 될 이유가 없는데 이상하다. 하지만 이유는 있다. 모를 뿐이다. 정신집중이 안 되니까 그렇다. 잠재의식 속에 잡념이 일고 있는데도 선수 자신은 눈치를 채지 못한다. 의식적으로야 시합에 집중한다고 생각하니까 자신이 잡념 중이라는 사실조차 모른다. 이것이 의식의 이원(二元) 구조다. 땅 위에 놓인 판자 위

보이지 않는 힘, 잠재의식

인간의 모든 행동은 잠재의식의 영향을 받는다. 이 말은 우리가 특별히 의식하지 않아도 우리의 모든 행동을 잠재의식이 조정한다는 의미다. 심지어 생각까지도 그렇다. 우리가 학창 시절에 밤까지 새우며 외운 수학 공식이나 유명 시인의 아름다운 시 한 편은 세월이 지나면 잘 떠오르지 않는다. 또 과거에 우리가 했던 일들도 그렇다. 제주도로 수학여행을 간 일까진 생각이 떠올라 좀 알겠는데, 어디에서 묶고 무얼 먹었으며 어떤 친구들과 어울렸는지는 도통 기억이 가물가물하다. 의식적으로 기억하려 해도 잘 떠오르지 않는다. 기억나는 건 겨우 몇 가지가 전부다. 지나온 내 삶의 기억이 죄다 어딘가로 가라앉아 있다. 그 기억들은 어디로 갔을까?

분명 머릿속 뇌의 안, 그러나 의식 밖 어딘가에 존재할 것이다. 이를 정신학에서는 '잠재의식'이라고 부른다. 우리는 살면서 많은 경험을 하고, 많은 기억을 만들며 지낸다. 그러나 일상생활을 할 땐 많은 걸 잊고 살아간다. 그 많은 기억을 다 잊지 않고 살아간다면 아마 정신병자가 되고 말 것이다. 따라서 우리는 지금 당장 필요한 것들만 의식의 테두리에 넣고 꺼내어 사용한다. 한마디로 우리가 살아가면서 의식하는 일들은 말 그대로 빙산의 일각이다. 보이지 않는 빙산 아래쪽에 의식하지 못하는 더 많은 기억과 경험이 잠들어 있다. 비록 의식하지 못하더라도 완전히 사라졌거나 아무 일을 하지 않는 게 아니다. 놀랍게도 바로 이 녀석들이 우리의 의식을 조정한다! 즉 의식하지 않고 자연스럽게 행동하는 대부분의 일은 잠재의식이 관여한다.

> 참고로, 잠재의식은 우리 뇌의 측두엽에 저장되는 반면에 의식은 전두엽이 담당한다. 학술적으로는 잠재의식이 쉽게 의식화될 수 있다고 알려져 있다. 정보, 의식, 기억 등을 포괄하는 잠재의식의 보이지 않는 힘을 이해하는 일도 의미가 있다고 생각해서 짤막하게 소개한다.

는 쉽게 걸을 수 있지만, 그 판자를 100미터 높이 빌딩 사이에 걸어두면 아무리 배짱이 세더라도 다리가 떨려 건널 수 없다.

의식적으로야 '땅에선 쉽던데 뭘 그래….' 하지만 잠재의식 속엔 떨어지면 위험하다는 공포심이 생긴다. 그 공포가 다리가 떨도록 만들어 건너질 못한다. '괜찮아, 건너자'는 의식과 '위험해, 그만두자'는 잠재의식이 서로 반대 방향으로 작용하는 갈등상태에서는 무슨 일이든 제대로 되지 않는다. 그와 반대로 두 의식세계가 같이 '하자'는 방향으로 작용하면 그야말로 무서운 힘을 발휘한다. 이 상태를 '정신통일'이라고 부른다. 의식과 잠재의식이 하나가 되는 것이 정신통일이다.

사냥꾼이 놀라 잠을 깼다. 큰 범이 덮치려 하는 중이다. 사력을 다해 활을 당겼다. 범은 일격에 쓰러졌다. 놀란 가슴을 진정시키고 범에게 다가가자 이게 웬일, 그건 범이 아니라 큰 바위였다. 그리고 화살은 바위 한복판에 깊숙이 박혀 있다. 이거야말로 놀랄 일이다. 바위에 화살이 꽂히다니! 믿기지 않은 궁수가 다시 한번 활을 겨누어 바위에 쏘아 보지만, 화살은 두 번 다시 꽂히질 않는다. 정신통일이 안 되기 때문이다. 바위인 걸 안 다음에는 의식적으로 아무리 해보려고 해도 이미 그의 잠재의식 속에는 '바윈데, 안 될 거야'라는 의심과 회의가 들어 있다. 화살이 바위에 꽂힐 리 없다.

처음에는 범으로 알았으니 의식도, 잠재의식도 쓰러뜨려야 한다는 방향으로 함께 작용했다. 그러니까 바위도 뚫을 수 있었다. 화살 한 발에 내 생명이 걸려 있다. 쓰러뜨려야 한다는 일념뿐이다. 완전한 정신통일 상태다. 잠재의식 속의 잡념을 씻고 정신통일을 이루면 불가능해 보이는 일도 해낼 수 있다.

일이 잘 안 풀리거나 꼬이면 곰곰이 생각해보라. 잡념을 쫓는 데에는 일정한 시간이 필요하다. 혼탁한 물은 일정한 시간이 지나야 가라앉기 마련이다. 급하게 서둘러 흔들면 물만 더 흐려진다. 눈을 감고 조용히 길고 깊게 복식호흡을 하라. 이것만으로도 한결 마음이 가라앉을 것이다. 놀랍게도 정신력은 우리 신체의 오장육부, 심지어 바깥 물체에까지 전달된다. 이런 현상을 과학적으로는 '관념운동'이라 부른다. 이건 비단 특출한 기량을 가진 스포츠 선수에게서만 확인 가능한 게 아니다. 정신력은 누구나 발휘할 수 있는 일이다. 믿기지 않으면 다음 실험을 해보라.

실 끝에 동전을 매단 채 들고, 일단 진동을 정지시킨 후 '동전이 흔들린다'는 생각을 해보라. '반드시 흔들린다'는 생각을 해야 한다. 털끝만큼의 의심이 들면 안 된다. 한참 후, 손은 꼼짝 않고 있는데 매달린 동전이 움직이기 시작한다. 정신통일 훈련에 쓰이는 방법이다. 그런데 안 되는 사람은 잡념이 들어가, '정말 흔들릴까'라는 회의가 들고 있다는 증거다. 당신도 된다. 정신만 통일할 수 있다면….

연단 공포증

소심증의 전형이라면 역시 사람들 앞에서 연설하기가 두려운 연단 공포증이다. 일상 대화는 잘하면서 막상 단상에 서면 과잉흥분이 되어 심하게 떨기 시작한다. '실수가 없어야 할 텐데'라는 의식이 작용하면 잠재의식이 과잉흥분한다. 밸런스가 깨져 균형이 맞질 않는다. 우리나라 배우들의 가장 힘든 연기가 '자연스러운 역'이라고 한다. 일상생활하듯 자연스럽게만 하면 될 듯한데 그게 안 되는 모양이다. 가장 쉬울 것 같지만 가장 힘든 원인은 역시 과잉흥분에서 오는 긴장 때문이다. 연륜 있는 배우 김혜자, 최불암 씨 등의 연기는 그렇게 자연스러울 수가 없다. 평소 생활 그대로 말하는 듯하다. 연기한다는 의식조차 없다. 그들의 연기는 평소 친구와 담소하듯 자연스럽다. 그들의 자연스러운 연기가 사람들에게 공감을 주고 친근감을 제공한다. 자연스럽게 연기하는 경지에 이른 것이라 하겠다.

"글도 사람 앞에서 쓰는 거라면 난 작가가 될 생각을 안 했을 것이다."

연설을 싫어하는 미국의 희극작가, 올비의 이야기다. 예일 대학 연극제에 평을 해달라는 부탁을 받고 마지못해 입을 연 서두였다. 『동물원 이야기』, 『미국의 꿈』 등으로 대중에게 잘 알려진 그는 평소 말수 없기로 유명했다. 1979년 자기 극단을 이끌고 한국에 왔을 때, 역시 그는 말수가 적었다. 하지만 예정된 강연은 곧잘 해냈다. 하도 신기해서 예일 대학에서 한 이야기를 내가 끄집어냈더니 '지금도 싫긴 마찬가지'라며 얼굴을 붉혔다. 그러면서도 그는 자기 초년생 시절을 이렇게 회고했다.

대중 앞에 나서기가 두렵고 더구나 연설은 정말 싫어서 꾀를 부렸다. 말을 더듬기로 했다. 사람들이 무안해서 다시는 연설 부탁을 안 할 거라는 계산에서였다. 형편없는 연설을 하리라 마음먹고 연단에 올라섰다. 그런데 참 이상한 일이 벌어졌다. 그 날따라 말이 청산유수였다. 자신도 놀라지 않을 수 없었다. 그는 이게 바로 이나마도 연설을 할 수 있게 된 비결이라고 털어놓았다. 잘하지 않으려 하니까 잘된다니, 그야말로 전화위복이다. 하지만 잘하려고 할수록 잘 안되는 건 비참한 이야기가 아닐 수 없다.

애써 태연한 척하려 해도 안 된다. 대중 앞에선 물론이고 누구 앞에건 서기만 하면 손발이 후들거린다. 말이 떨리고 더듬기까지 한다. 이건 모두 잘하려는 의지가 작용해 생기는 부작용들이다. 바늘구멍에 실을 꿰어보자. 좁은 병에 물 붓기도 마찬가지다. 멀쩡하던 손이 떨리기 시작한다. 이른바 목적성 수전증이다. 어떤 목적을 위해 의식적으로 잘하려는 순간 손이 떨리기 시작한다. 호흡을 의식하는 순간 부자연스러워진다. 규칙적으로 호흡하려고 할수록 숨이 답답해 온다. 잠도 자려고 하면 안 된다. 오히려 정신이 맑아진다. 자려는 의식적 노력이 중추를 긴장시키기 때문이다. 누워서 잠들려고 노력하는 사람은 그래서 딱하다. 이럴 땐 일어나야 한다. '잠이 안 와 다행이다. 밀린 숙제나 하자'고 책상에 붙어 앉으면 이건 또 뭔가, 하품이 나고 졸리기 시작한다.

이건 누구나 일상생활에서 경험하는 일들이다. ==의식적으로 잘하려는 노력이 지나치면 오히려 중추가 균형을 잃는다. 실수라도 하면 어쩌나 싶은 기대불안이 따를수록 중추가 제 기능을 발휘할 수 없다.== 예의 바르게, 실수 없이 잘하려다 보니 조심하게 되고 떨리기만 할 뿐이다. 이건 매사에 조심하도록 어릴 적부터 지나치게 훈련을 받아온 데에 원인이 있다.

이런 소심공포증의 성장 과정을 살펴보면 쉽게 이해할 수 있다. 막내보다 장남에게, 교육수준이 높고 부모가 엄할수록 이런 경향이 높다. 이런 아이들은 자라면서 모든 정신력을 자기 행동을 관찰, 비판하는 데 소비한다. '혹여 남이 욕하진 않을까?', '어른들 꾸중을 듣는 게 아닌가?' 전전긍긍이다. 모든 에너지를 여기에 쓰고 보니 다른 데 쓸 여유가 없다. 새로운 걸 시도해 보는 모험심, 호기심도 없고 그저 안전제일주의다.

남의 지탄을 안 받으려면 새로운 일보다 지금껏 해온 대로 하는 게 안전하고 위험부담이 적다고 판단한다. 당연히 새로운 친구도 사귀기가 어렵다. 매사에 조심뿐이요, 생각만 할 뿐 행동은 뒤따르지 못한다. '안전한 사람' 하고만 지낸다. ==아무렇게나 해보는 거다. 계획도 세우지 말고 행동부터 하는 거다. 잘못되면 가다가 고쳐라. 이럴까 저럴까 생각도 말고 나오는 대로 말하는 거다.== 안 나오면 안 하는 거고, 잘할 생각도 말자. 당하면 하게 돼 있다. 지레 겁먹고 할 말을 미리 생각해두었다간 한 구절 막히면 앞이 캄캄하다. 그리고 큰소리로 하자. 자신 없을수록 큰소리로 하면 한결 든든하다. 자신 없는 사람은 목소리가 작은데, 기어들어 가듯 잘 들리지 않는 게 특징이다. 허세를 부리고자 일부러 떠드는 건달을 제외한다면 자신감과 목소리와는 비례한다는 게 학계의 보고다.

큰소리로 당당히 말하는 버릇을 들여라. 특히 사람 앞에서 귓속말을 주고받는 짓은 절대로 해서는 안 된다. 모사꾼이 아니면 비겁한 녀석으로 취급받는다. 한마디를 해도 큰소리로 분명히 하라. 역도선수는 드는 순간 기합을 넣는다. 기합이 15% 이상의 힘을 더 내도록 만든다는 보고가 있다. 떨릴 땐 밥을 배불리 먹는 것도 도움이 된다. 남들이 뭐랄까 신경 쓰지 말고 자기비판은 더구나 말라. 소심한 당신은 이의를 제기할 것이다. 그게 어찌 사람의 도리며, 체면 있는 사람이 할 짓이냐고. 그건 사실이다. 하지만 당신의 경우는 그게 아니다. 그렇게 위축되었으니 아무리 겁 없이 함부로 해봐야 그것도 모자란다. 쌍놈이 될까 겁내지 마라. 당신은 아무리 풀어져 개망나니 짓을 하더라도 결코 그렇게 되진 않는다.

튠(Tune)을 조절하라

아무리 값비싼 고급 자동차도 엔진 튠이 안 맞으면 성능을 발휘할 수 없다. 때론 움직이지 않는다. 엔진의 생명은 튜닝(tuning)이다. 그래서 요즈음은 컴퓨터를 이용해 튜닝을 정밀하게 조절한다. 그만큼 정교한 밸런스가 필요한 일이 엔진 튠이다. 그런데 사람은 이보다 더 정교해야 한다. 어떤 변화가 일어나도 하던 일을 계속하려면 지금까지 그 일에 알맞게 조절된 튠이 흐트러져선 안 된다. 격렬한 운동 후 헐레벌떡 돌아와 책상 앞에 앉는다고 공부가 되던가? 아니다. 운동중추의 흥분이 공부하는 데 필요한 정신적인 사고의 튠을 흩뜨리기 때문이다.

한국 사람이 짜증을 잘 낸다고들 말하는데, 그 부작용의 하나가 튜닝의 방해다. 짜증이 난 상태라면 공부도 안 되고 운동도 안 된다. 무슨 일을 하든 짜증 자체가 중추의 튜닝을 방해한다. 모든 일에는 거기에 적합한 흥분, 긴장, 힘, 리듬, 유연성 등 복합적인 요소들의 튜닝이 조화를 이루어야 한다. 작은 일에도 쉽게 흔들린다는 건 그만큼 기가 약한 소심증의 증거다.

과거 미국 프로농구 NBA의 슈퍼스타 데니스 로드맨을 기억하는가? 그는 실력보다 코트의 악동으로 유명했다. 판정에 항의하다가 분을 이기지 못해 심판을 머리로 들이받기도 했다. 또 자신을 꾸짖는 감독을 향해 얼음주머니를 던지기도 했다. 얼핏 생각엔 배짱깨나 있는 선수처럼 보이지만 겁쟁이라는 결론이 나온다. 사람은 큰일을 앞에 두고는 전혀 엉뚱한 다른 일에 신경을 씀으로써 큰 걱정을 잊으려는 심리적 방어작용이 있다. 대수술을 앞둔 환자가 커튼 색깔이 마음에 안 든다고 간호사와 싸우는 심리가 이와 같다. 사실 로드맨은 뛰어난 실력자였지만 잦은 기행으로 엇갈린 평가를 받아야 했다. 거친 플레이로 심판들의 집중 표적이 된 로드맨은 테크니컬 파울도 잦았다. 결국, 그 악동 기질 때문에 사실상 구단에서 쫓겨나 선수 생활을 접어야 했다.

어떤 운동이든 간에 게임 도중 짜증 잘 내는 선수라면 승리하기 어렵다. 운동장 정비가 엉망이다. 바람이 세다, 햇볕이 싫고, 관중의 응원이 거슬리고, 판정이 편파적인 듯하고 등등 그야말로 하찮은 일에 신경을 쓰면 아무리 열중하려 해도 잘 안 된다. 최고의 선수들은 시종일관 얼음처럼 차갑다. 축구든 야구든 테니스든 종목을 망라하고 세계 정상급 선수들은 어필을 거의 하지 않는다. 상대 선수가 시비를 걸어와도 쉽게 짜증을 부리지도 않는다. 이런 모습이 바로 그들을 정상 자리에 오르도록 만든 비결이다.

솔직히 세계적인 선수들은 서로의 실력 차이가 크지 않다. 차분한 자신의 튠을 어떻게 관리, 발휘하느냐가 승패를 좌우하는 핵심이다. 이들의 점잖은 행동은 관중으로부터 신사 소릴 듣기 위함이 아니다. 불리한 판정을 내렸다고 항의하거나 짜증을 내면 자칫 페이스 난조에 빠진다는 걸 잘 아니까 점잖게 행동한다. 일종의 멘탈 관리다. 큰 선수들은 이 같은 중추신경 생리를 잘 터득하고 있다. '신경질 난다'는 생리적 의미는 중추신경의 튠이 난조에 빠진다는 뜻이다.

무슨 일을 수행하기에 앞서 그 일을 하기에 가장 적합한 튠을 유지하는 게 중추신경의 역할이다. 사람뿐만이 아니다. 자동차도 튜닝 밸런스가 맞아야 하고, 연주 전에는 악기도 튠을 잘 맞추어야 아름다운 하모니가 완성된다. 테니스를 하려면 거기에 알맞은 적당한 흥분과 허리, 팔의 강약 등을 조절하기 위해 준비운동도 하고 또 연습 볼을 친다. 이런 과정은 모두 중추신경으로 하여금 테니스에 알맞은 튜닝을 하기 위함이다. 테니스 게임 전, 다른 운동들 이를테면 축구나 탁구를 하면 앞서 했던 운동의 잔상(殘像)이 중추에 남아 테니스 치는 데 필요한 튜닝이 방해받고 당연히 게임도 망친다. 또 테니스 게임 도중 심판에게 항의하거나 신경질을 부리면 지금까지의 튜닝이 흐트러진다. 테니스 튠이 갑자기 '성이 나서 싸워야 하는' 튠으로 바뀌어서 발생하는 중추의 난조다. 우리 중추에도 '관성의 법칙'이 있다. 따라서 지금까지 하던 일을 갑자기 중단하고 다른 일을 하려면 잘 안 된다.

조용한 음악을 즐겨 듣다가 갑자기 시끄러운 재즈로 바뀌면 순간적으로 짜증이 난다. 재즈가 싫어서가 아니다. 조용한 리듬에 익힌 중추의 튠에 난조가 찾아와 그렇다. 큰 선수들의 시범경기가 시시한 이유도 튜닝이 안 돼 있어 그렇다. 기대에 부푼 관객들은 시시한 게임을 보며 실망하겠지만, 사실은 그렇지 않다. 열심히 잘하려 해도 되질 않는 것이다. 묘기를 보여야 하는 부담감, 연습도 아니고 게임도 아니고, 그러면서 게임을 하듯이 해야 하니까 거기에서 오는 심리적 복합성이 중추의 튜닝을 방해한다. 게임이 안 될 수밖에 없다.

게임에서 이기려면 게임 중 상대 선수의 튠을 난조에 빠뜨리는 것도 중요한 작전이다. 투수의 견제구는 주자보다 타자의 호흡을 난조에 빠뜨리려는 행위다. 얼마 전에는 투수가 1루 주자를 견제하려고 연속 13개의 견제구를 던진 장면이 TV에 나오기도 했다. 비록 도루를 허용했지만 말이다. 13번의 견제구를 견디며 도루에 성공한

주자도 대단했다. 또 투수가 직구와 커브를 적절히 배합하는 이유도 타자의 튠을 흩뜨리기 위함이다. 농구의 경우 수비수가 손을 들어 흔드는 모습도 공격수의 튠을 흩뜨리기 위함이다. 손을 높이 흔들어 공격수의 튠, 공격이 뜻대로 되지 않도록 방해하는 것이다. 이를 잘 활용한 사람이 복서 무하마드 알리였다. 그는 링 위의 상대 선수에게 신경 거슬리는 말을 떠벌렸다. '겁쟁이야, 덤벼봐, 이 건달아' 하고 말이다. 이렇듯 상대방 신경을 건드려 난조에 빠지게 만드는 일은 고도의 심리전이다.

패배도 익숙하면 습관이 된다

싸움에 임할 땐 우선 상황판단이 정확해야 한다. 그리고 적절한 흥분과 함께 정신통일이 되어야 한다. 그 정신 상황은 '이긴다', '할 수 있다'라는 긍정적인 암시여야 한다. 우리 잠재의식 속엔 많은 기억이 저장되어 있다. 이긴 적도 있고 잘 안 된 일도 있다. 그 많은 것 중에서 반드시 이긴 기억을 떠올려야 한다. ==기억은 이겼다는 사실뿐만 아니라 당시의 신나던 기분까지 함께 저장되므로 그 일련의 모든 기억을 활성화해야 한다. 그래야 사기가 충천하고 기도 강해진다.==

중추생리가 이럼에도 숙맥들은 이긴다는 기억을 회상하는 데 인색하다. 대중을 의식하는 순간 위축된 나머지 기가 죽어버린다. 이긴 기억보다 진 기억이 더 또렷이 살아나 자꾸만 질 것 같은 예감이 든다. 신기하게도 그런 날은 예감대로 결국 지고 만다. 게임 날 아침 눈을 뜨면 왠지 예감이 안 좋을 때가 있다. 무언가 석연찮은 기분이 마음을 짓눌러온다. 객관적 상황으로 따진다면 충분히 승산이 있음에도 어쩐지 불길한 예감이 들 때도 있다. 가슴이 답답한 게 팔다리의 맥이 탁 풀리는 것 같은 기분이다. 이래서야 이길 수 있을까. 아무리 실력이 한 수 위라도 신경생리 상 질 수밖에 도리가 없다.

이건 비단 선수들이 큰 게임을 앞두고 생기는 일만은 아니다. 우리 일상생활의 작고 큰일에서 누구나 경험하는 일이다. 장기를 둘 때도 질 것 같은 기분이 들면 이길 수 없다. 이런 현상들을 육감이니 영감이니 하며 마치 초자연적인 현상인 일로 생각하지만, 실은 매우 분명한 과학적 귀결임을 명심해야 한다. 무슨 이유에서든 질 것 같은 예감이 들면 중추신경은 자꾸 마이너스 방향으로 모든 사고와 감정을 조절한다. 자신감이 사라지고 상대방 얼굴만 생각해도 기가 꺾인다. 이러고도 이기면 기적이다. 자신을 가지라지만 이런 기분이 들면 이길 수 없다. 질 것 같은 예감은 곧 중추신경 전체의 분위기를 '패배' 일색으로 만들어버린다. 과거에 패배한 기억이 당시의 쓰라린 감정과 함께 생생히 되살아나면 꼼짝없이 패배의식의 노예가 된다. '신념을 갖고, 패배감을 씻어내라'지만 그럴수록 질 것 같은 기분만 더 강화된다. 사람의 기분은 의지력만으로 조절되진 않는다.

이럴 땐 긍정적인 플러스 상황을 상상해야 한다. 그러곤 이를 마이너스 상황에 대치시켜야 한다.

자신감은 과거의 성공한 경험에서 우러나게 마련이다. 따라서 과거에 승리했던 경험을 떠올려야 한다. 시시한 게임이라도 좋다. 초등학교 시절 달리기에서 1등을 한 기억이라도 되살려내야 한다. 결승 테이프를 끊던 벅찬 순간, 친구들의 함성, 엄마가 신나서 안아 주던 일, 만국기가 바람에 나부끼고…. 되도록 자세히 과거의 상황을 떠올려야 한다. 눈을 감고 그때의 감격에 도취해보자. 어느덧 중추신경의 분위기가 플러스 방향으로 바뀔 것이다.

상상을 오래 하면 마치 실제와 똑같은 일로 착각하는 게 중추신경의 맹점이다. 이것을 이용하는 게 바로 암시 효과다. 마이너스 암시가 패인이 되듯 플러스 암시는 실력 이상의 무서운 힘을 내게 만드는 원동력이다. 격려를 위해 하는 말이 아니다. 과학적 실험으로 입증된 사실이다. 이긴다는 생각과 기분, 이를 활성화해 자신감을 높이면 매사가 술술 잘 풀린다. 그러니까 승패를 결정하는 플러스 암시를 머리에 새겨야 한다는 이야기다. 변함없이 습관성 패배자로 살 것인가? 당신의 결정에 따라 매번 승리할 수도 질 수도 있다. 열쇠는 당신이 쥐고 있다.

얼굴이 붉어져서

　사람들은 얼굴이 붉어지는 것을 상당히 의식한다. 뭔가 잘못한 것 같고, 실패한 것 같고, 창피하다. 패한 것 같은 기분도 든다. 어떤 이들은 그런 자신의 모습을 남에게 보여서는 안 되는, 일종의 '특급 비밀'처럼 여기기도 한다. 그래서 얼굴이 붉어지는 걸 약점 또는 결점으로 생각하고 어떻게든 숨겨야 한다고 믿는다. 남들 앞에 나서기를 피하고, 특히 마음에 드는 이성 앞에는 아예 다가가지도 못한다.

　마음에 드는 여성 앞에서 얼굴이 붉어지면, 자기 속마음이 드러나 사랑 고백이라도 하는 것처럼 오해받지 않을까 겁을 먹는다. 그러나 생각해보라. 누군들 마음에 드는 이성 앞에서 얼굴이 붉어지지 않을 수 있겠는가. 말 한마디도 조심스럽고 혹시 실수하면 어쩌나 하는 생각이 드는 건 매우 자연스러운 일이다. 그래서 더욱 조심하게 되고, 신경을 쓰며, 스트레스를 받는다. 문제는 이렇게 얼굴 붉어지는 걸 마치 자신의 본심이 드러난 것처럼 여겨, '남자가 그깟 일에 얼굴이 변하고 수줍어하다니 창피하다'고 잘못 해석하는 데 있다. 그러나 사실 얼굴이 좀 붉어지고 수줍어하는 것은 인간이 지닌 아름다운 마음이다.

　그 아름다운 마음을 창피함, 치욕, 패배감으로 왜곡해 해석하는 것이 문제다. 이를 좀 더 긍정적이고 아름답게 받아들이면 어떨까?

얼굴이 붉어지는 걸 두려워하면 남 앞에 나서지 못하고, 연단에도 오르지 못하며, 연설은 더더욱 할 수 없다. 그렇게 부끄러운 마음 때문에 해야 할 일을 못 하고, 좋은 기회를 놓치는 경우가 많다. 아주 좋은 기회가 왔음에도 적당한 구실을 붙여 빠져나가고 만다. 가령, 마음에 드는 여성과 함께 퇴근할 절호의 기회가 왔는데 얼굴이 붉어질까 봐 그 기회를 피한다면 어떨까? 퇴근길에 우연히 마주치는 좋은 순간마저 놓쳐버리면 그날 밤 잠도 오지 않고 억울하고 아쉬운 마음이 든다. 돌이켜보면 진짜 창피한 일은 얼굴이 붉어지는 것이 아니라, 그 좋은 기회를 놓친 것이다. 얼굴이 붉어지고, 부끄러워지며, 손발이 떨리는 모습은 매우 정상적이다. 오히려 아름다운 마음에서 비롯된다는 사실을 잊지 말자.

징크스를 깨라

한국 축구는 1974년 이래 이란 원정 징크스를 갖고 있다. 테헤란 아자디 스타디움은 원정팀의 무덤으로 불린다. 고지대라는 환경, 위압적인 응원 속에서 한국 선수들은 지긋지긋한 징크스에서 벗어나지 못하고 있다. 이란 원정에서 승리를 거두지 못한 것이 50년도 넘었다. 2021년도 경기에선 손흥민이 골을 넣었지만 승리하진 못했다. 손흥민, 황희찬, 황의조 삼각편대가 출전했어도 결과는 무승부였다. 최근엔 좀 나아지긴 했지만 배구의 경우 일본, 탁구는 중국에 약하다는 콤플렉스도 꼭 실력의 우열만은 아닌 것 같다. '지난번에 졌으니까 이번에 또!'라는 패배 예상의 심리가 작용하기 때문이다. '역시 어렵겠지….'라는 정신적 징크스가 형성되면 게임을 하기도 전에 마치 패배는 기정사실인 듯 되어버린다.

이런 심리적 상태를 우리는 징크스니 콤플렉스니 등의 막연한 말로 표현하지만 여기서 헤어나지 못하면 승산이 없는 건 확실하다. 누구에게나 게임을 하기에 거북한 상대가 있다. 객관적 판단으로는 승산 있어도 왠지 거북한 상대 말이다. 이게 좀 심하면 미신적 요소가 더해질 수도 있다. 구름만 끼면 맥을 못 추는 선수가 있는가 하면, 상대가 빨간 유니폼만 입고 나와도 풀이 죽는 선수가 있다. 골프도 그렇다. '오른쪽에 연못이 있는데'라고 의식하면 묘하게 공은 딱 그리로 간다. 다음 라운딩에서도 '얼마 전에도 그리 빠졌는데' 하며 조심할수록 신기하게 공은 또다시 연못에 빠진다. 골퍼마다 자기가 싫어하는 징크스 코스가 있다. 그 코스만 들어서면 마음이 위축된다.

왼손 투수에 약한 타자도 마찬가지다. 약한 게 아니라 거북하다고 느끼곤 몸이 위축되어 맞질 않는다. 이러한 정신적 알레르기 현상은 과거에 한 번 혼난 경험이 계속 살아나 자기 암시적인 공포심리로 작용한다. 승패가 걸린 타석에서 삼진으로 끝났을 때의 분함, 관중의 야유, 그리고 그 왼손 투수의 의기양양한 모습 등이 계속 떠오르면 승부는 보나 마나다. 선수 시절의 박찬호가 왼손 타자에 약

정신강화 훈련

안타까운 사례를 하나 소개한다. 이야기의 주인공은 대학을 우수한 성적으로 졸업한 후, 대기업에 지원해 1차 합격까지 한 청년이었다. 그런데 문제는 면접이었다. 면접일이 다가올수록 불안하고 밤잠마저 설쳐야 했다. 그러나 피할 수 없는 일, 결국 면접장 앞까지는 섰다.

그런데 자신의 순서가 다가오자, 숨이 막힐 듯 긴장감이 극에 달했다. '이러다 면접장에서 쓰러지면 어쩌지?' 걱정이 꼬리를 물다, 결국 청년은 면접장 문턱에서 도망치고 말았다. '내 청춘은 이렇게 끝나는가?'라고 절망에 빠져 있던 청년은 '정신강화 훈련'이라는 광고문구를 보았다. 그리고 용기 내어 찾아갔다.

그곳에서는 사람들에게 '나는 할 수 있다!', '나는 자신 있다!'라는 긍정적인 주문을 반복 훈련 시켰다. 훈련이 끝난 후, 지하철역 등 공공장소에서 큰소리로 '나는 자신 있다!' 구호를 외치라는 과제가 주어졌다. 청년은 시키는 대로 했다. 당연히 주변 사람들은 깜짝 놀랐다. 사람들의 시선이 자신에게 쏠리자, 청년은 더 큰 소리로 외쳤고, 급기야 지하철 보안요원에게 제지당해 경범죄 혐의까지 받아야 했다. 다행히 사정을 설명해 풀려날 수 있었지만, 결국 청년은 나에게 편지를 써 도움을 청해왔다.

"박사님, 저는 정말 자신감이 필요합니다. 어떻게 해야 좋을까요?"
"정신을 강화하려 하지 말고, 오히려 정신을 연화하는 연습을 하세요."

강하게 만들려고 애쓰지 말고, 부드럽고 유연하게 만드는 것이 먼저라고 조언했다. 면접장에 들어가기 전부터 '나는 할 수 있다'고 다짐하는 것도 좋지만, 정말 중요한 건 자신의 상태를 솔직히 인정하는 용기다. '저는 사회 경험도 부족하고, 면접도 처음이라 많이 떨립니다. 혹 실수하더라도 양해 부탁드립니다'라고 진심을 전하면 오히려 긴장이 누그러진다. 면접관은 그런 솔직한 태도에 가산점을 줄 수도 있다. 자신도 없으면서 억지로 있는 척하면, 그 간극만큼 더 떨리게 마련이다. 인간의 몸이 그렇다. 그럴 바엔 차라리 솔직하게 털어놓고 마음을 부드럽게 하는 편이 낫다. 이것이 바로 '정신연화 훈련'이다.

조언을 들은 청년은, 이내 다시 똑같은 회사의 입사 시험을 봤다. 그리고 이번엔 무사히 면접까지 마쳤다는 소식을 알려주었다. 면접관이 물었다고 한다.

"지난번에는 왜 면접을 안 보고 돌아갔나요?"
"그땐 너무 긴장해서 도망쳤습니다. 하지만 이번에는 꼭 해내고 싶었습니다. 비록 면접은 서툴지 몰라도, 사무 보는 일은 누구보다 자신 있습니다. 믿고 채용해 주시면 열심히 해보겠습니다!"

차분히 대답한 청년은 면접에 합격했다. 그리고 나에게 감사의 편지를 보내왔다. 정신을 억지로 강하게 만들기보다, 반대로 연하게 풀어주었기에 가능한 일이었다. 살면서 우리는 종종 '강해져야 한다!'는 말에 휘둘린다. 하지만 강한 것이 다 옳진 않다. 때때로 연해지는 것이 훨씬 옳은 선택이 되기도 한다.

했던 것도 실력보다 징크스 심리가 더 작용한 걸 수도 있다. 아무리 의식적으로 '이번엔 괜찮을 거야' 마음을 달래려 해도 잠재의식의 공포심리가 너무 강해서 중추신경 전체는 결국 패배 모드로 진행되고 만다. 이게 징크스니, 콤플렉스니 하는 심리적 정체요, 그 부작용이다. 이를 극복하는 방법은 무엇일까? 공포의 대상은 피할수록 더 무서운 법, 따라서 정면승부를 걸어야 한다. 약점, 징크스를 극복하는 일은 해보자는 '배짱', 해낼 수 있다는 '자신감', 안 되면 될 때까지 도전하는 '노력'이 동반되어야 한다. 때로는 과학적 분석도 필요할 수 있다. 한편, 숙맥형 인간이 사회생활을 하면서 상대하기 거북한 상대를 만나기도 할 텐데 이럴 때 어찌할까? 무조건 배짱을 부려 상대하면 능사일까? 아니다. 때로는 피하는 것도 답이다. 왠지 상대하기 거북한 사람, 굳이 안 만나도 될 사람이면 피해버리는 게 상책이 되기도 한다. 사서 고생할 것 없다. 그러나 피해서 될 일이 아니라면, 가령 시합에 임하는 선수라면 징크스라는 핑계를 앞세워 상대를 피할 수 없다. 정면으로 도전해야 한다. 그렇다고 무턱대고 덤비는 스파르타식 강훈이 전부가 아니다.

강함을 넘어뜨리는 부드러움

'훈련'이라는 말을 들으면 으레 강훈을 연상한다. 땀과 인내와 고된 시간의 연속인 줄로 안다. 그래야 훈련 효과가 있다고 믿는다. 그러나 이런 강압적인 방법이 종종 역효과를 만든다. 특히 융통성 있는 배짱을 기르는 데에는 강훈이 금물이다. ==배짱을 기르는 데에도 훈련이 필요하다. 하지만 잠재의식 속의 기를 다스리는 일은 즐거운 기분 속에서 이루어져야 한다.== 너무 엄하게 자란 아이들에게 융통성이 없는 것도 같은 이치다. 이런 아이들은 어딜 가나 기가 죽어 행동이 부자연스럽다. 누구 앞에서든 눈치만 보고 벌벌 떨기만 하다 결국 자기 실력을 발휘할 수 없게 된다. 대소변 가리기 교육도 너무 지나치면 눈앞의 훈련 효과는 좋겠지만 아이가 자란 후 성격에 여러 가지 문제를 일으킨다.

우선 융통성이 없다. 꾸중을 안 들으려고 너무 완벽하게 하려다 보니 거기에 많은 에너지를 소모함으로써 막상 주어진 과업을 수행할 힘이 없다. 당장에야 훈련 효과가 안 나타나도 먼 훗날을 위해 즐거운 기분으로 훈련에 참여하도록 유도해야 한다. 코앞의 목적만을 위한 강훈 일변도는 특히 어린 선수에겐 치명적이다.

외국 유학을 다녀온 선수들이 놀라는 일은 좋은 시설도 아니고 별난 과학적 훈련도 아니다. 오히려 그런 게 없다는 데 놀란다. 온종일 영화 구경이나 산책, 뱃놀이나 하다가 해 질 녘에 가벼운 워밍업 정도로 훈련을 끝낸다. 짧은 기간에 많은 걸 배우고 돌아와야 할 우리 선수들은 초조할 수밖에 없다고들 말한다. 하지만 설렁설렁한 훈련이 비결이다. 큰 선수로 키우려면 무엇보다 중요한 게 정서관리다. '아이고, 또 연습이구나'라는 '연습=짜증'의 조건반사가 생기면 중추신경의 학습능력이 좋아질 수 없고 오히려 역효과만 난다.

싫증 나고 짜증스러운 기계적 강훈은 '근육-신경-두뇌'의 삼위일체 학습기억 과정에서 융통성 없는 제한된 정신 세트를 형성시킨다. 그런 경직된 세트가 어릴 적부터 중추신경에 자리 잡으면 새로운 학습이나 기억에 방해만 된다. 안전 위주의 수비만 익힌 선수가 성장해서 공격형을 새로 익히려 해도 안 되는 이유가 여기에 있다. 중추신경이 발달과정에 있는 열여섯 살 이전까지가 가장 치명적이다. 따라서 이 시기 전에 경직된 세트가 형성되면 절대로 뻗질 못하고 그대로 굳는다. 하긴 이것만 갖고도 코앞에 떨어진 특수상황 정도는 잘 요리할 순 있다. 중고시절까진 챔피언이 될 수 있다. 하지만 먼 훗날 더 큰 선수가 되고자 한다면 보다 일반적이고 융통성 있는 '정신 세트'가 잠재의식 속에 남아야 한다. 그래야 어떤 상황, 어떤 선수를 만나도 요리해낼 수 있는 배짱이 생긴다. 전천후 선수로 거듭나는 것이다.

2010년 밴쿠버 동계올림픽에 출전한 김연아 선수는 최대 경쟁자 아사다 마오 선수 바로 다음에 경기를 펼쳤다. 아무리 강심장 김연아일지라도 처음 출전한 동계올림픽이라 압박감이 몰려왔다. 이 상황에서 자신의 기량을 충분히 발휘하기란 쉽지 않다. 엎친 데 덮친 격으로 바로 앞에서 경기를 펼친 아사다 마오가 완벽한 연기로 우레와 같은 박수를 받았다. 하지만 김연아는 이에 아랑곳하지 않고, 오히려 자신만만한 미소를 지으며 빙상 위에 섰다. 자신의 순서에 상관없이, 경기 상황에 상관없이 자신의 플레이를 펼친 김연아, 이윽고 세계 신기록을 세우며 금메달을 땄다. 그가 완벽한 연기를 마치고 관중에게 인사하며 흘리던 눈물은 지금도 국민의 뇌리에 삼삼히 남아 있다. 최선을 다했다. 완벽했다. 후회 없다. 그의 눈물은 인간 승리의 장대한 드라마 그 자체였다.

김연아 선수가 어떤 상황에도 흔들림 없이 자신의 페이스를 유지할 수 있던 건 브라이언 오서 코치를 만나고 나서다. 오서 코치는 처음 김연아를 맡았을 때 특이하게 고난도 테크닉 대신 피겨를 피겨 자체로 즐기는 방법, 자기 자신을 있는 그대로 사랑하는 방법을 가르쳤다고 한다. 이후 김연아 선수는 실력뿐 아니라 표정까지 한층 밝아져 국민 여동생이란 애칭으로 불리며 큰 사랑을 받았다. 더 먼 과거로 돌아가, 1976년 올림픽 체조 역사상 처음으로 10점 만점 기록을 세우며 체조요정이라 불린 루마니아 코마네치. 그녀는 올림픽 금메달을 딴 후 소감을 묻는 기자에게 이렇게 말했다.

"집에 돌아가 아이스크림을 먹고 싶어요."

그 인터뷰가 귀엽고 인상적이었다. 나는 인터뷰를 지켜보며 '아! 저런 여유가 세계를 제패하는 힘이구나' 싶었다. 여유가 있어야 세계대회에서도 유감없이 기량을 발휘할 배짱이 생긴다. 어린이를 어린이답게 키운 체조팀 지도자들의 지도와 배려에 감탄한 기억이 새삼 떠오른다. 풍부한 상상력, 즐거운 기분으로 하는 연습이어야 융통성 있는 대선수로 성장한다. 어린 선수가 강훈을 못 버티고 태릉선수촌에서 탈출했다는 뉴스가 더는 없기를 바란다. 대기만성이라는 과학적 의미를 냉철히 분석, 음미해야 할 시점에 온 것이다.

망각의 생리 활용법

사람에겐 망각이라는 게 있다. 그래서 정신적으로 건강할 수 있다. 모든 기억이 없어지지 않고 그대로 남으면 누구도 마음 편히 지낼 순 없다. 망각이란 참 편리한 정신 기제다. 기억의 생리적 과정은 '등록 → 저장 → 재생'의 순으로 작동한다. 새로운 사실을 인지해 대뇌에 등록함으로써 기억이 시작된다. 이 등록된 기억은 시간이 흐르면 곧 잠재의식 속으로 가라앉아 저장된다. 그리고 의식세계가 필요할 때 잠자던 기억이 되살아나 이른바 기억이 형성된다. 그 중 어느 한 가지라도 잘못되면 기억은 형성되지 않는다. 술에만 취했을 땐 처음부터 등록이 되질 않는다. 저장된 기억도 관심을 쏟지 않고, 중요한 일이 아니거나 시간이 지나면 차츰 그 힘이 약해져 재생 불가능한 상태가 된다. 이게 망각이다. 참 신기한 일은 소심증일수록 실수나 실패의 기억만 선택적으로 오래 기억한다는 사실이다.

이건 개인으로 봐서는 불행한 일이다.

발명왕 에디슨은 저능아로 취급받아 퇴학당했다. 그러나 어머니의 열성으로 집에서 겨우 알파벳을 익힐 수 있었다. 철도신문 판매원으로 취직한 그가 철도신문을 발행한다고 떠들 때만 해도 글조차 제대로 읽는 처지가 못 되었다. 사람들은 모두 비웃었다. 하지만 그는 해내고 말았다. 이게 세계 최초의 철도신문이다. 이때가 그의 나이 열다섯. 그의 머리는 기상천외한 공상으로 가득 찼고 이를 시험하느라 언제나 엉뚱한 짓으로 말썽을 부렸다. 열차 안에서 화학 실험을 하다 쫓겨날 뻔도 했다. 그의 방은 마치 난파선의 기관실 같았다. 이런 그를 지켜보는 어머니의 걱정은 어떠했을까. 실패할 적마다 어머니는 조심스레 만류하곤 했다. 하지만 에디슨은 매번 당당한 어조로 대꾸하는 것이었다.

"엄마, 실패하는 게 당연한 거라고요. 쉽게 될 일이라면 벌써 다른 사람이 만들어냈게요."

오히려 걱정하는 어머니를 위로하곤 했다. 그는 1,300가지 발명을 하는 동안 그보다 몇백 배의 실패를 경험했다. 그는 발명 과정에서 만나는 실패가 필연적 단계라고 생각했다. 실패를 성공처럼 여기는 그의 배짱! 여기에 그의 위대성이 있다. 이것이 보통사람과 다른 점이다. 한 번의 실패, 한 번의 거절에도 기가 죽고 포기하는 사람들은 에디슨의 배짱을 상기해야 한다.

　모처럼 용기를 내어 신청한 데이트를 거절당하면 기분 좋을 사람은 없다. 하지만 다음 단계에서 이를 어떻게 해석하느냐에 따라 성패가 갈린다. 에디슨 같은 집념의 사나이가 아니더라도 좀 낙관적인 친구라면 그 아가씨가 오늘은 바빠서 거절했을 거라고 가볍게 생각한다. '아마 나의 두 번째 데이트 신청을 기다릴 거야'라고 여긴다. 데이트를 거절하면서 '난 당신이 싫어요'라고 말하는 아가씨는 좀처럼 없다. 대개는 '오늘은 좀 바빠서…'라고 거절하는 게 상례다. 그 말을 그대로 믿으면 된다. 진짜 바빠서 그랬을 거라고 말이다. 어쩌면 부끄러워서 거절했을 수도 있다. 여자의 자존심 상 한 번쯤 거절해야 숙녀의 위신이 서는 법이다. 그녀의 말을 곧이곧대로 믿으면 바보다.

　인생을 긍정적으로 보는 사람은 대개 이런 방향으로 생각한다. ==그녀가 진짜 나를 싫어하더라도 나만 그렇게 생각지 않으면 된다. 자존심 상할 것도 없다. 데이트 한번 거절당했다고 나의 인격이 거절 받고 무시당한 건 아니다.== 그런데 실패자의 사고방식은 이와 반대다.

　'아, 역시 난 안돼! 역시 내가 생각했던 대로야. 그녀는 나를 싫어해. 나를 남자로 생각조차 않는 거야. 그 여자뿐 아니라, 세상 모든 여자가 나를 싫어할 거야…'

한 번의 거절에 자신의 모든 인생을 허물어뜨린다. 작은 실패를 비약해 해석하면서 자신을 재기불능 상황으로 몰아넣는다. 이렇듯 마치 하늘이 무너진 양 종말의식을 갖는 것이 실패자의 사고방식이다. 이래서야 무슨 일이든 될 리 없다. 성공의 첫 단계에서는 우선 이런 포기 일변도의 연상작용부터 고쳐야 한다. 작은 실패를 확대 해석하여 나중엔 전혀 불합리한 결론에 이르는 이런 사고의 진행을 고쳐야만 미래가 밝다. 한 인간의 성패는 바로 이런 사고형태의 차이에서 출발한다. 인생의 매사가 그렇다. 차표 한 장을 살 때도 표가 없으면 '아, 역시 없군' 하고 돌아서는 사람이 있는 반면에 '혹시 입석은 없나요'라고 묻는 사람도 있다. 다음 차는 몇 시냐, 임시열차가 있느냐 등등 가능한 모든 방법을 다 물어야 한다. 한번 딱지 맞았다고 포기하는 사람의 인생은 변화 없이 늘 그렇고 그렇다. 위인전기를 읽어보라. 그들에겐 성공보다 실패담이 더 수두룩하다.

수학 천재 아인슈타인은 자신의 장기인 수학에 낙제했고 세기의 천재 파스텔은 그 독특한 나름의 논문으로 파리 대학 입시에 낙방했다. 아이젠하워도 사관학교 시절 엉뚱한 짓으로 몇 차례 퇴학 위기를 맞았다. 하지만 이들은 실패해도 좌절하거나 물러서지 않았다. 오히려 부단히 노력했다. 좌표를 향해 결코 체념할 줄 모르는 인생을 살았다. '천재는 2%의 영감과 98%의 노력으로 된다'는 에디슨의 인생 교훈을 곱씹어보자. 한번 거절에 쉽게 물러서기에는 인생이 너무 길지 않나?

'연애대장' 친구의 여친 만들기 비법

대학 시절, '연애대장' 별명을 가진 친구가 있었다. 그는 여자친구를 잘 사귀는 놀라운 재주를 가져 주변 친구들의 부러움을 사곤 했다. 인물이 잘난 것도 아니고 돈이 많거나 말재주가 뛰어나지도 않았지만, 그 '연애대장'은 여자친구를 잘도 만들어 데리고 다녔다. 나 같은 숙맥은 그에게 특별한 재주가 있을 거라고 생각했다. 그런데 이야기를 듣고 보니 그의 재주는 의외로 단순했다. '밑져야 본전 정신', 그게 전부였다. 실제로 '연애대장' 친구는 자기 눈앞에 마음에 드는 이성이 나타나면, 망설이거나 주저하지 않았다. 오직 직진뿐이었다.

'차 한잔 마실까요?'
'잠시 시간 괜찮으세요?'
'남자 친구 있어요?'

인사부터 넙죽 건네는, 대단한 기술도 아닌 이 방법이 잘 먹힌다고 했다. 그러니까 본질은 용기 내어 일단 말부터 거는 용기였다. 행여라도 상대가 거절하면 어쩌나 하는 걱정 따윈 처음부터 그에게 없었다. 밑져야 본전, 내 말에 응하면 좋고, 아니면 말고였다. 설령 내가 원하는 답을 듣지 못하더라도 '예상했던 일이라 괜찮아' 하고 가볍게 생각하면 그만이란 것이었다.

가볍게 생각하면 새롭게 시도하는 일을 쉽게 해볼 수 있다. 문제는 무거운 마음가짐이다. 무거운 마음은 용기를 내지 못하도록 만든다. 나의 제안이 거절당하면 '자존심이 좀 상할 텐데, 마음에 큰 상처로 남을 텐데….'라는 생각부터 들기 쉽다. 그러나 가벼운 마음으로 시작하면 어떤 결과나 나오더라도 '괜찮아!' 하고 수용할 수 있다.

연애뿐 아니라 모든 인생사가 그렇다. 해보기도 전에 고민이 많고 걱정이 앞서면 아무것도 되질 않는다. 결심이 쉽게 서질 않는다. 그러니 가벼운 마음으로 시작해보기를 권한다. 가벼운 마음 자세로 시작해볼 수 있는 일들은 생각보다 많다. 일찍 일어나기, 금주나 금연, 꾸준한 운동, 마음에 드는 이성에게 말을 걸어보기 등등. 예상 밖의 좋은 결과가 나오면 금상첨화이겠지만, 혹 좋지 못한 결과나 나오더라도 실망하지 말자. 왜냐? 다시 가볍게 시도하면 그만이다. 되면 좋고 아니면 말고다.

인생을 좀 살아보니 알 것 같다. 우리 삶에서 특별한 비법이나 비기를 넘어설 수 있는 건 특별하지 않은 평범한 실천과 도전이라는 사실을 말이다. 이런 마음 자세라야 넘어져도 쉽게 일어설 수 있다. 상처받지 않고 다시 용기를 낼 수 있다. 실패하더라도 쉽게 좌절하지 않는다. 그 옛날 '연애대장' 친구가 알려준 가벼운 비법이 절대로 가볍지 않은 삶의 지혜임을 나중에야 깨달았다.

완벽증, 머스트 병에서 벗어나기

완벽증, 영어로는 '머스트(Must)' 병이라고 한다. 반드시 이겨야 한다. 반드시 합격해야 한다는 강박적인 생각이다. 예컨대 강박은 한번 떨어지면 또 떨어질 것 같고 한번 불합격하면 앞으로도 계속 실패할 것 같은 생각에 사로잡히는 것이다. 이런 강박감이 크면 한 번 실패한 경험이 크게 작용하여 두 번 다시 시도조차 않는 악순환이 발생한다. 물론, 누구나 합격을 바라고 실패를 피하고 싶다. 그러나 이런 생각 자체가 병이라기보다는 합리적인 사고의 결과다.

합리적으로 생각하면, 한번 떨어졌더라도 다시 떨어진다는 보장이 없다. 두 번 실패했더라도 세 번 실패하리라는 법도 없다. 물론 또 떨어질 수도 있다. 그러나 중요한 건 결과가 아니다. 최선을 다했는지 아닌지다. 반복된 실패를 근거로 스스로를 단정 짓고 포기하는 건 합리적인 생각이나 태도라 보기 어렵다. 반대로, 몇 번 떨어지고 실패했더라도 다시 도전하고 이번에는 더 잘하겠노라 다짐하는 자세가 중요하다. 실제로 세 번째 시험에 붙는 사람도 있고, 그보다 더 많은 실패 끝에 성공하는 사람도 있다. 때론 운이 따르지 않기도 한다. 시험이란 실력 말고도 운이 어느 정도 작용하기도 한다. 나는 살아오면서 그런 운이 좀 따랐던 것 같다. 그래서 스스로 행운아라고 생각하고 있다.

완벽증이 있는 사람은 으레 모든 일이 완벽해야 한다고 생각한다. '나는 반드시 해야 한다', '성공하지 않으면 안 된다'는 식의 절대적 사고는 자신을 벼랑 끝으로 몰아넣을 뿐이다. 바람직한 태도는 '잘되면 좋지만, 안 될 수도 있다'는 가능성을 인정하는 일이다. 이런 자세가 성숙한 인생관이다.

인생은 긴 여정이다. 그 안에는 실패도 있고, 넘어짐도 있으며, 낙심할 일도 있다. 누구나 이런 경험을 하며 살아간다. 공부를 아무리 잘하는 아이도 시험에 떨어질 수 있고, 완벽하게 준비를 마친 사람도 실수할 수 있다. 중요한 건 실수나 실패 이후의 마음 자세다. 실수를 어떻게 받아들이고 다시 일어서느냐이다. 한번 실패했다고 낙심하지 말자. 인생이 늘 완벽하게 흘러가지는 않는다는 사실을 받아들이자. 이런 생각을 가지면 오히려 강한 사람이 된다. 결국, 생각을 바꾸는 것이 먼저다. 완벽주의에서 벗어나자. 그래야 삶이 연해지고 숨통이 트인다. 이런 자세가 진정한 배짱이다. 완벽증이 배짱이라는 생각은 천만의 말씀, 오해에 불과하다.

상대성 심리

인간관계란 상대적이어서 상대가 배짱이 좋아 보이면 더 위축되게 마련이다. '남들은 저렇게 당당한데 난 왜 이리 소심할까?' 고민한다. 심한 열등감에 빠지면 점점 더 매사에 자신감을 잃게 마련이다. 남들은 낯선 여성에게 말도 잘 걸고, 차도 함께 마시는데 난 왜 그러질 못할까. 생각할수록 화가 난다. 특히 상대와 경쟁을 하는 처지라면 더욱 그렇다. 상대방 기를 꺾기 위해서라도 일부러 더 자신 있게 보여야 한다. 헛기침도 하고 주위를 한번 둘러보는 등 여유를 보여라.

상황이 닥치면 다소 불안하고 겁이 나는 건 인간의 본능이다. 내심 떨리는 게 당연하다. 그러니 상대의 여유 앞에서 기가 죽으면 안 된다. 녀석은 일부러 센 척 보이려는 것이지 정말 배포가 든든한 건 아니다. 떨리긴 누구나 마찬가지다. 다만 내가 그렇게 안 본다는 것이 문제다. 녀석의 쇼에 내가 넘어간 것뿐이다. ==그의 배짱이 아니고 나의 소심증이 나의 기를 죽이는 것이다. 그도 떨린다. 나처럼 말이다.== 보이고 안 보이고의 차이다. 그리고 놀랄 일은 당신도 당당해 보인다는 점이다. 그만큼 연극을 잘한다는 증거다.

당신이 생각하는 만큼 남들은 당신을 겁쟁이로 여기지 않는다. 남들 눈엔 당신도 배짱 좋은 사람이다. 마치 떨리는 당신 눈에 남들이 배짱 좋게 보이는 거나 마찬가지 이유다. 재미있는 실험은 인기인의 배짱 정도를 측정한 결과다. 남들이 보는 배짱도를 10으로 보았을 때 자기 스스로 평가점은 그 반도 안 되는 4.5라는 결과가 나왔다. 사람들은 자기 배짱에 대하여 과소평가한다. 소심증의 또 한 가지 오해는 모든 사람이 내가 겁쟁이라고 착각하는 것이다. 그러나 반대로 상대는 오히려 내 배짱에 압도당해 떨고 있다는 걸 기억하자. 인간관계에서 이런 상대성 심리는 누구에게나 있다.

미국 루스벨트 대통령의 일화다. 그는 2차대전 당시 원자탄을 만드는 데 막대한 예산을 쓰고 있었다. 성공 보장이 있는 일도 아니었다. 드디어 국회 감사에서 문제가 되었다. 의원들이 도대체 막대한 예산의 용도가 어디냐고 따지고 들었다. 극비사항을 발설할 수 없던 그가 전전긍긍했다. 그저 고개만 흔들었다. '나를 믿고 더는 묻지 말아 달라는 사인이겠지' 그의 표정이 얼마나 근엄하고 자신 있어 보였는지 흥분한 의원들도 조용해졌다. 물론 아무도 더는 묻지 않았다. 이건 참으로 역사적 순간이다. 그 순간이 2차대전을 조기에 끝내도록 만들었다. 위급한 상황을 모면하고 국회를 나서자 수행원들이 의젓한 그를 칭찬했다.

"미친 소리 하지 마! 떨려 죽을 뻔했다고!"

그는 식은땀을 훔치며 달아나듯 의사당을 빠져나갔다. 무슨 일을 당했을 때 떨린다는 건 동물 고유의 개체보존 본능이다. 안 떨면 오히려 위험하다. '위험으로부터 조심하라'는 방어 신호라 그렇다. 적당히 떨려야 하는 게 생리다. 남들이 태연하게 보이는 건 사실 '척할 뿐~'임을 알자. 배짱 좋은 사람이 따로 있는 게 아니다. 있다면 그건 바로 당신이다.

공황장애 극복하기

최근 공황장애를 호소하는 연예인들이 부쩍 늘어났다. 그들이 털어놓는 공황장애는 무대 위에 올라야 하는 상황에서 손발이 떨려 아무것도 할 수 없는 상태, 무대에 못 오르는 상태를 말한다. 실제로 그런 일이 벌어지는 게 아님에도 '그렇게 될까 봐' 미리 겁을 먹고 마비되는 것이다. 인지도가 높은 유명 연예인조차 자기 차례가 다가오면 무대 뒤에서 벌벌 떨다가 끝내 무대 위에 오르지 못해 공연이 취소된 안타까운 사례도 있다.

이런 현상의 근본에는 '실수에 대한 과도한 두려움'이 있다. 평소에는 잘하던 사람이 어느 순간 '내가 무대에서 실수하면 어쩌지?'라는 생각이 머릿속을 지배하면 그 공포가 과장되어 몸까지 굳는 것이다. 이런 상태라면 공연 전날 밤에도 불안감에 휩싸여 잠도 못 이룬다. 무대만 떠올리면 숨이 막히고 곧 죽을 것 같은 심각한 공황 상태에 빠진다. 실제로는 아무런 생리적 문제가 없음에도 그 불안감이 너무 심해 응급실로 실려 가는 사람도 있다. 응급실에 도착하면 의료진은 처음엔 심장마비나 호흡곤란으로 오인하기도 한다.

공황장애는 생명을 위협하는 병이 아니다. 문제는 과호흡이다. 불안이 극심해지면 본인도 모르게 숨을 너무 많이 쉬게 된다. 그 결과 체내의 산소가 지나치게 많아지고 오히려 몸의 균형이 무너진다. 예전엔 이런 경우 종이봉투를 입에 대고 호흡을 하라고 권했다. 자기가 내쉰 숨에 포함된 이산화탄소를 다시 들이마시면 과호흡이 진정되기 때문이다. 실제로 공황발작은 주사나 치료 없이도 10분, 길어야 20분 안에 저절로 가라앉는다. 검사 결과에도 특별한 이상이 없다. 그래서 이 병의 특징은, 막상 지나고 나면 언제 그랬냐는 듯 멀쩡해진다는 점이다. 거짓말처럼 말이다.

나는 이런 환자들에게 절대 당황하지 말고 공황 상태가 오면 밖으로 나가 조용히 걸으라고 말한다. 걸으면서 천천히 호흡하면 도움이 된다. 급하게 뛰거나 움직이지 말고 말이다. 이 병으로 죽은 사람은 단 한 명도 없다. 공황장애는 '숨을 못 쉬는 병'이 아니라 '숨을 너무 많이 쉬는 병'이다. 조용히, 천천히, 마음을 가라앉히면 이내 사라진다. 응급실에 갈 필요도 없다. 그저 조용히 기다리면 정상 상태로 돌아온다.

최근에는 공황장애 치료도 많이 발전했다. 이런 증상을 반복한다면 반드시 정신과 진료를 받아보길 권한다. 약물치료를 통해 예방도 되고, 증상도 현저히 완화될 수 있다. 이 병은 충분히 조절 가능한 병이다. 그러니 겁먹지 말라고 말해주고 싶다.

숙맥에서 벗어나는 처방전 ④

화가 많고
짜증을 잘 내는 사람들

이런 사람이라면 광고기법을 활용하자. 사람들은 자신의 약점을 숨기려 한다. 성격이 급하고 짜증을 잘 내는 사람이라면, 본인도 그 부분을 알고 인정한다. 그런 사람과 함께 생활한다는 건 쉽지 않은 일이다. 솔직히 말해 인심 좋고 마음 쓰는 일이 푸근한 사람과 지내는 게 훨씬 수월하다. 하지만 현실에서는 까다롭고 예민한 사람들이 분명 존재한다. 그런 사람들도 공동체 안에서 자기 성격을 억누르며 지내려 노력하지만, 사실 그렇게 늘 자신을 감추며 산다는 건 큰 스트레스다. 성격을 바꾼다는 건 생각보다 훨씬 어려운 일이다.

최근에는 해외여행을 하는 사람도 많아졌다. 단체로 여행을 하는 분들도 많다. 이렇게 단체로 움직이다 보면 처음 본 사람과 여행해야 하는데, 이럴 때 나는 '광고기법'을 권한다. 자기 성격을 미리 알리고 광고하는 것이다.

"안녕하세요! 저는 김광고입니다. 전 성격이 좀 까다롭습니다. 신경질도 잘 내고 짜증을 잘 내기도 합니다. 혹시 여러분에게 그런 모습을 보이더라도 너그럽게 이해해 주세요. 저도 최대한 조심하겠습니다."

이렇게 솔직히 먼저 털어놓는 거다. 자기 약점을 털어놓는다는 건 용기도 필요하지만, 그 사람의 인간적인 면모를 보여주는 일이기도 하다. 사람들은 솔직한 당신에게 인간적 호감을 느낄 것이다.

사람들 대부분은 처음 누군가를 만나면 자기 자랑을 하기에 바쁘다. 약점은 숨기고 자랑만 늘어놓는다. 그러나 나는 반대로 하길 권한다. 장점은 나중에 천천히 드러나게 마련이다. 굳이 말하지 않아도 사람들은 당신의 장점을 빠르게 알아채는 데 능하다. 그러니까 급한 것부터 먼저 미리 꺼내어 광고를 해두자는 이야기다. 이것이 광고기법이다. 미리 단점을 말해두었다면 정말로 그런 일이 벌어졌을 때 사람들이 '원래 그런 사람이지' 하고 수용하는 폭이 훨씬 커진다. 상황이 훨씬 부드럽게 넘어간다.

자기 약점을 미리 알리는 것, 그것은 겸손의 표현이자 인간관계를 훨씬 편안하게 만들어주는 지혜다. 약점을 미리 드러내는 솔직한 '광고'는 일상에서 갈등을 예방하는 아주 좋은 방법이다.

CHAPTER 5

소신,
소신 있는 거물들

너더댓 개

공(公)개념의 결핍

현대인의 부분 관계

비평 노이로제

기분은 논리 대상이 아니다

결정은 내가 한다

큰 결심으로 '선마을'을 세우다

상관을 무서워하는 사람들

인정 과잉증

공처가의 변(辯)

'존경'과 '아부'

사표 소동

박수 타이밍?

나를 위해 용서하라

숙맥에서 벗어나는 처방전 ⑤
소신 없이 남의 말만 듣는 사람들

"거목은 잔바람에 흔들리지 않는다. 그런데 사람들은 너무 쉽게 흔들린다. 남의 의견에 따라 우왕좌왕이다. 자기 결정은 뒷전이고 남의 말 듣기만 잘한다. 도무지 소신이 없다. 남의 견해가 옳다고 생각한다. 물론 그럴 수도 있다. 그러나 틀릴 수 있다는 사실도 잊지 말자. 전문가니까 모든 분야를 다 잘 알 거라는 생각은 착각이다."

너더댓 개

 길가에 집을 못 짓는다는 말이 있다. 오가는 사람들의 이야기를 다 듣다 보면 그 집이 될 리 없다. 소신껏 밀고 나가는 배짱이 부족해서다. 서양에서야 길가에 누워 일광욕을 해도 누가 뭐라지도 않거니와, 뭐란다고 일어날 사람도 없다. 자기 생각이 분명하면 기분대로 해버리는 게 서양인이다. 하지만 우리는 그렇지 못하다. 일반적으로 소신이 분명치 않다는 건 아는 게 아예 없거나, 아는 게 확실치 않을 때다. 또 비록 그게 확실하다 하더라도 이를 주장하는 훈련이 안 된 사람이라면 소신이 있다고 평가할 순 없다. 한국인의 소신 결핍증은 이 세 가지 경우가 모두 해당한다.

우리의 사고형태는 정확성이나 논리성이 모자란 것이 특징이다. 농사나 짓고 살던 촌에서야 정확할 필요도 없었다. 씨앗은 대략 초순 즈음에 뿌리면 된다. 새벽녘에 들에 나가면 되지 꼭 몇 시에 맞춰 나갈 필요도 없었다. 우리는 지금도 3시쯤 만나자고 말한다. 정확히 '3시'가 아니라 '3시쯤'이다. 셈을 해도 '서너 개'라고 말하지 딱 잘라 '세 개'라고는 안 한다. 우리말만큼 수사 개념에 융통성이 많은 나라도 드물 것 같다. '네댓 개'니 '대여섯 개'니 해서 상당한 여유가 있다. 사물을 보되 분석적이거나 논리적인 사고단계도 그리 필요한 건 아니었다. 그저 보이는 대로 받아들이면 그뿐이었다. 따라서 우리의 사고형태는 감성적인 게 특징이다. 수천 년을 그렇게 살아왔다. 그래도 생활하는 데 큰 불편이 없었다.

그러나 정확을 생명으로 여기는 서구의 과학 문명이 들어오면서 이런 전통적 사고형태와 마찰이 불가피해졌다. 컴퓨터로 많은 일을 처리하는 요즘도 우리에겐 아직 사물을 어림잡아 대충 보는 습관이 있다. 정확히 이해하려는 게 아니고 적당히, 대충 윤곽만 알려는 것이다. 여기서 갈등이 생긴다. 우리 일상 곳곳에서 '생활의 과학화'가 현실화되었지만, 불행히 우리의 사고형태가 발을 맞추지 못한다. 고등교육을 받고도 자기 집 건축원리는 고사하고 가전제품 작동법조차 정확히 아는 사람이 드물다.

소비자고발센터엔 멀쩡한 기계를 불량품이라고 신고하는 일도 많은데, 대부분 설명서를 충분히 읽지 않은 탓이라고 한다. 뭐든지 스위치만 누르면 되는 줄로 안다. 좋은 물건일수록 사용법이 복잡하다. 하지만 그걸 익히기 위한 사용자 설명서를 꼼꼼하게 살펴 읽진 않는다. 이것저것 눌러본다. 고장이 안 날 수 없다. '원터치'가 히트상품으로 등극한 이유도 한국인의 심리구조를 정확히 포착했기 때문이란다. 단추 하나만 누르면 나머지는 알아서 처리해준다. 여하튼 이런 의식구조로는 정확한 정보나 분석처리가 필수적인 토론에서 소신껏 자기주장을 할 순 없을 것이다. 많이 아는 것보다 중요한 건 정확하게 아는 것이다.

공(公) 개념의 결핍

사람에겐 다수의 의견을 옳다고 생각하는 심리가 있다. 이건 실험적으로 증명되었다. 우리들의 경험에서도 알 수 있다. 내 생각엔 이쪽이지 싶은데 남들이 저쪽이라고 몰려가면 내 의견을 고집할 자신감이 없어진다. 혼자 이쪽으로 갈 자신이 사라진다. 반신반의하며 다수를 따라 저쪽으로 가는 게 인간 심리다. 특히 한국인에게는 이런 심리가 강하다. 어릴 적부터 남의 눈치를 보며 자랐고, 자기주장을 강력히 내세우는 훈련도 부족했다. 더구나 다수의 의견에 반해 자기를 내세운다는 건 금기였다. 다수 속에 자기를 숨겨야 가장 안전하다는 처세술이 몸에 배어 있었다. 우리에겐 이런 부화뇌동 심리가 예민하게 발달했다. 이런 심리적 상황에서야 자기 소신이란 게 있을 수도 없거니와 설령 있다 해도 이를 강력히 주장하는 소신은 없다.

우리에겐 오랜 세월 공(公) 개념이 부족했다. 모두가 한집안이요, 안마당과 바로 눈앞의 들판을 오가는 마을, 모든 게 자급자족하던 초가집 생활에 '공'이란 개념이 있을 리 없었다. 마당에서나 들판에서나 일하는 사람은 모두 이웃이고 일가친척이었다. 이런 의식은 오늘날 엄연히 집과 분리된 직장이 따로 생겨났는데도 별로 변화가 없다. 우리 의식 속엔 아직도 직장은 가정의 한 연장이다. 따라서 연장근무쯤 으레 당연한 일로 여긴다. 직장 상사는 가장이요, 동료는 모두 형제다. 이런 의식이 짧은 시일에 근대화 작업을 성공적으로 이끌어온 저력으로 작용한 것도 사실이다. 하지만 그 역기능도 없지 않다. 공사 구별이 분명치 않아서 직장 상사를 집안의 아버지나 삼촌과 동일시한다. 어른 말씀은 무조건 따라야 한다는 생각도 한다. 하지만 직장은 그런 곳이 아니다. 회사라는 공동체를 위해서라도 자기 의견을 분명히 밝혀야 서로에게 이롭다. 회사는 그런 사원을 요구하고 또 그래야 발전할 수 있다.

그런데도 우리는 이 구분이 좀 모호하다. 상사의 말이라면 무조건 복종해야 한다고 생각한다. 논리적으로 따진다면 그래선 안 되는 줄 알면서도 반대의견을 내놓을 소신이 없다. 이게 우리나라 직장인의 약점 중 하나라고 생각한다.

현대인의 부분 관계

우리는 예로부터 인간관계란 항상 전인적이어야 한다고 강조했다. 사회가 복잡해지고 분화된 지금도 이런 의식의 잔재로 인해 생활에서 격차가 나타난다. 대체로 인간관계의 한계선도 불분명하다. 카페 종업원과는 분명한 선이 있다. 종업원은 상냥한 웃음으로 손님을 맞고 자리를 권한다. 커피를 서빙하고 나면 손님은 마시고 찻값을 지급한다. 두 사람의 인간관계가 여기서 끝나야 한다. 그런데 관계의 한계가 불분명하면 사회생활에 큰 혼란이 일어난다. 종업원의 상냥한 웃음을 오해해 '나에게 관심이 있구나'라고 확대해석하면 안 된다. 혹여 말 실수라도 하게 되면 뺨을 얻어맞거나 유치장 신세를 져도 할 말이 없다. 부분 관계의 한계를 넘어섰기 때문이다.

현대 도시인의 인간관계는 부분적이다. 그 부분의 한계를 넘으면 안 된다. 그때그때 상황에 따라 정해진 한계가 있고, 그 부분 안에서만 인간관계가 가능하다. 이걸 잘 구분 못 하는 게 한국인의 특징이기도 하다. 이 선이 분명치 않다. 전인적이란 의식의 잔재가 작용하니까 그렇다. 같은 상황을 두고도 두 사람의 필요에 따라 그 선을 다르게 해석하는 데서 오해가 생기고 갈등도 뒤따른다.

비평 노이로제

우리는 남이 뭐라고 말하는지에 눈과 귀를 열고 지나치게 신경 쓴다. 대부분 비평 노이로제 환자다. 그만큼 소신이 없다는 결정적 증거라 하겠다. 좋은 의미든, 나쁜 의미든 우리는 남의 입에 오르내리는 걸 싫어한다. 옷차림도 수수하게 차려입어야 남의 눈에 안 띄고, 그래야 입방아에도 오르지 않는다. 화장도 은은하게, 그저 모든 언동이 은근스러워야 한다. 말 한마디도 자극적인 언사를 삼가야 한다. 이런 은근스러움이 한국의 미라고 칭찬할 수도 있다. 하지만 좀 다른 시각으로 보면 그 속에서는 강렬한 개성이 드러나지 않는 아쉬움이 생긴다. 예술가들의 경우 개성이 없다는 비판을 받으면, 발끈하기도 한다. 남의 입에 오르내리는 것쯤이야 아랑곳하지 말아야지, 그만한 소신도 없이 어찌 예술가라 말할 수 있단 말인가.

뉴욕 브로드웨이는 화려한 외양과 달리 무대 뒤편에는 비평 노이로제 환자들로 삭막하기만 하다. 연극이나 음악 공연의 막이 오르는 첫날엔 작곡가, 연출가는 물론이고 말단 연기자까지 석간신문 비평에 신경을 곤두세운다. 간혹 비평가의 비위를 맞추려다 이도 저도 아닌 형편없는 작품을 공연하기도 한다. 신진작가의 역작이 비평가의 붓끝에 녹다운이 되기도 한다. 그러면 실의에 빠져 중도 하차한다. 이런 비평을 이겨내야 대성한다. 우리나라에서는 비평가들이 대체로 순한 듯하다. 가끔 신경질적인 작가가 비평에 대한 반비평으로 맞서는 경우가 있기는 하다. 그러면 비평가는 이에 질세라 다시 반격하고 둘의 설전이 한창 세간의 이목을 집중시킨다. 나중엔 작품 이야기는 뒷전, 인신공격으로 넘어가 그야말로 치졸극을 연출한다. 이게 모두 자신이 없다는 증거다. 비평쯤이야 그러려니 해야 한다. 평론가도 마찬가지다. 자신이 있다면 작가가 반론을 제기한다고 덩달아 신경질을 낼 것까진 없다. 자신 있는 작가는 비평을 좋아한다.

브람스는 혹평을 받기도 했다. 하지만 자신 있었다. 그의 친구이자 비평가인 볼프도 거침없는 비평에 인색하지 않았다. 그런데도 둘은 친했다. 그러한 볼프가 어느 날 브람스 음악을 칭찬하는 기사를 썼다. 그걸 읽고 있던 브람스는 화를 버럭 내며 신문을 집어던졌다.

"이젠 틀렸어. 이 녀석까지 드디어 날 칭찬하기 시작했으니 말이야!"

이것이 대가의 초연한 모습이다. 비평뿐 아니라 관객이 외면해도 태연자약하다. 오스카 와일드의 희곡이 초연된 밤이었다. 그의 친구가 공연이 잘됐느냐고 물었다. '응, 공연은 대성공이었는데 관객 동원이 대실패였어'라고 투덜대며 돌아가는 것이었다. 이와 유사한 사례가 우리 한국에도 있다.

1977년 「타임」지는 '서울의 로렌초'라는 제하에 건축가 김수근 씨를 소개한 적이 있었다. 같은 한국인으로서 무척 자랑스러워하며 내용을 읽었다. 내가 감명 깊었던 것은 그가 비평에 아랑곳하지 않았다는 점이다. 부여박물관을 설계했을 때만 해도 '일본 신사' 같다느니 등의 혹평을 받았지만, 그는 초연했다. '보는 눈의 차원에 따라 다르다'는 게 김수근 씨의 소신이었다. 그는 후학들에게도 이 점을 강조했다. 누가 뭐래도 자기 스타일을 지키는 것! 이런 배짱이 그를 세계적인 건축가로 만든 힘이었을 것이다. 그런 소신이 있었기에 작고한 후에도 오래도록 그의 유업을 기리는 기념사업이 활발히 전개될 수 있었다. 그가 남긴 작품들은 독창적이고 개성적인 건축물로 남아 후세의 사랑을 받고 있다.

　우린 일상생활에서도 지나치게 소심하다. 머리 스타일, 셔츠에까지 남들이 뭐랄까 봐 신경을 쓴다. '셔츠 색이 왜 그리 촌스럽게 붉지?' 그런 말 한마디에 안색이 홍당무로 변한다. 하지만 냉정히 따져보자. 우선 분명히 해야 할 일은 사실과 견해는 다르다는 점이다. 이 둘은 전혀 별개의 것이다. ==빛깔이 붉다는 건 사실이지만 촌스럽다는 건 그의 견해요, 취향이다. 이 둘을 혼동하면 소심증이 발동된다. '이 친구는 내 취향과 다르군!' 이렇게 생각하라. 그뿐이다.== 속상할 이유가 없다. 사람마다 색감이 다르고 취향도 다르다. 이건 시비의 대상이 아니다. 내가 장미를 좋아한다고 촌스러운 건 아니다. 내가 유행가를 좋아한다고 무식하단 소린 아닐 것이다. 내게 좋은 건 좋은 거고, 싫은 건 싫은 거다. 그 이상 아무 의미도 없다. '그래 색이 진한 것 같지? 난 색감은 제로야. 그런데 무늬는 어때?' 한술 더 떠라. 한마디 더 해보라고 권하라는 소리다.

자신 있는 사람은 그런 경솔한 녀석을 붙잡고 시비하진 않는다. 그가 지적한 사실에 동의하라. 그리곤 또 다른 걸 물어라. 이쯤 되면 빈정대던 녀석에게도 메시지가 전해질 것이다. 싱거워서 더는 말을 못 한다. 남의 취향도 존중할 줄 모르는 녀석에겐 이 정도의 잽을 날릴 수 있어야 한다. 시비를 걸거나 핏대 올릴 것도 없다. 지적해줘서 고맙단 인사까지 곁들이면 더욱 좋다. 녀석도 돌아서면 경솔한 소리 했다고 뉘우칠 것이다. ==말 한마디가 나를 상하게 할 순 없다. 돌멩이야 내 뼈를 부러뜨리기도 하지만 말이 나에게 무슨 상처를 줄 수 있단 말인가. 그의 말이 아니라 내 소심증이 상처받는 것이다.==

기분은 논리 대상이 아니다

봉이 김선달이 대동강 물을 팔아먹는 일이 가능했던 것도 우리의 이런 풍토가 작용했기 때문일 것이다. 그 좋은 입심으로 불로장수라고 떠들어댔으니 시비는 뒷전이고 우선 사놓고 보자는 심리가 발동했을 게 틀림없다. 오늘날에도 인터넷에서는 대박이니, 특효약이니 등등의 과장된 광고를 하는 사람들이 많다. 옛말로 하자면 약장수들이다. 이런 물건이나 상품은 합리적·과학적 근거가 희박하다. 그런데도 신기한 건 그런 상품을 사는 사람이 있다는 사실이다.

요즘엔 만나보기 힘든 약장수 얘기를 해보겠다. 과거 길거리 좌판에서 약을 팔던 사람들은 둘러선 손님이 물건 살 기색이 없을 땐 바람잡이를 동원했다. 같은 패거리가 보란 듯 물건을 몇 개를 사면 곁에서 구경하던 사람들도 덩달아 줄줄이 따라 사는 광경이 연출되었다. 이윽고 주변에선 너도나도 주머니를 열며 '나도 사겠소'라는 목소리가 이어졌다. 이것이 최면 심리다.

시장 질서를 어지럽히는 사재기 소동도 최면 심리에서 비롯된다. 논리적 분석을 해볼 생각조차 않는다. 듣기에 그럴싸하면 액면 그대로 믿는다. 각종 사기 사건이 종종 신문에 보도되지만, 그 내용을 읽어보면 정말 어이없다. 어떻게 그 황당무계한 사기꾼 이야길 믿는단 말인가. '1억 원 투자로 월 1,000만 원 보장' 이런 광고에 수천 명이 몰리기도 한다. 텅 빈 사무실에 몰려가 사기당했다고 농성을 하며 울분을 토한다. 그 말을 믿다니! 연민의 정을 금할 길 없다.

내 생각을 소신껏 털어놓지 못할 때 상대가 자신 있는 태도로 나오면 꼼짝없이 속는다. 얼마나 자신 있으면 저렇게 말할까 싶은 생각이 들기 때문이다. ==내 소신이 부족할수록 상대적으로 남은 더 있어 보인다. 스스로 최면에 빠져드는 것이다. 참 이상한 최면 심리다.==

<u>우리가 잘 넘어가는 첫 번째 이유는 사고형태가 두루뭉술하여 체계가 잡혀있지 않은 데 있다.</u> 따라서 누가 과학적 근거를 제시하며 그럴싸한 논리를 펴면 쉽게 넘어간다. 그만큼 이쪽의 생각이 엉성하다는 증거다. 논리적 설명이니까 논리적으로야 옳은 소리다. 그러나 내 기분까지 논리적으로 따질 성질의 것은 아니다.

"내일은 일찍 일어나야 한다. 손님이 오시니까, 청소도 하고 음식도 준비해야 해. 그러니까 오늘은 TV를 끄고 일찍 자거라!"

논리정연한 말이다. 그 말이 옳기는 해도 늦은 시간에 방영하는 프로그램이 재미있는 거라면 늦더라도 보는 거다. 그건 내 기분이다. 기분을 논리적으로 따질 순 없다. 그런데도 논리적 설명이 내 의사뿐 아니라 내 기분까지 꺾는 데 매우 편리한 도구로 종종 사용된다. 상대방 입장에서는 말이다. 내 판단이 잘못이라는 걸 심판하는 아주 편리한 수단이자, 구실이다. 그러나 내 기분까지 깡그리 무시당한다는 건 비극이다. 내 기분을 존중하는 논리여야 수긍이 된다.

결정은 내가 한다

1950년 8월 23일, 도쿄의 여름밤은 무겁게 흐르고 있었다. 한밤의 맥아더 사령부, 해군 참모가 먼저 반대의견을 냈다. 인천항은 좁고 얕다, 간만의 차가 심하다, 상륙할 시간 여유가 없다는 게 이유였다. 육군 콜린스 장군도 반대했다. 낙동강 전선과 거리가 너무 멀다. 차라리 군산 상륙이 좋겠다는 의견이었다. 맥아더는 당황했다. 방 안엔 무거운 침묵이 감돌았다. 백악관에서도 처음부터 반대했으니 아무도 그에게 동조하는 사람이 없는 셈이었다. 어려운 결정이었다. 절대적으로 불리한 여건이었다. 반대의 의견에는 나름의 충분한 근거가 있었다. 하지만 이 길 아니고는 승리할 수 없다는 그의 소신을 바꾸진 않았다. 방 안의 무거운 침묵을 깨고 마침내 그의 결단이 떨어졌다.

"가자, 인천으로!"

역사적인 인천상륙작전의 포문이 그렇게 열렸다. 맥아더! 우리 역사와 오랫동안 영원히 기억될 이름이다. 세계전사에 찬연히 빛날 인천상륙작전은 맥아더의 전략적 승리였다. 그리고 그의 소신이 만들어낸 승리이기도 했다. 국무성의 걱정, 참모의 의견을 안일하게 따랐더라면 그 역사적 장거는 이룩되지 않았을 것이다. 그리고 이 나라의 운명은 지금과 달라졌을지도 모를 일이다.

거목은 잔바람에 흔들리지 않는다. 그런데 사람들은 너무 쉽게 흔들린다. 남의 의견에 따라 우왕좌왕이다. 자기 결정은 뒷전이고 남의 말 듣기만 잘한다. 도무지 소신이 없다. 남의 견해가 옳다고 생각한다. 물론 그럴 수도 있다. 그러나 틀릴 수 있다는 사실도 잊지 말자. 사회가 복잡해짐에 따라 모든 분야의 일이 분업화·전문화되어가다 보니 자기 분야 이외의 일들은 알기 어렵다. 그래서 다른 분야의 전문가 말이라면 무조건 믿는 경향이 있다. 모르니까 믿을 수밖에 없다. 거기까진 좋다. 문제는 전문가니까 모든 분야를 다 잘 알 거라는 착각에 빠진다.

큰 결심으로 '선마을'을 세우다

강원도 홍천에 '힐리언스 선마을'을 만들 때 엄청난 결심이 필요했다. 사실 필자는 많은 분이 생각하는 것처럼 배짱이 엄청 두둑하다거나 과감한 결정을 내릴 줄 아는 사람이 아니다. 어쩌면 그 옛날의 나는 배짱이 부족해 배짱을 기르고자 책을 집필했는지도 모른다. 거창한 선마을 아이디어를 어떻게 생각해냈는지 지금 돌아봐도 신기하다. 물론 나뿐 아니라 주변의 많은 도움을 받아 선마을을 운영할 수 있었다. 보이는 곳 안 보이는 곳, 음으로 양으로 많은 도움을 주신 관계자 여러분에게 경의의 마음을 표한다.

선마을은 세계 최초로 건립된 종합예방센터다. 의학이 발달해 어느 정도 치료 분야엔 성과가 있었으나 한편으로는 아쉬운 생각이 들었다. 치료보다 더 중요한 일이 예방이라고 판단했는데, 이는 나만의 생각이 아닌 세계적인 요구이자 흐름이었다. '어떤 생활을 해야 질병에 안 걸리고 건강하게 오래 잘 살 수 있을까?'라는 화두를 머리에 이고 살았다. 특히 우리 한국인에겐 예방에의 개념이 희박했었다. '설마 내가 중풍에 걸리겠어? 나는 암에 안 걸리는 체질이라고…'라는 안일한 생각에서 벗어나지 못했다. 답답했던 나는 이 문제를 오랫동안 고민하다가 조금씩 틀을 잡아나갔다. 그리고 예방에 대한 개념을 정리하는 한편, 조금 더 구체적인 예방법을 널리 알려야겠다고 판단했다. 그러자면 국민 예방에 도움이 되는 기관 설립이 꼭 필요했다. 그리고 오랫동안 이곳저곳 물색하다 강원도 홍천에 최적지를 찾아낼 수 있었다. 조용한 산속, 강원도 홍천. 현재의 힐리언스 선마을을 찾기까지 수십 년이 걸렸다. 나와 우리 사무장이 전국 방방곡곡을 돌며 발품을 판 결과였다.

막상 사업을 시작하고 보니 많은 돈이 필요했다. 현역 시절, 월급쟁이였던 나는 가족회의를 열어 동의를 구하고 지인들에게도 사업 목적을 설명하며 상당히 많은 돈을 마련할 수 있었다. 그래도 돈은 턱없이 부족했다. 돈이 부족해 사업을 이어가기 어렵다는 판단이 섰다. 결국, 이런 사업은 한 개인이 아닌 국민건강과 관련된 일을 해본 기업이 참여하는 게 여러모로 도움이 된다고 판단했다. 그래서 나는 대웅제약, 풀무원, 매일유업, 사조동아원 등 높은 회장님들을 찾아가 사업 취지를 강조하며 도움을 부탁드렸다. 지금까지 들어간 돈만 회수하고 이후의 사업을 알아서 운영해달라고 말이다. 물론 그 무렵엔 선마을 땅값이 대략 20배 오른 이후였다. 내 말을 들은 회장님들은 처음엔 반신반의했다. 그리고 내 생각의 진의를 파악하고자 나와 함께 일하던 사무장을 몇 차례 만나 상황 파악에 나섰다. 사무장은 '국민건강 증진에 기여하고 싶은 이시형 박사의 평소 지론이자 철학'이라는 점을 차분히 전달했다. 또 '이런 시설이 한국에 꼭 필요하고, 예방과 관련한 많은 이로움을 줄 것'임을 강조했다.

여러 우여곡절을 겪으며 현재의 힐리언스 선마을로 자리 잡았다. 현역 은퇴 후엔 내가 직접 10년 남짓 선마을 촌장으로 일하며 많은 보람도 느꼈다. 그리고 '정말로 용기 내어 결정하길 잘했구나!'라는 생각도 해본다. 물론 나의 이야기를 충분히 이해하고 적극적으로 지원해주신 건강 관련 기업들의 참여와 지원이 고맙고, 감사하다. 그들의 관심과 지원이 없었다면 사업을 운영, 영위해 나가기 힘들었을 것이다. 나는 이 사업을 현역으로 일할 때부터 준비했고 현역이 끝나자마자 전심전력을 다 해 일했다. 그 결과 지금은 외국에서도 소문을 듣고 방문하는 '웰에이징 힐링 리조트'로 자리 잡았다.

개인적으로는 선마을 건립이 큰 결심이 필요한 일이었다. 살면서 가장 큰 배짱을 부려 결심한 일을 하나만 꼽으라면 바로 '힐리언스 선마을 프로젝트'라고 말할 것 같다. 나에게 그런 용기와 결심이 어디에서 나왔는지 놀랍기만 하다. 이 말을 들려드리는 이유는 여러분도 각자의 자리에서 과감히 배짱, 결심, 용기를 시도해 보라는 말씀을 전하기 위함이다. 찬찬히 주변을 살펴보라. 막혀 있다고 포기한 일, 힘들다고 팽개친 일, 감히 도전해볼 생각조차 해보지 못한 일들 가운데 분명 당신의 결심을 기다리는 일이 있다. 도전하고, 결단해라. 운명이 바뀔 수 있다.

힐리언스 선마을 홈페이지 : www.healience.co.kr

어떤 광고는 연예인이 출연해 약을 광고한다. 화학 구조식까지 들먹이면서 말이다. 듣기엔 꽤 그럴듯하다. 하지만 정신 바짝 차리고 들으면 웃기는 이야기다. 자기가 언제 화학 공부를 저렇게 했나 싶은 생각이 들어야 하는데, 대중은 그 말을 쉽게 믿는다. 유명인이니까 그 말을 믿는 것이다. 광고주는 이런 대중의 심리적 약점을 교묘히 이용한다. 이거야말로 허구요, 난센스다. 테니스 선수가 라켓을 광고한다면 그래도 이해가 간다. 라켓 제작 전문가는 아니지만, 남들보다 많이 사용해본 경험이 있을 테니 말이다. 여하튼 우린 이런 사회에서 살고 있다. 그래서 사기도 잘 당한다. 사기꾼의 활동무대가 넓어지고 '사업'이 번창해질 수밖에 없다. 사회는 복잡해지고 그만큼 사람들은 모르는 게 많아진다. 모르니까 속고, 속으니까 속인다. 이게 문제다.

종합병원엔 환자 몰이가 판을 친다. 피해자들이 울며 돌아와서 하는 말이 한결같다. 자신 있게 말하더라는 것이다. 저 사람 말만 믿으면 당장 나을 것 같았다는 게 환자들 주장이다. 그렇다. 사기꾼은 항상 자신 있게 말한다. 돌팔이치고 자신 없는 녀석 없다. 사실 자신 있는 의사는 평범한 감기 환자를 만나도 늘 겸손하고 차분하다. 항상 두렵고 불확실한 게 병의 경과이기 때문이다.

상관을 무서워하는 사람들

서양에선 직장 상사란 기능상의 서열일 뿐 그 이상 다른 의미는 없다. 직장을 떠나면 물론이고 근무 중이라도 공적인 일 외에는 평등한 수평관계다. 전무니 과장이니 등의 호칭도 별로 들을 수 없다. 모두 이름이나 애칭으로 통한다. 그러나 우리의 직장 상사는 단순한 기능상의 상사가 아니다. 공사가 분명치 않은 우리에겐 아버지도 되고 때론 인심 좋은 외삼촌도 된다. 인간적으로 존경도 하면서 또 한편 어리광도 부린다. 잘못한 일이 있어도 머리를 긁적이면 웬만한 건 용서가 된다. 서양처럼 잘못한 만큼의 감봉처분이나 과외의 일을 시키진 않는다.

이처럼 편한(?) 점도 있긴 하지만, 공사 간 모호한 관계가 곧 갈등을 지피는 소재가 된다. 그렇다고 서양처럼 너무 공사를 분명히 하면 인간관계가 딱딱해져서 괜한 오해도 받을 수 있고, 때론 상사의 '눈 밖에 나서' 미움을 받기도 한다. 그런가 하면 너무 물에 물 탄 것처럼 되어 일을 소신껏 밀고 나갈 수 없는 약점도 있다. 상사 눈치만 보다 말기 때문이다. 직장생활이 복잡해지는 까닭도 이런 연유에서다. 맡은 일만 열심히 하면 되는 서양 풍토와 아주 다르다. 공적인 일 외에 사적인 인간관계를 잘해야 하는 일이 부가되기 때문이다. 어떤 의미에선 공보다 사를 더 잘해야 출세가 빠를 수 있다. 문제는 공과 사의 비율을 얼마나 융통성 있게 잘 조화하느냐 하는 것이다.

상사를 모셔도 직무의 한계를 분명히 할 줄 아는 거물이면 어렵지 않다.

하지만 현실이 어디 그런가. 사적 심부름에서 시작해 퇴근 후 술 상대까지 해야 좋아하는 상사들이 더 많다. 그게 당연한 줄로 안다. 근무규정에 없는 이런 일들이 갈등의 원인이다. 즐거운 마음으로 해드리고 싶다면 별문제 아니다. 그러나 하기 싫은 일을 억지로 할 땐 괴로운 일이다. 안 하려니 후환이 두렵고 하려니 싫다. 자존심이 허락지 않을 때도 있다. 아부하는 기분이 들기도 하고 비굴한 생각도 든다. 그런 일들로 업무에 지장이 올 수도 있다. 이런 경우 해답은 분명하다. 안 하는 거다. 더구나 규정에 없는 일이라면 더욱 말이다. 하지만 상사는 있다고 우겨댈 것이다. 마음이 약하면 여기에 넘어간다. 그건 내가 심판한다. 그 판단은 바로 나의 권리다.

인정 과잉증

정이 많은 사람이 때론 주책없다고 보일 때가 있다. 온통 정으로 얽어놓아서 인간관계의 한계가 분명치 않으니 그렇다. 사람이란 게 끊고 맺고 하는 데가 있어야지, 이렇게 해면덩이 같아서야 될 일인가. 이런 사람과는 정으로만 살 수 있다면야 더없이 좋은 사이가 될 것이다. 그러나 불행히 현실은 각박하다. 정으로 얽힌 사이에선 모든 게 '0'으로 된다. 거기엔 누가 손해 보고 득 보고는 타산도 없거니와 밉고 싫고도 물론 없다. 어떤 잘못도 인정의 용광로 속에 녹아 없어진다. 이게 인정이라는 것이다. 그러나 친구 사이에도 따질 게 있으면 따지고 넘어가야 건전한 관계를 유지할 수 있다. 그것이 좋은 친구가 되는 비결이다. 굳이 타산성을 강조하려는 뜻이 아니다. 다만 인정으로 모든 걸 해결하려다가 오히려 그 관계를 악화시킬 수도 있다는 걸 경고하고 싶다.

조선 시대, 오성과 한음의 우정담은 역사에도 남아 전해진다. 그런데 두 사람은 따질 건 분명히 따지고 넘어가는 사이였다. 아무리 친한 친구라도 말이다. 어느 날 밤, 둘은 장난을 모의하기 위해 만나기로 약속했다. 한음이 먼저 와서 기다렸다. 바람은 차고 무서운 기분이 드는 데 오성은 나타나질 않는다. 동이 트는데도 끝내 나타나질 않았다. 그럴 수밖에 없었던 건 오성은 약속을 까맣게 잊고 잠이 들었기 때문이다. 이튿날 화가 난 한음이 오성을 뒤뜰로 불렀다. 영문 모르는 오성은 그저 반갑기만 했다.

"새벽부터 웬일이야. 재미있는 일이라도 있어?"
오성은 궁금했다.
"재미있는 일이라니? 어젯밤 약속은 어떻게 된 거야!"
"어젯밤…. 아뿔싸!"

오성은 그제야 생각이 났다. 할 말이 없었다. 한음의 일장 설교가 시작되었다. 그렇게 깡총거리던 오성이 정색하며 무릎을 꿇는다. 한음의 설교가 끝날 때까지 그는 맨바닥에 그렇게 앉아 조용히 잘못을 사과한 것이다. 코흘리개의 하찮은 약속을 두고 무슨 그리 거창한 설교며 또 사과냐고 말할 사람도 있을 것이다. 하지만 이들은 친한 가운데 이런 구석이 있었기 때문에 그 우정이 후세에 전해진 게 아닌가 싶다.

일상생활에서도 소신이 없는 사람일수록 모든 걸 정에만 얽어매려는 경향이 강하다. 그리고 이런 사람일수록 인간관계에 쉽게 좌절한다. 자기 생각만큼 남들이 그러지 못할 땐 실망하기 때문이다. 어쩌면 나처럼 해주지 못하는 걸까? 친구 사이에 정을 배신한 녀석이라고 상대를 원망한다. 네 것, 내 것이 완전히 없어진 이상적인 관계를 추구한 나머지 거기에 추호라도 금이 가면 쉽게 섭섭함을 느낀다. 좋게 보아 정말 순진하고 어진 사람이지만 불행히 현실에선 이런 순수 우정론이 안 통한다. 서양인들이 가끔 한국인의 과잉 인정에 얼떨떨해하는 것도 이런 연유에서다. 적당한 선이 있어야 하는데 이건 그게 아니다. 한번 빠지면 내 속까지 다 내준다.

서양의 '기브&테이크' 인간관계의 원칙으로는 생소할 수밖에 없다. 친구와 거래를 못 하겠다는 사람이 많다. 또 그래선 안 된다는 게 우리의 정서다. 우정에 금이 갈 걸 두려워해서다. 친한 사이에 돈 거래 말라는 건 상당한 설득력을 지녀왔다. 요즘에야 친구는 친구고, 장사는 장사란 말도 나오지만, 사실 우리 풍토에선 이게 쉽지 않다. '안면 몰수하고' 운운하지만 이 역시 무식한 사람이나 할 짓이다. 그렇다고 친구 간에 장사 못 한다는 건 소신 없는 사람인 것도 사실이다. 서로 내용도 잘 아는 사이기 때문에 장사하기도 쉽고 그만큼 편하다. 상부상조의 의미도 있고, 그렇게 되면 우의도 더 돈독해진다. 일석다조의 효과를 노릴 수 있다. 문제는 친구와 사업의 한계를 긋는 일이다.

결론부터 말하면, 사업은 의리로 하는 거고 친구는 정으로 사귀는 것이다. 친구도 계약을 어기면 거기에 알맞은 대가를 치르도록 해야 한다. 그것이 사업상의 의리요, 또 친구의 인간성을 존중하는 진정한 정이다.

한음의 꾸중을 들으며 오성은 맨바닥에 꿇어앉지 않았던가? 책임을 묻는 게 당연한 일이요, 그게 상대를 존중할 수 있는 길임을 잊어서는 안 된다. 흔히들 '친구 사이에 그럴 수 있느냐'고 우정론을 펴지만 그건 천만에다. 친구 사이니까 그래야 한다. 그게 친구를 위하는 길이다. 인정을 들먹이며 냉정한 처사에 대해 죄의식을 자극하려 하지만 이거야말로 우정에 대한 모독이다.

현실적으로 힘든 게 인정과 의리 사이의 인간관계다. 이걸 혼돈

하거나 남용, 과용하니까 갈등이 생긴다. 위약에 대한 책임도 인정이란 그물로 덮어 회피하려는 건 인정 남용이다. 약한 사람이 들고 나오는 게 인정이라는 무기다. 그러나 사업상 약속은 의리 관계일 뿐이지, 우정은 아니다. 의리 관계란 의무요, 책임이다. 인정 관계의 제로 상태와는 본질적으로 다르다. 싫어도 이행해야 하는 게 의리요, 또 그사이엔 언제나 책임이 뒤따른다. 인정과 의리 사이엔 분명한 선이 있다. 어디다 긋느냐고 묻는 사람이 있지만, 사리를 따져보면 그건 아주 분명해진다. 문제는 남들로 하여금 긋게 하지 말라는 것이다. 사람들이 궁지에 몰리면 들고나오는 게 인정 일색이다. 하지만 선을 긋는 건 당신의 판단이다. 다른 사람의 판단이 당신 생각을 조작, 조절케 해선 안 된다.

공처가의 변(辯)

소신 결핍증의 중증이 공처가다. 별로 명예스럽지 못한 이 딱지는 꼭 마누라를 무서워해서만 붙는 건 아닐 것이다. 아무렴, 남편에게 폭력을 쓰는 아내야 찾아보기 힘들 테니 말이다. '시끄러우니까 그저 지는 척할 뿐이다!' 이게 공처가의 변이다. 하지만 이건 변명이 아니고 사실이다. 바가지가 시끄럽고 귀찮으니까 마누라 하자는 대로 따를 수밖에 없다. 이런 의미에서 공처가라면 이해는 된다. 하지만 워낙 소신 없는 위인인지라 마누라 앞에서 오금을 못 편다면 이건 병이다. 우선 이런 친구들은 융통성을 발휘하지 못한다. 상황이 달라졌는데도 굳이 옛날 하던 그대로를 답습하려는 강박증이 있다.

갑자기 내린 폭설로 퇴근길이 막힌다. 동료들은 회사 근처 여관으로 가자는 파도 있고, 아예 사무실에서 책상이라도 몰아놓곤 내일 할 일을 미리 해두자는 열성파도 있다. 그러나 이 용감한(?) 사나이는 분연히 퇴근길에 오른다. 이 눈 속에. 얼른 보기에 참 배짱 하나 두둑해 보인다. 그러나 내심은 정반대다. 사실은 소신이 없어서다. 날이 새면 출근해야 하고 또 일과가 끝나면 바로 칼퇴근 생각에 사로잡힌 강박증 환자다. 새로운 상황에선 새로운 대책이 강구되어야 하지만, 소신 없는 자는 이게 안 된다.

가장이 안 돌아오면 집에선 걱정이 많을 것이다. 하지만 이런 말은 공처가의 구실이다. 전화라는 편리한 이기가 있다. 눈 속을 비집고 가는 위험을 감수하느니 가까운 여관에서 자는 편이 가족을 안심시키는 길이다. 눈길이 아니라도 퇴근 후 몇 시간은 샐러리맨들의 일상에선 중요한 시간이다. 반가운 친구를 만나 술잔을 기울이다 보면 귀가가 늦을 수도 있다. 집에 갈 생각을 하면 술맛도 떨어진다. 자정이 가까우면 택시 잡기가 여간 힘들어야지. 추운 밤 우왕좌왕도 지겨운 일이지만, 모처럼 택시에 올라도 한밤중에 달리는 차는 과속이 예사다. 죽음을 각오해야 한다. 이건 과장이 아니다. '차라리 근처에서 자는 건데'하고 후회하는 교통사고 환자가 한둘이 아니었다. 이런 무리를 감수하고라도 굳이 가겠다는 사람들이야 모두 착한 가장이다. 그게 가장으로서 지켜야 할 윤리이긴 해도 이렇게 융통성이 없다면 문제다. 집에 애가 아프다든가, 손님이 와 기다린다면 일찌감치 들어갈 일이지만 모처럼 다정한 친구를 만났을 바엔 하룻밤 함께 지새우며 술잔을 나누는 것도 멋이 아니냐.

그게 낭만이다. 그런 변화 있는 것도 단조로운 도시 생활에 악센트가 될 수 있다. 상습범이 아니라면 모처럼 찾아온 기회가 따분한 생활에 활력이 된다. 행여 마누라가 오해라도 하면 어쩌나 싶은 게 공처가의 또 한 가지 사정이다. 이상하게도 우린 외박이 곧 외도라는 생각을 잘하는 듯하다. 그래서인지 주부가 제일 싫어하는 게 남편의 외박이다. 내 진료실에 찾아오는 상당수 부부싸움도 여기서 비롯된다. 융통성 있는 부부는 아니다. 충분한 이유가 있다면 외박을 해야 한다. 이러다 보니 외박 찬양론자가 돼버린 것 같지만, 소신 없는 친구들의 틀에 박힌 강박증을 비판하고자 하는 말이니 오해 말기 바란다. 하지만 그건 그의 자유요, 권리다. 그렇다고 어설픈 변명이라도 늘어놓다간 진짜 오해를 받는다.

소크라테스의 공처증은 유명하다. 어느 날 밤, 늦게까지 동료들과 어울려 토론을 하고 있었다. 그의 부인 성격을 잘 아는 친구들은 은근히 걱정되었다. 그런데 막상 당사자인 소크라테스는 태연했다. '저 친구가 오늘은 아주 느긋하군' 하고 친구들은 놀라워했다. 그러

'존경'과 '아부'

여직원의 커피 심부름이 논란의 대상이 되곤 했다. '우리는 커피 타는 사람이 아니다', '우린 꽃이 아니다'라고 말한다. 옳은 소리다. 그렇다고 '난 그건 못해요'라고 정면으로 거절하는 것도 슬기는 아닐 것이다. 똑똑한 상사라면 괜찮다. 하지만 시원찮은 상사라면 후환이 생긴다. 당장에야 무슨 말을 할까. 규정에 없는 일을 시키다 거절당했으니 할 말은 없겠지만 문제는 거기서 끝나지 않는다. 슬기가 있어야 한다. 상사 체면도 세워줄 줄 알아야 한다. '과장님, 커피가 떨어졌군요. 축하합니다. 그게 건강에 좋다고요'라며 애교 있게 웃어 보이곤, 하던 일을 계속해보라. 곰 같은 과장에게도 메시지가 전해질 것이다. 직장생활을 해본 사람이면 느끼는 일이지만 공사를 분명히 한다는 건 사실 쉽지 않다. 어디까지인지 선을 긋기 힘들고 또 지나치게 구별하다 보면 인간관계가 원활치 못하게 된다. 하지만 분명히 해둘 것은 싫은 일이면 하지 말아야 한다. 하면서 기분 나쁘고 끝난 후 후회가 될 바에야 처음부터 안 하고 당하는 쪽이 낫다. 당장에는 그런 부하를 싫어하겠지만, 시간이 갈수록 오히려 존경하게 된다. 그리고 믿게 된다.

냉정히 따져보면 부하직원이란 회사를 위해 필요한 존재지 사물(私物)은 아니다. 사람 마음은 참 간사한 데가 있다. 상사 말이라면 무조건 잘 듣는 부하가 우선은 좋다. 하지만 중대한 문제가 생겼을 땐 그런 사원에게 일을 맡기길 주저한다. 아부 잘하는 녀석은 배신도 잘 한다는 걸 알기 때문이다. 이럴 때 떠오르는 사람이 바로 공사가 분명한 당신이다. 평소 경원시했던 당신이지만 일의 중대성

> 에 비추어 당신의 존경과 신망을 높이 평가하는 것이다. 상사의 권위는 존중해야 한다. 하지만 거기에 위압을 당해 위축되어선 안 된다. 말 한마디 못하고 벌벌 떨기만 하는 게 상사의 권위를 존중하는 길은 아니다. 재치 있는 유머도 할 수 있어야 하고, 때론 공사를 분명히 함으로써 오히려 존경을 얻도록 해야 한다.

나 역시 걱정이었다.

"이봐, 그만 가지. 너무 늦었잖아. 자네 혼날 일이 걱정돼서 그래!"
한 친구가 해산을 제의했다.
"일이 끝나지 않았는데 왜들 이래. 하던 일 안 끝내고 돌아가면 정말 야단 맞는다구!"

좌중엔 어이없는 웃음이 일었다. 그의 공처증도 알만 하지만 그보다 그에겐 하루라는 개념이 없었다는 사실이 더 흥미롭다. 일이 끝나는 게 하루였다. 공처가에게 권하고 싶은 생활철학이다.

사표 소동

UCLA에서 있었던 일이다. 세계 각국 사람이 모여 사는 LA에는 직원의 민족성을 잘 파악하지 않으면 직장에서 여러 가지 문제가 야기된다. 그날은 마침 한국인에 관한 것이었다. 고용주의 고민은 한국 사람이 사표를 잘 쓴다는 것이었다. 그렇다고 이직률이 높은 것도 아니다. 오히려 낮다는 것이다. 그만큼 장기근속을 한다는 뜻이다. 따라서 사표가 곧 직장을 떠나겠다는 의미는 아닌 것 같다. 그런데도 아침까지 불평 한마디 없던 사람이 갑자기 사표를 들고 오는 바람에 적잖이 당황한다는 것이었다. 한 가지 사례를 이렇게 들었다.

새로 바뀐 과장이 사무실을 재배치하면서 한국인 종업원에게 책상 위치를 바꾸라고 지시했다. 자기 앞의 칸막이를 없애고 사무실 가운데로 옮겨달라는 부탁이었다. 하는 일의 내용이 바뀐 것도 아니고 사무기구가 달라진 것도 아니었다. 그런데 이게 웬일인가. 그는 사표를 던져놓고 나가버렸단다. 영문을 알 수 없는 상사는 어리둥절할 수밖에 없었다. 결국, 그는 한국인은 충동적이고 폭발적이라는 결론을 내렸다. 논평을 요구받은 나도 따라 웃긴 했지만, 그 사람이야말로 전형적인 한국인이구나 하는 생각을 혼자 했다. 내가 그 세미나에서 제시한 의견을 대충 종합하면 다음과 같다.

우리는 절충이 잘 안 된다. 이것 아니면 안 된다는 극단적 사고를 하기 때문이다. 최선이 아니면 차선에 만족할 줄도 알아야 하는데 그게 참 어렵다. 최선이 아니면 아예 모든 걸 포기해버리는 극단성이 발동한다. 그래야 체면이 선다고 여긴다. 그 다음이 충동성이다. 생각이 이쯤 미치고 보면 앞뒤 돌아볼 것 없다. 직장이 없어 굶는 한이 있더라도 일단 사표부터 쓴다. 내일 일은 걱정 않는다. 미래의식이 잘 발달하지 못했기 때문이다. 우선 밸이 꼴리는 대로 해버려야 직성이 풀리는 조급성도 당연히 작용한다. 그래야 권위를 무시당한 복수라도 한 것 같은 쾌재가 터져 나온다. 실속이야 어떻든 간에 우선 명분이 선다.

우리 주위엔 사표를 잘 쓰는 사람이 많다. 걸핏하면 집어치운다고 으르렁댄다. 꼭 사의를 표해야 할 이유가 있는 것도 아니다. 그리고 사직을 하고 싶은 의사가 있는 건 더욱 아니다. ==그런데도 사표를 헌신짝 던지듯 하는 건 한편으로 배짱깨나 있어 보이지만, 사실은 지극히 소신 없는 약한 사람이다. 그건 허세일 뿐 진정한 용기가 아니다.== 사실 꼭 나갈 사람은 나가는 날까지 그런 소릴 하지 않는다. 이게 바로 소신 있는 사람이다. 사표 운운하는 사람일수록 '나를 잡아주세요' 하고 애원하는 사람이다.

박수 타이밍?

음악을 잘 모르지만 내겐 정말 감명 깊은 일이 있었다. 지휘자 조지 셀이 클리블랜드 교향악단을 이끌고 리치먼드에서 공연할 때였다. 아마 1969년 여름이었을 것이다. 그날따라 장대 같은 소나기가 퍼부었다. 백발 대가의 지휘는 무척 인상적이었다. 「카르멘」 연주가 끝나자 관중석에선 숨소리 하나 들리지 않았다. 온몸이 얼어붙은 것 같은 압도감이었다. 한참 후 그가 몸을 돌려 청중을 향하자 비로소 터질 듯한 기립박수가 일어났다. 그 순간이 그의 생애 마지막 공연이 될 줄은 아무도 몰랐다. 그는 이 공연을 끝으로 자신의 화려한 음악 일생을 마친 것이다. 지금 생각해도 역사적 한순간의 증인이 된 듯한 감회에 젖는다.

박수란 이런 순간 자연 발생적으로 우러나는 것이다. 박수를 친다는 의식도 없이 저절로 되는 것이다. 이건 거의 본능적인 행위다. 박수는 인간뿐 아니라 동물의 세계에서도 볼 수 있는 환호행위의 본능이다. 일반적으로 한국인은 박수에 인색하다지만 실은 그렇지 않다. 먼저 시작하기 힘들 뿐이지 절대로 인색하지 않다. 남의 눈치를 보느라 참는 것일 뿐 안 치는 게 아니다. 먼저 쳤다가 남들이 쳐다보면 어쩌나, 실수라도 하는 게 아닌가 하는 타율의식에 사로잡혀 남이 먼저 박수쳐 주길 기다리는 것이다. 어떤 친구는 이런 눈치보기가 싫어 아예 음악회엘 가지 않는다. 박수 타이밍이 언제일지

신경 쓰다 보면 음악 감상은커녕 괴롭기만 하다. 남이 칠 때 내가 빠져서도 또 안 되기 때문이다. 박수쳐야 음악 애호가라는 체면이 서고 그 곡을 이해한다는 식자로서의 위신도 선다.

혹자는 아는 체를 하기 위해 곡이 미처 끝나기도 전에 성급한 박수를 시작한다. 그러니 음악을 잘 모르는 사람에겐 고통이 아닐 수 없다. 끝을 알아야 내가 먼저 시작하여 과시할 수 있을 텐데 이거야 원 답답해서 말이다. 거기다 음악회는 왜 하필 내가 모르는 곡만 연주하는지. 음악회 같은 경우라면 그래도 괜찮다. 박수를 쳐야 하는지, 아닌지 모호한 경우가 모임에서도 흔하다. 격에 맞는 건지, 아닌지 어색하긴 매한가지다. 그래서 사람 모이는 곳이라면 아예 안 가겠다는 고집도 있다. 더는 눈치 볼 것 없다.

==박수란 꼭 쳐야 하는 것도 아니다. 정말 취한 사람은 박수도 잊은 채 넋이 빠진 사람처럼 앉아 있게 마련이다. 좋으면 치고 싫으면 그만둬라. 이 간단한 원칙만 지키면 마음이 가벼워진다.== 그래도 마음이 편치 않거든 남들이 칠 때를 기다린다는 생각으로 있으면 된다. 칠까 말까 망설일 것도 없다. 치고 싶으면 쳐라. 신기한 건 다른 사람들도 누군가가 시작하길 기다리고 있다는 사실이다. 이를 기억하라. 내가 시작하면 기다렸다는 듯 호응할 것이다. 박수를 언제 쳐야 옳은지 헷갈릴 땐 치는 걸로 원칙을 세우는 것도 방법이다. 박수받기 싫어하는 사람은 없을 테니 절대로 실례가 안 된다.

나를 위해 용서하라

소신 없는 사람은 남을 용서하는 일에도 무척 인색하다. 누구에게나 실수할 수 있다는 사실을 뻔히 알면서도 그릇이 작은 사람은 용서할 줄 모른다. 용서하지 않음으로써 상대를 그만큼 괴롭힐 수 있고, 또 그게 복수라고 생각하는 걸까? 그러나 이건 전적으로 오해다. 괴로운 건 나지 상대가 아니다. 용서하지 않는 이상 화가 풀릴 까닭이 없다. 언제까지나 두 주먹을 쥔 채 '이 녀석' 하고 부르르 떨고 있어야 하니 그게 어디 할 짓인가.

용서는 나를 위해서 하는 것이다. 평생을 탈옥수의 탈을 쓴 채 도망만 다녀야 했던 장발장을 개심시킨 것도 집요하게 따라다니며 벌을 주려 한 형사가 아니라 미리엘 신부의 따뜻한 관용이었다. 촛대를 훔쳐 달아난 그가 다시 잡혀 왔을 때 신부는 은잔을 마저 내주며 이렇게 말했다.

"왜 이건 가져가지 않고 남겨두었나? 마저 가져가게!"

그 말 한마디가 그의 생을 바꿔놓았다. 잘못을 용서하는 게 때론 이렇게 엄청난 위력을 발휘한다. 용서받은 적장이 그 관용에 감격하여 평생을 그 밑에서 충신 노릇을 한 이야기도 많다.

사리가 이러함에도 용서하는 데 인색한 사람이 있다. 이를 부드득 갈면서 속을 끓인다. 복수의 불길이 탄다. 눈은 충혈되고 얼굴은 분노로 가득 찬다. 소화가 잘 될 리 없다. 깡마른 체구에 악만 남은 사람 같다. 혈압도 덩달아 오른다. 이런 사람은 결국 심장병으로 죽는다. 그를 위해서 용서하라는 게 아니라 나를 위해 용서하자. 복잡한 중추생리를 들먹일 것도 없다. 용서하지 않고 속을 끓이는데 기분 좋을 사람은 없다. 문득 녀석의 잘못이 떠오를 적마다 혈압이 오른다.

우리 민족은 예로부터 용서 베풀길 잘했다. 죽을죄를 짓고도 찾아와 잘못을 빌면 그를 용서한다. 표면상으로는 정말 여유 있는 민족이다. 하지만 이게 바로 부작용을 몰고 온다. 체면상의 용서이기 때문이다. 한두 번 잘못이야 용서하는 아량이 있어야 한다. 그래야 인격자다. 동양 윤리는 이런 걸 강조해왔다. 그래서 우린 용서하지 않으면 안 된다. 하지만 이건 억지지 완전한 용서가 아니다. 겉으로는 용서해도 속은 쓰리다. 체면상 괜찮다고 했지만 생각할수록 괘씸하다. 마음 한구석에 응어리가 남는다. 이럴 바엔 용서를 안 하느니만 못하다.

==용서하되, 완전한 용서여야 한다. 용서하여 내 편으로 만들겠다는 그런 욕심도 없어야 한다. 성인군자가 되라는 소리도 아니다. 자신을 위해 용서하라는 것이다.==

체면상 마지못해서 하는 용서라면 완전한 게 아니다. 용서함으로써 '녀석이 죄를 뉘우치겠지! 한번 두고 보자' 하고 벼르는 것도 용서가 아니다. 다음의 큰 잘못을 기다려 복수라도 하려는 심리다. 항상 녀석을 경계해야 할 것이니 마음이 편치 못하긴 매일반이다. 아예 완전히 없애는 거다. 제로로 만들어야 한다. 마치 세상에 그런 일이 없었던 것처럼 말이다. 성형수술처럼 상처마저 말끔히 없애야 한다. 이럴 수 있을 때 비로소 마음은 하늘을 날 듯 가벼워진다. 이게 건강의 비결이요, 행복의 길이다.

죄는 미워해도 사람은 미워하지 말라고 했다. 하나를 잘못했다고 영영 그를 멀리할 수는 없다. **하나를 보면 열을 안다지만 그건 아량이 좁은 사람의 궁색한 논리다. 용서에 인색한 자신의 좁은 도량을 합리화하려는 소리다.** 한 가지 잘못과 그 사람의 전 인격을 혼동하면 안 된다. 한번 나를 속였다고 사기꾼이란 딱지를 붙일 순 없다.

사실 믿었던 사람에게 배신당했을 때의 아픔은 비길 데가 없다. 하지만 그럴수록 용서해야 한다. 나의 안전을 위해서도. 어쩌면 그보다 더 큰 잘못을 내가 저지를지도 모르기 때문이다. 아무렴, 녀석보다 내가 더 여유가 있지 않느냐. 용서는 하되 용서를 받는 사람은 되지 말라고 했다. 용서를 받아야 할 사람은 가엾은 친구다. 사과하지 않는 녀석도 용서해야 한다. 그럴수록 더욱 용서해야 한다. 사과할 수 있는 인격도 못 갖춘 위인이니 더 불쌍하지 않은가. 진심으로 용서하고 그를 격려하라. 용서 못 하면 용서받아야 할 사람보다 나을 게 없다.

숙맥에서 벗어나는 처방전 ⑤

소신 없이
남의 말만 듣는 사람들

남의 말을 맹목적으로 잘 듣는 사람은 그 원인을 분석하고 대책을 세워야 한다. 무지한 까닭일 수도 있다. 자신이 없으니까 그럴 수 있다. 그리고 또 한 가지 게으른 탓도 없지 않다. 성질 급한 경우도 그렇다. 냉정하게 생각하지 않고 적당히 얼버무리고 결정하기 때문이다. 이런 사람일수록 폭넓은 교우가 필요하다.

전문지식의 교환 등을 목적으로 하는 동아리나 클럽도 많다. 동창회를 열심히 나가는 것도 방법이다. 어떤 결정을 하는 데는 여러 사람의 폭넓은 의견을 들어야 하는 건 빼놓을 수 없는 절차다. 문제는 그 후의 일이다. 남의 의견이나 충고를 듣는 건 유용하다. 하지만 그게 유용한가 아닌가는 본인 스스로 결정해야 한다. 전문가의 말을 모두 믿어선 안 된다. 믿을 건 그 분야에 한해서다. 그리고 아무리 훌륭한 충고라도 그게 꼭 내게 맞는 건 아니다. 듣되 결정은 내가 한다. 내 직관을 믿어야 한다.

CHAPTER 6

미안 과잉증,
'안 돼'라고 말하는 용기

'너'의 임무와 '나'의 권리

얼버무리는 회색 논리

가해자자 될 순 없어

내 기분에 맞춰라

불분명한 책임 한계

기분의 동조성

거절하지 못하는 심리

가난한 가장, 그래서 고단한 가장

실수하지 말자는 강박 벗기

도와주는 기쁨을 아십니까?

꾸중 못 하는 사람의 심리

숙맥에서 벗어나는 처방전 ⑥
미안해서 맘에 안 드는 물건을 사는 사람들

"남의 부탁을 거절 못 하는 사람도 많다. 싫은 일도 그렇고, 비록 내가 손해 보는 일이라도 마찬가지다. 거절할 줄 모른다. 정확히 말하자면 거절하질 못한다. 들어주지 않고는 미안해 견딜 수가 없다. 심하면 죄책감에 빠져 안 들어준 걸 두고두고 후회한다. 우리 사회에 얌체가 통하는 까닭도 이 때문이다."

'너'의 임무와 '나'의 권리

'미안합니다'라는 말은 남에게 피해를 주었을 때 사과의 뜻으로 쓴다. 죄를 지어 송구스럽다는 말과 같은 의미로도 쓰인다. 그런데 이 말의 의미를 확대해석하거나 오해하는 경우가 많다. 쓰지 않아도 되는 상황에서도 너무 남발한다. 미안한 일을 많이 하는 것도 아닌데 마치 죽을죄나 진 것처럼 웅크리는 것이다. 대인관계에서 특히 소극적이고, 또 자신감이 없는 큰 이유 중 하나가 바로 이 '미안한 마음'이 너무 많아서다. 누굴 만나도 이렇게 자신이 없으니 할 말도 못 하거니와 당연히 요구할 수 있는 권리도 포기해 버린다.

미안 과잉증의 원인을 생각해보자. 우리가 흔히 쓰는 말 가운데

'수고하십니다', '수고하십시오'라는 인사가 있다. 공부하는 학생에게 수고한다고 말한다. 보초를 서는 군인, 교통정리를 하는 경찰에게도 우린 수고한다는 인사를 잊지 않는다. 서양사람은 이런 우리를 보고 참 부러워한다. 그들에겐 이에 해당하는 말도 없거니와 그럴 생각조차 없으니 그렇다. 교통경찰이 교통정리를 하는 건 당연한 의무다. 내가 대신할 수 있는 일도 아니고, 그래서도 안 된다. 내겐 맡겨진 일이 따로 있다. 서로가 맡은 바 일을 충실히 하는데 수고한다는 뜻이 성립되질 않는다. 이게 서양의 논리다.

그러나 우리 생각은 좀 다르다. 마치 내가 해야 할 일을 그들이 대신해 주는 듯한 연대의식이 작용한다. 이건 엄밀히 따져 착각이다. 마치 나 대신 일한 듯한 생각에서 수고한다고들 말하지만 그건 내가 할 일이 아니다. 그런데도 우리는 너와 나의 심리적 경계가 분명치 않기 때문에 마치 내 일인 양 착각한다. 마땅히 해야 할 일을 하는 환경미화원을 보면서 미안한 생각이 들게 마련이다. 서양사람은 환경미화원에게 감사는 해도 미안한 마음은 없다. 이것도 예로부터 한방에서 오순도순 정답게 살며 각인된 우리만의 정서다. 네 것, 내 것이 없는 사이였다.

그러니 '나'라는 개인의식이 독립할 수도, 발달할 수도 없었다. 가까운 사이일수록 자아 경계가 불분명하고 또 그렇게 될 수 있을 때야 정말로 친밀한 사이가 된다. 서양에선 아무리 가까운 부부일지라도 둘 사이의 경계가 분명하다. 그러나 우린 부부뿐 아니라 친구 사이에도 그런 경계가 없이 혼연일체가 되어야 한다고 생각한다. 이런 가족적 연대의식이 일상의 대인관계에서도 알게 모르게 작용하니까 미안하다는 생각이 드는 것이다. 이런 마음이 동족상련의 아픔을 함께하는 자랑스러운 정신문화를 형성시킨 것도 사실이다. 그러나 이것이 미안 과잉증으로까지 비약한다면 대인관계에서 소신껏 해야 할 말도 못 하게 된다. 서로의 의무 한계가 분명치 않으니까 내가 주장할 수 있는 권리도 주장하지 못한다. 괜히 큰 신세를 지는 것 같고, 또 죄스러운 기분에 싸여 위축된다.

얼버무리는 회색 논리

우리는 언어 구사에도 합리성이 치밀하지 못하다. 그건 우리 의식구조가 논리적이지 못한 것이 원인이다. 앞뒤를 따진다거나, 합리적인 설명으로 빈틈없이 딱 맞추려 들다간 상대로부터 반감을 사기 쉽다. 잘난 체한다고 오해받기 때문이다. 적당히 얼버무려 덮어둘 것이지 뭐 그리 똑똑하다고 따져? 이 정도 핀잔이면 그래도 나은 편이다. 사실 우리 문화권에선 따지고 든다는 건 곧 도전이나 마찬가지다. 공격을 받은 이상 상대도 가만히 있지 않는다. 반격이나 보복을 해올 건 당연한 순서다. 의논한다는 것이 언성이 높아지고 흥분되어 결론도 없이 싸움으로 끝난다. 이런 상황에선 논리적인 분석이나 합리적 사고가 발달할 수 없다. 토론을 통해 문제해결에 접근하는 화법 자체도 개발되지 않는다. 손해가 나도 적당히 참고 얼버무려야지, 그걸 꼬치꼬치 따지고 들다간 더 큰 손해만 본다.

거스름돈을 세지 않는 버릇도 그렇다. 하긴 양반은 아예 돈이란 걸 몸에 지니지도 않았었다. 속세의 상징을 가까이한다는 건 청빈을 사랑하는 선비의 도리가 아니었다. 그러니 돈을 내준 앞에서 확인하고 헤아린다는 건 이만저만한 결례가 아니다. 영악스럽게 보이고 체통도 서지 않는 일이었다. 낯간지러운 생각도 들고, 괜히 상대를 불신하는 듯한 인상을 줄 수도 있었다. 미안하기 짝이 없는 일이다. 주는 대로 받고 그냥 돌아서야 했다. 상대 앞에서 정확히 세어보는 게 예의로 통하는 서양과는 아주 딴판이다.

아이들 용돈을 줄 때도 세지 않는 사람이 많다. 손에 집히는 대로 대략 얼마쯤 줘야 하는 걸로 안다. 센다는 건 부자 사이에 타산을 하는 듯한 인상을 주기 때문이다. 네 것, 내 것이 없는 사이에 이런 타산이란 있을 수 없는 일이다. 술집에서 팁을 주는 신사도 돈을 세지 않는다. 쩨쩨하게 따질 수 없기 때문이다. 물론 허세가 작용하는 것도 사실이 이다. 그러나 이런 허세가 통한다는 것도 문제다. 서양인들이 팁을 정확히 계산하고, 큰돈이면 거스름을 받아가는 것과는 정반대다. 호프집이나 포장마차에서 '여기, 아무거나 적당히 주세요'라며 안주를 주문하는 일들도 흔하다. 그래서 메뉴판에 아예 '아무거나 안주'라고 써놓은 곳도 있다. 서양사람이 보면 기절할 일이다. 손님 입맛을 점원이 어떻게 알까? ==컴퓨터 시대를 살아가는 오늘날에도 이런 허점투성이 행동의식이 남아 있다는 건 큰 문제다. 엉성하고 확실치 않아도 통하던 시대는 막을 내려야 한다.==

　요즈음 젊은이들의 생각이 많이 달라진 것도 사실이다. 입사 면접 자리에서 묻고 따지는 게 많아졌다. 월급은 얼마며 승급제도가 어떠하며 휴가가 며칠인가를 정확히 따지고 든다. 하지만 이런 태도가 회사 중역들에게 나쁜 인상을 주어 면접에서 불합격하는 불운을 겪기도 한다. 과도기 문화권에선 당연히 있을 수 있는 마찰이요, 갈등이다. 회사 관리자들은 도대체 젊은이의 정신자세가 글러 먹었다고 한탄한다. 사명감이나 회사를 위한 희생정신을 찾아볼 수 없는 녀석들이라고 흥분한다. 자기 이익만 따지는 그런 녀석은 일찌감치 발도 못 붙이게 해야 한다는 결론을 내린다. 따지고 들다간 이렇게 억울한 누명도 쓰고, 자신의 인물평에도 악영향을 준다. 우리는 아직 이런 의식의 잔재 속에 살고 있다. 안타까운 일이다.

가해자가 될 순 없어

　남에게 피해를 주면 안 된다는 훈련을 철저히 받을수록 남의 기분을 예민하게 살펴야 한다. 그래서 나의 작은 언동이 행여 남의 신경을 건드리지는 않을까 하는 지나친 걱정을 하게 된다. 한 걸음 더 나아가 이미 해를 끼치고 있는 듯한 착각을 하기도 한다. 이렇게 되면 어떤 대인관계에서도 소심해질 수밖에 없다. 제풀에 기가 죽어 오금을 못 편다. 매사 신경 써야 하는 게 그의 의무요, 또 그럴 수 있는 권리가 내게 당연히 있는데도 그걸 구별할 줄 모른다. 물론 논리적으로 따진다면 그래야 하는 줄은 알지만, 기분이 그렇지 않다. 자아 경계가 분명치 않은 연대의식의 연장이 작용하기 때문이다. 따라서 그의 의무와 나의 권리가 뒤범벅되어 마치 못 할 짓이나 하는 듯한 부담이 생긴다. 누굴 만나도 미안해 어쩔 줄 모른다. 이게 소심증의 한 원인이다. 마음에 안 들어도 물건을 사는 경우가 대표적인 사례다.

미국의 백화점 왕 페니에겐 어릴 적 아픈 기억이 있었다. 셔츠를 사러 갔을 때의 일이다. 점원은 진열장의 모든 물건을 끄집어내 보였으나 마음에 드는 게 없었다. 하지만 마음 약한 그는 미안한 나머지 결국 하나를 사고야 말았다. 상점을 나서기도 전에 화가 치밀었다. 셔츠를 사도록 심리적 부담감을 준 점원도 미웠지만, 그 꾀에 넘어간 자신이 더 바보스러워 견딜 수 없었다. 셔츠를 갈기갈기 찢어버리고 다시는 그 상점에 안 가겠다고 결심했다. 훗날 그가 백화점에 손을 댄 건 우연한 일이 아니다. 그는 판매원 교육을 할 때마다 고객의 심리적 약점을 악용하지 말라고 힘주어 강조했다. 하나만 팔고 마는 장삿속으로는 절대 번창할 수 없다는 걸 자신의 경험으로 잘 알았기 때문이다. 이런 이야긴 개인주의적인 서양에선 사실 큰 문제가 아니다. 하지만 우리 한국인은 장사꾼의 이런 심리적 농간에 잘도 넘어간다.

우리는 상점에 들어선 순간부터 꼭 사야 한다는 묘한 심리가 작용한다. 앉아서 쉬고 있던 점원이 나 때문에 일어서야 했고, 반갑게 인사까지 했으니 무슨 신세나 진 듯한 기분이 드는 것이다. 거기다 값까지 묻고 나면 더욱 큰일이다. '첫 손님이니까 싸게 드립니다!' 인심깨나 쓰듯 깎아주면 왠지 큰 득이나 본 듯 착각에 빠진다. 은혜를 입은 듯한 부담이 생기면서 본격적으로 마음이 약해진다. 마음에 드는 물건이 없어서 주저하면 약점을 포착한 점원이 잽싸게 허를 찌른다. 어디가 마음에 안 드느냐고 물어온다. 그러나 여기에 넘어가면 안 된다. ==싫고 좋고는 내가 결정하고 대답을 하고 말고도 내 자유요, 권리다.== 머리로는 알아도 이게 잘 안 된다. 우리는 어릴 적부터 꼭 이유를 대게끔 훈련을 받아왔기 때문이다. 성이 나도 왜 났느냐, 왜 늦었느냐, 왜 안 먹느냐 등 꼭 이유를 대도록 교육받아왔다. 대답을 안 하면 더 나쁜 아이 취급을 받으며 야단을 맞았다. 이런 강박적인 잠재의식 때문에 점원에게도 납득할 만한 설명을 해야 하는 걸로 착각한다. 결국, 입을 연다. 사기 싫으면 아예 대꾸를 말아야 한다. 안 사기 위한 수단으로 어설픈 구실을 붙여 달아나려 하지만 이게 자승자박의 올가미다. 무슨 이유를 대든 능구렁이 점원한테는 절대 못 이긴다. '색상이 너무 진해서'라고 어물쩍 넘어가려고 해도 안 통한다.

"손님, 요즘은 좀 진한 색조가 유행입니다."

장사꾼은 잽싸게 손님의 약점을 찌른다. 한마디 더 했다간 촌놈 취급받기 딱 좋다.

안 사려면 아예 대꾸를 말라. 미안할 것도 없다. 내가 안 사고 돌아가면 실망이야 하겠지만 그 이상의 걱정은 내가 신경 쓸 일이 아니다. 판매원은 못 파는 데 더 익숙하다. 가게에 들어온 모든 손님이 물건을 사진 않는다. 안 사는 사람이 더 많다. 욕이라도 하면 어쩌나 싶겠지만 할 테면 하라지! 안 들리는 데서야 욕해도 그뿐이다. 등 뒤에다 대고 투덜댈 수도 있겠지. 그러나 대꾸도 말고 신경도 쓰지 말라. 장사꾼치고 그 소리도 한마디 못하면 죽으란 말이냐! 그런 녀석에겐 다음부터 안 가면 그뿐이다. '저 꼴로 장사를 하니 제대로 될 리가 없지'라고 생각하면 속 편하다. 페니의 교훈처럼 요런 얄팍한 수단으로 장사해서야 크게 되진 못한다.

내 기분에 맞춰라

우리는 남의 기분을 더 먼저 생각한다. 나는 뒷전이다. 남의 신경을 건드리는 일이 없도록 유의해야 한다. 남에게 폐를 끼치거나, 성가시게 하지 않도록 세심한 배려를 하며 살아야 했다. 여하튼 남의 기분을 상하게 하면 안 된다는 엄한 터부 속에 살아왔다. 좁은 방에서 의좋게 지내려면 남의 기분을 배려해야 하는 건 필수다. 이걸 잘못하면 남의 눈에 난다. 즉각 규탄의 대상이 되고 마치 배신자처럼 소외당한다.

우리가 길을 걸으며 종종 보는 일이지만 양손에 짐을 들고 가면서도 옆 사람에게 도와달란 소릴 좀처럼 안 한다. 혼자 끙끙거릴 뿐 그 말이 나오질 않는다. 남에게 폐를 주면 안 된다는 철저한 훈련 탓이다. 남의 작은 호의에도 감사하기보다 미안한 마음이 앞선다. 감사의 마음보다 그만큼 폐를 끼친 데 대한 사과의 뜻이 더 강하게 작용하기 때문이다. 남에게 폐를 안 주고 자기 힘으로 혼자 해보겠다는 건 얼핏 보면 독립심이 강한 것처럼 보여도 사실은 정반대다. 이건 독립심이 아니고 오히려 의지심이 더 많아서 그렇다. 내가 이런 부탁을 해서 행여 그가 싫다고 하지는 않을까 하는 조바심 때문이다. 성가시게 군다고 꾸중이나 하면 어쩌나, 영영 나를 상대하지 않으면 어쩌나 하는 소아기적 의지심이 아직도 작용하는 것이다. 성격이 발달하는 과정에서 보면 아직 미숙한 단계에 고착된 상태라 하겠다.

의존관계가 끊어지면 큰일이다. 어떻게든 '잘 보여 이 관계를 유지해야 한다'는 강박증이다. 그러기 위해 우선 그의 신경을 건들면 안 된다. 성가시게 굴어서도 안 된다. 그의 기분을 잘 받들고 모셔야 한다. 대인관계가 이런 불안에서 이루어진다면 무슨 일이든 소신이 있을 수 없다. 자기란 아예 없고, 남의 기분만 맞추려니 모든 일이 쉽지 않다.

불분명한 책임 한계

종종 신문 사회면에는 일가족 집단자살이라는 보도가 실린다. 안타까운 일이다. 가난한 가장의 체면 때문에, 한 자식의 불구를 비관해서 온 가족이 집단자살을 하기도 한다. 이런 비극은 외국에선 거의 볼 수 없는 현상이다. 그만큼 우린 가족공동체 의식이 철저하다. 잘못도, 명예도 개인의 것이 아닌 가족 전체의 것이다. 잘못이 있어도 따지질 않는다. 분명히 한다는 건 금기로 돼 있다. 적당히 얼버무려두는 게 미덕으로 통한다. 그게 안녕을 유지하는 최선이라고 생각한다.

책임의 한계가 물론 분명치 않다. 시시비비를 따져 어느 개인의 잘못으로 부각하면 마치 그를 배신이나 할 음모를 꾸미는 듯한 죄책감이 앞선다. 얼굴이 부끄러워서도 할 수 없다. 미안해서도 할 수 없는 게 책임소재를 밝히는 일이다. 이런 상황에서야 문제점을 분석할 분위기가 못 된다. 문제의 발단을 덮어두고 있으니, 이를 바로잡을 논리가 전혀 발달할 수 없다. 이런 의식은 사회생활에서도 마찬가지다. 특히 일체감이 요구되는 인간관계에선 더욱 그렇다. 친한 친구나 직장동료 등 제2인간층에서 흔히 나타나는 현상이다. 우리에게 고발의식이 발달하지 않는 것도 이런 소이다. 일러바친다는 건 그게 아무리 옳은 일이라도 철저한 규탄의 대상이 된다. 배신자나 밀고자로서 그는 집단에서 영영 구제받을 수 없는 사람으로 소외된다. 이웃의 잘못을 알아도 모른 척하고 넘어간다. 내가 좀 손해 보는 한이 있더라도 그저 조용한 게 좋다. 시비하려면 인간집단에서 축출될 각오가 서 있어야 가능하다.

그래서 당연히 주장해야 할 권리도 포기한다. '뭐가 무서워 피하나? 더러워서지' 흔히 하는 말이다. 그러나 이 내용을 엄밀히 분석하면 외견상 의미와 전혀 다르다. 얼른 들으면 양보나 하는 듯 의젓한 자세지만 사실은 포기요, 패배이지 양보가 아니다. **양보란 강자가 약자에게 베푸는 것이지, 따져볼 자신이 없어 마지못해서 하는 건 양보가 아니다.** 양보라는 이름으로 미화된 패배다. 현대사회에선 잘못의 소재를 분명히 밝혀야 한다.

링컨은 어릴 때부터 고지식하기로 이름이 났다. 그의 아버지는 녀석이 커서 밥벌이나 변변히 할 수 있을지 걱정이 많았다. 한번은 아버지가 사 오신 셔츠에 단추가 달려 있지 않아 링컨을 불렀다. 읍내 상점에 가서 새것으로 바꾸어 오든지, 여의치 않으면 단추를 사오라고 일렀다. 상점에 달려간 그는 아버지가 시키는 대로 말했다. '만약 안 바꿔주면 단추를 사오라고 했지만, 난 새 옷으로 바꿔가기로 작정하고 왔는걸요' 고지식하기는 했지만, 그의 결의가 너무 분명해서 압도당한 점원은 아무 소리 못 하고 옷을 바꿔주었다.

이처럼 고지식함이 무기가 될 수도 있다. 그런 사람과는 시비를 아예 피해야 한다. 해봐야 안 통한다. 장사꾼과의 흥정에서는 더욱 그렇다. 아예 융통성이 없는 옹고집이란 인상을 줘야 한다. 조금이라도 빈틈을 보이면 그 틈을 헤집고 들어와 결국 지게 만든다. 집에 돌아와 사온 물건에 흠이 있음을 발견하고도 무르러 갈 생각도 못 하는 사람한테야 할 말은 없다. 가서 무르기는커녕 창피만 당하고 오는 위인도 가엾기는 마찬가지다. 이건 모두 소심증 환자의 비애다. 한번 사간 물건에 흠을 잡고 바꾸어 달라면 좋아할 사람 없다. 그래서 장사꾼은 여러 가지 심리전을 쓴다.

그 첫 단계가 문제의 극소화다. '그 정도 흠은 다 있습니다', '한번 빨면 싹 없어집니다'라며 별것 아니라고 강조한다. 그의 말 밑바닥에는 '그 정도는 알아야지, 참 별나다'는 뜻의 가시가 달려 있다. 하지만 여기에 말려들면 안 된다. '안 묻은 게 있을지도 모르니 찾아봐 주세요. 정말 다 묻었다면 돈으로 환불해 주셔야 합니다', '빨면 된다지만 내가 왜? 난 새 옷을 산 걸요?' 그렇다. 그 말 믿고 한번 세탁한 셔츠를 물러줄 가게는 없다. 이게 안 통하면 다음 작전이 도매상 핑계다. 이것도 웃기는 이야기다. 그게 어찌 고객의 책임인가. 회사 운영상의 문제다. '그렇습니까? 하지만 그게 내 책임은 아니잖아요' 절대로 장사꾼의 주장을 반박하거나 시비를 해선 안 된다. 그대로 수긍하되 내 주장만 분명히 되풀이한다. 어쨌든 목소리를 높이거나 점원과 싸우지 않는 것이 비결이다. 흥분하면 당신은 이미 졌다는 증거다. 장사꾼은 그걸 노린다. 이러고 있노라면 뒷손님이 차례를 기다리며 늘어선다. 이것이야말로 나로 인해 영업 방해가 되는 셈이다. '뒤에서 기다리는 손님 생각도 하셔야죠' 이건 내 죄책감을 자극하려는 고등술책이다. '그러네요. 빨리 바꿔주시는 게 나을걸요. 손님이 더 밀리기 전에….' 조금도 미안해할 것 없다. 지극히 당연한 이야기다. 장사가 안 되면 회사 탓이지 내 탓은 아니다. 뒷손님에게 미안한 것도 회사지 내가 아니다. 나야말로 고객으로서 당연한 권리를 주장하는 것뿐이다. 전혀 허점이 안 보인다고 판단되면 최후로 쓰는 전술이 있다.

'이건 내가 결정할 일이 아니니까 사무실에 가서 과장님을 만나보세요' 물론 여기에 넘어가서도 안 된다. 이 말은 협박이다. 우리는 사무실에 가는 일에 익숙지 않다. 묘하게도 관청 냄새가 나는 게 어쩐지 남의 사무실에 가면 어색하고 촌스럽게 느껴져 괜히 위축되곤 한다. 녀석은 이런 나의 심리적 약점을 노린다. 거기 가봐야 과장이 자리에 앉아 나를 기다리는 것도 아니다. 과장을 만나면 또 부장을 만나랄 것이 뻔하다. 몇 시간을 기다리는 통에 나중에는 지쳐 스스로 물러가게 하려는 지연 작전이다. 남의 사무실에 간 이상 승산은 희박하다. 그리고 벌써 그만큼의 융통성이라도 보인다는 것 자체가 약점이다. '난 여기서 샀으니까 여기서 바꿔가겠습니다. 과장님이 결정할 일이면 이리로 오셔야겠는걸요' 하지만 또 이렇다고 호락호락 넘어갈 장사치가 아니다. '아니, 바쁜 과장님이 어떻게 여길 와요. 우리 회사 규정이니까 사무실에 가서 따지세요' 이게 고비다. 여기서 물러나면 승패는 뻔하다. '바쁘시겠죠. 나도 그리고 뒷손님도 바쁘기는 마찬가지예요. 난 고객이지 이 회사 운영에 관심 있는 사람이 아닙니다' 매우 차분한 어조여야 한다.

이 모든 과정 중 절대로 언성을 높이면 안 된다. 그건 벌써 자기 심리적 약점을 노출했다는 신호다. 그러고는 고집불통이란 인상을 강하게 풍겨야 한다. 그래야 장사꾼이 수작을 부릴 생각을 처음부터 하지 않는다.

기분의 동조성

친구 따라 강남 간다는 말이 있다. 친구가 가자면 싫어도 간다. 내 기분과 아랑곳없이 '맞장구를 쳐야' 하는 게 당연한 일이라고 생각한다. 내가 싫다면 그 친구가 무안해하진 않을까? 그건 미안해서도 안 될 일이다. 아니 나를 싫어하진 않을까? 그건 정말 괴로운 일이다. 따돌림받을 생각을 하면 정말 못할 일이다. 따라가는 수밖에 도리가 없다. 내 기분이나 주장을 고집할 엄두가 안 난다.

우리는 이렇게 기분마저 철저한 동조성을 요구받으며 살아왔다. 이러고도 어떻게 살아올 수 있었을까 싶은 생각이 들겠지만, 옛날 시골 마을에선 얼마든지 가능한 일이었다. 그날 하루 누가 무얼 했는지 서로가 훤히들 알기 때문이다. 논매기하는 날엔 모두가 피곤하다. 돌아오기가 무섭게 잠에 곯아떨어진다. 장기 한판 두자고 찾아다니는 사람이 있을 리 없다. 하지만 요즈음은 예전처럼 단조로운 사회가 아니다. 직장이 따로 있고 동창 친구가 따로 있다. 내가 오늘 직장에서 무얼 하는지 가족도 모른다. 얼마나 피곤한 하루였는지 학교 동창이 알 턱이 없다. 그러니 일찍 들어가 쉬게 내버려 두질 않는다. 술 한 잔 나누자고 성화다. 가족도 마찬가지, 저녁 나들이 가자고 성화를 부린다. 이런 기분 다 맞추다간 녹초가 될 판이다.

이젠 우리에게도 내 기분이 존중되어야 할 시대가 왔다. 사르트르와 보부아르는 이런 면에서 아주 분명한 관계였다. 사르트르가 미국에 가자고 권했을 때 보부아르의 대답은 이랬다.

"지금은 싫어요. 스키 시즌이 끝나면 가겠어요."
작은 자기 취미를 위해 애인과의 동행을 거절한 것이다.
"아, 그래! 당신은 스키를 좋아하지."

전혀 불쾌한 빛이라곤 찾아볼 수 없다. 우리로선 좀 이해가 안 되는 사이다. 이야긴 여기서 끝나지 않는다. 스키가 끝난 후 그녀는 미국의 사르트르에게 가도 괜찮겠냐고 묻는다.

"조금 기다려야겠어. 젊은 애인이 생겼는데, 아주 뜨거워. 불이

꺼지거든 오라고!"

"그래요, 재미 많이 보세요."

물론 화가 난 것도 아니다. 사르트르 역시 지난번 거절에 복수라도 하려는 그런 유치한 기분이 아니다. 이 얼마나 자기가 분명한 사람들인가! 애인이 아니라 부부 사이에도 자기는 분명히 살아있어야 한다. 애인과의 동행보다 스키가 좋으면 좋은 거다. 싫은 게 분명하니까 이 두 사람의 관계는 진실하고 영원할 수 있었다. 싫은 걸 참고 억지로 좋은 척해봐야 작심삼일이다. 오래 가지 못한다. 겉으로야 좋다지만 속은 잔뜩 토라져 있으니 그게 언젠가는 폭발하고 만다. 싫다고 진작 말해두는 게 더 건전한 관계가 된다. 그런데도 이게 잘 안 된다. 퇴근길 술 한잔의 권유도 뿌리치지 못한다. 정 싫을 땐 궁색한 변명을 붙인다. '속이 좀 아파서…' 하지만 여기서 그칠 친구가 아니다. '술병은 술로 풀어야 한다구. 딱 한 잔만 해!' '너 정말 이러기야?' 협박도 할 것이다. 하지만 여기에 넘어가면 안 된다. 다음에 또 이 무기를 쓰기 때문이다.

처음이 어렵지 한 번만 무시하면 된다. 성을 내겠지. 하지만 이건 잠시다. 싫은 건 싫은 거다. 딱 잘라 그렇게 말해야 한다. '오늘은 가고 싶지 않아. 다음에 하지'라고 말이다. 미안할 것도 없다. 싫어하면 어쩌나, 오해하지 않을까 등의 걱정은 안 해도 좋다. 술 한잔 거절에 평생 원수가 되진 않는다. 당신 생각만큼 그 친구는 큰일로 여기지 않는다. 좀 서운한 생각이야 들겠지, 싫어할 수도 있을 것이다. 그러나 결국엔 나를 이해한다. 아니 싫고 좋고가 분명한 나를 오히려 존경도 할 것이다. 사실 싫은 게 분명치 않은 사람은 우선이야 좋지만 오래 가질 못한다. 그런 사람과는 오히려 부담스럽다. 저 속에 무슨 꿍꿍이가 들었는지 알 수 있어야지. 사람들이 나를 좋아하는 건 중요한 일이다. 하지만 그 방법이 문제다. 내 기분을 깡그리 무시한 채 남의 장단에 춤만 출 수는 없다. 친구 기분에 덩달아 가야 한다는 강박증에서 해방되어야 한다. 또 우리 자신도 사람들은 다 내 기분 같지 않다는 걸 분명히 의식할 필요가 있다. 내 기분이 좋으면 남도 그럴 것이라는 동조의식엔 문제가 많다. 싫다는 술을 권하는 것도 억지다. 사양하면 호의를 무시하는 적대행위로 간주하는 주도(酒道) 또한 문제다. 권하는 맛에 마신다지만 그것도 기분이 같을 때 하는 소리다.

어느 집엘 가도 묻지도 않고 내오는 커피도 생각해볼 일이다. 거기다 설탕, 크림까지 모두 자기 식성에 맞춰 아예 넣어 나오는 경우도 많다. 당하는 손님으로선 어이없는 일이지만 싫어도 마신다. 몇 집을 돌고 나면 저녁에 잠이 오질 않는다. 묻지도 않는 주인이나, 싫어도 마시는 손님이나 딱하긴 마찬가지다. 미안해서 싫다 소리 못 하는 것도 병이다.

거절하지 못하는 심리

남의 부탁을 거절 못 하는 사람도 많다. 싫은 일도 그렇고, 비록 내가 손해 보는 일이라도 마찬가지다. 거절할 줄 모른다. 정확히 말하자면 거절하질 못한다. 들어주지 않고는 미안해 견딜 수가 없다. 심하면 죄책감에 빠져 안 들어준 걸 두고두고 후회한다. 우리 사회에 얌체가 통하는 까닭도 이 때문이다. 얌체는 이 착하고 어진 구석을 잘 이용하는 데 비상한 재주가 발달한 족속들이다. 얌체의 주무기는 첫째로 상대의 미안한 감정을 유발하는 작전을 쓴다.

서양에선 얌체가 많지도 않거니와 또 이 방법이 통하지도 않는다. 싫으면 분명히 거절하기 때문이다. 미안한 생각을 하지도 않거니와 싫은 일을 억지로 하지도 않는다.

세일즈맨도 우리의 미안 과잉증을 잘 이용한다. 동창이나 친척을 찾아가선 어질기만 한 이들의 죄책감을 유발하면 물건을 팔 수 있다. '보험 하나만 들어줘. 한 건만 더 하면 진급한다구! 이 달이 고비야!' 이 말은 참 무서운 협박이다. 이걸 거절했다간 큰 원망이 돌아올 판이다. 승급만이 문제가 아니라 출세 못 하는 것도 전적으로 내 책임이 된다. 이거야말로 자기 인생을 책임지란 소리나 마찬가지다. 잘못되는 날이면 얼마나 나를 원망할 것인가! 그때 어떻게 낯을 들고 이 친구를 만날 것인가! 이런 반응이 일어나면 마음은 본격적으로 약해진다. 결국, 계획에 없던 보험계약서에 도장을 찍고 만다. 세일즈맨은 회심의 미소를 지을 것이다. 우리나라에선 세일즈가 인맥을 따라 이루어지는 것도 이런 이유에서다. 자기 상품에 대한 홍보나 서비스 등은 뒷전이고 우선 고객의 심리적 약점인 미안증을 유발할 궁리만 한다. 이런 경우엔 사고 난 후에도 기분이 좋지 않다. 담배 한 개비 빌려다 피는 군상부터 시작해 우리 주변엔 얌체가 많다. 녀석이 얌체라는 생각이 들면서도 또 속아야 하니 나도 바보스럽고 동시에 녀석이 괘씸하기 짝이 없다.

형편이 되는데도 자기는 안 사면서 꼭 남의 자전거를 빌려달라는 녀석도 얌체다. 이에 대항하는 유일한 방법은 단호하게 '안 돼!'라고 거절하는 일이다. 녀석이 뭐라고 하든 빌려주고 싶지 않으면 솔직하게 의사 표현을 해야 한다. '글쎄!' 하고 어물쩍거리면 녀석에게 약점이 잡힌다. 녀석은 그런 상대의 허점을 포착하는 데 기민하다. 그래서 틈을 주면 파고 들어온다.

'왜 고장 낼까 봐 그래? 곱게 쓸게'
'어디 갈 데 있어? 그 안에 돌아올게'
'우리 사이에 이럴 수 있어?'
'볼일이 있고 바빠서 그런단 말야!'

대개 이런 표현이 얌체가 종종 쓰는 상투수단이다. 그 나름의 치밀한 심리전을 바닥에 깔고 있다. 우정을 배신하는 녀석으로 몰아붙일 작전도 서 있고, 급한 볼일을 못 보면 책임지라는 협박도 있다. 인색한 놈이라고 욕할 준비도 물론 되어 있다. 뭐라고 하던 그건 녀석의 자유다. 하지만 빌려주기 싫으면 안 줘야 한다. 그건 나의 권리다. '그래, 하지만 난 네가 돌아올 때까지 걱정되는 게 싫어서 그래' 이 정도 설명쯤 붙이는 것도 나쁘진 않다. '이 사람아, 걱정 마. 곱게 쓰고 돌려준다니까. 날 못 믿어?' 녀석도 쉬 물러서진 않을 것이다. '믿어, 문제는 네가 아니고 내게 있어. 내가 걱정되는걸' 누가 더 죄의식을 자극할 수 있느냐는 시합 같지만 이쯤 되면 녀석도 더 할 말은 없을 것이다. 큰일도 아니다. 한 번만 거절하면 다음엔 얌체 부탁을 안 할 것이다. 그래도 또 부탁하거든 녹음기를 틀듯 전번처럼 똑같이 되풀이하면 된다. 싫은 부탁을 거절 못 하는 것도 병이다. 싫고 좋고는 따져볼 겨를도 없이 우선 그러마 하고 약속부터 하는 사람은 더욱 중증이다. 이 정도 중증은 우선 시간을 끄는 법부터 배워야 한다. '좀 생각해보지'하고 시간부터 끌어야 한다.

즉각 결정 말고 반사중추에 제동이 걸릴 여유를 줘야 한다. 반사적으로 승낙하는 사람일수록 후회도 빠르다. 전화를 놓는 순간, '아이쿠, 또 내가 싫은 일을 약속했구나' 후회한다. 하지만 때는 늦었다. 번번이 넘어가야 하는 자신이 바보스럽다. 이 정도 강박증이라면 용기백배하여 거절하더라도 뒤가 편치 않다. 미안하고 죄스럽다. 다음에 그 친구 만날 일이 걱정이다. 차라리 들어줄 걸 하고 후회가 된다. 그래도 그편이 낫다. 승낙하든, 거절하든 후회하긴 마찬가지라면 안 빌려주는 게 득이다. 빌려주고 걱정하기보다 안 빌려주고 좀 미안한 편이 더 낫다는 논리다. 누가 뭐래도 자전거는 내 것이다. 이 사실을 잠시도 잊어선 안 된다. 자전거는 나의 전용물이지 공유물이 아니다. 주고 안 주고는 내 권리임을 강조해둘 필요가 있다. 주인은 난데 내가 왜 기가 죽어 쩔쩔매야 한단 말이냐.

가난한 가장, 그래서 고단한 가장

가난한 가장의 고충이 한두 가지일까만, 가족에게 미안한 마음이 드는 것 또한 작은 일이 아니다. 죄나 지은 듯 가족을 대할 면목이 없다. 다른 집 애들만큼 못 해주니 미안하고 아내도 고생만 시켜 죄송할 따름이다. 서민층을 소재로 한 소설이며 연속극에는 언제나 가난한 가장의 설움이 등장한다. 큰소리 한번 못 치고 집에만 들어서면 그저 식구들 눈치 보기 바쁘다. 더구나 요즈음처럼 물질주의가 팽배한 사회에선 이런 가장의 고충이 더 짙어진다.

그런데 이것도 냉정히 따져보면 한국적 의존성의 연장이다. 몇 살이 되든 애들은 언제까지나 아버지를 의지하고 살아야 한다는 전통적 의식 때문이다. 가장에게는 애들의 모든 욕구를 충족시켜줘야 하는 절대적 의무가 부여된다. 또 그게 당연한 일이라고 아버지 스스로 느낀다. 문제는 이러한 의식구조에서 비롯된다. 물질만능주의라는 서양에서도 이렇지는 않다. 잘 사는 나라라고 서민층이 없는 건 아니다. 그런 나라일수록 상대적으로 더 비참하게도 보인다. 하지만 그 가장이 자식들 앞에 마치 죄인이나 된 듯 전전긍긍하진 않는다.

애들은 일찍부터 자기 용돈은 알아서 자기가 번다. 이건 부잣집 애라고 예외는 아니다. 일찍부터 독립심을 길러주는 가정의 전통이 있으니까 잘 못 해준다고 죄책감이 들진 않는다. 그럴수록 독립심이 조숙되는 걸로 알아 오히려 잘된 일이라고 생각한다. 나이 스물도 되기 전 부모를 떠난다. 우리처럼 장가든 후에도 함께 살면서 부모에게 용돈까지 타 쓰는 풍습과는 전혀 딴판이다. ==가장이란 집의 책임을 지는 지도자다. 하지만 그 책임은 자기가 최선을 다하는 선에서 끝나야 한다.== 대학은커녕 고등학교 진학도 못 시킬 형편이라도 그게 가장으로서의 최선이라면 그의 책임은 거기서 끝나는 것이다. 남들처럼 좋은 옷을 못 입히고, 여행을 못 보내도 가장으로서 최선을 다한 것이라면 그만이다. 그런데도 미안한 마음이 드는 건 한국의 아버지이기 때문이다. 자식을 위해서라면 무한정 베풀어야 한다는 한국적 발상에서 연유한다. 이건 또 자식으로 하여금 의존심을 높여서 언제까지 자기 주위에 붙잡아두려는 애처로운 욕심에서 출발한다. 많이 해줄수록 나를 떠날 수 없을 거란 계산에서다. 그게 또 자기의 노후 보장을 할 수 있는 길이기도 하다. 물론 그게 의식적인 타산이 아니라 해도 이런 심리적 계산이 잠재의식 속에 진행되고 있음을 부인할 수 없다.

최선을 다하고도 미안한 마음이 드는 건 사실 아버지의 욕심이지 애들 생각은 그렇지 않다. 애들이야 가난이란 걸 크게 의식하진 않는다. 적어도 아버지가 생각하는 만큼 엄청난 일로 여기지 않는다. 우리 집은 으레 그러려니 하고 생각한다. 가난한 아버지를 무시하지도 않는다. 자신에게 미안한 건 아버지의 생각이지 애들은 그렇지 않다. 얼마나 잘해주느냐에 대한 객관적 기준은 없다. 다만 아버지의 욕심이 얼마나 작용하느냐에 따라 미안한 마음이 발동한다. 그런 마음이 드는 거야 어쩔 수 없지만, 이게 표현되는 날이면 애들 성격이 비뚤어진다는 사실을 잊지 말자. 남 눈치나 보고 움츠러들기만 하는 애로 자랄 수도 있고 아니면 반항하는 불량아가 되기도 한다. 문제는 아버지의 태도다. 가난하니까 오히려 애들은 융통성 있는 건전한 성격으로 자랄 수 있다. 또 그래야 한다.

그러면 이 책을 쓰는 필자는 얼마나 배짱 두둑한 사람인가. 독자는 당연히 이런 의문을 품을 것이다. 그러나 불행히도 난 그렇질 못하다. 마음이 너무 약해 탈이다. 그래서 이런 책을 쓰게 되었는지도 모른다. 그런데 난 한 가지 일에만은 누구 못지않게 두둑한 배짱이 있다. 그건 가난이다. 돈이 없는 것쯤은 별걱정이 없다. 가난이 몸에 배어 자랐으니 그런 것만은 아니다. 그 까닭은 가난했지만 당당하셨던 우리 아버지의 '뻔뻔스러움' 덕분이다. 결례되는 표현이긴 하지만 따로 적당한 말이 생각나지 않아 그대로 쓴다. 아버지는 한 번도 우리 앞에 미안하단 말은커녕 그런 생각조차 해보신 적이 없었다. 우리 7남매가 모두 학교엘 다니긴 했지만, 공납금 한번 주신 적이 없다. 연필 한 자루 새 걸로 써본 기억도 없다. 수학여행은커녕 소풍도 변변히 갈 형편이 아니었다. 하긴 우리도 아예 갈 생각조차 하질 않았다. 그런 집이었다. 흥부의 가난을 익살스럽게 표현하는 장면이 TV에 나오지만 난 솔직히 한 번도 웃어본 적이 없다. 우리 집이 그랬다.

하지만 가장이신 우리 아버지는 흥부 같진 않았다. 오히려 당당했다. 죽 한 그릇 마시고 대문을 나서도 큰기침을 잊지 않았다. 내가 불경스러움을 무릅쓰고 굳이 '뻔뻔스러운 아버지'라고 부른 것도 이런 연유에서다. 하지만 이런 태도가 우리로 하여금 당당하게 자랄 수 있게 한 원동력이다. 그때 만약 아버지가 미안하다고 우릴 부둥켜안고 울기라도 했더라면 틀림없이 나도 지금쯤 남의 눈치나 보고 또 내 자식들 끌어안고 눈물이나 찔찔 짜는 모습이었을 게 틀림없다. 이건 나의 정신과적 해석만은 아니다. 우리 주위엔 사실 그런 사람이 많다. ==최선을 다했다는 자부심만으로 충분하다. 그래야 애들이라도 당신이 걸어온 가난을 이겨낼 수 있는 박력이 생긴다.==

실수하지 말자는 강박 벗기

우린 어릴 적부터 작은 실수에도 미안한 마음을 가져야 한다고 훈련을 받으며 자라왔다. 자기 실수로 주위 사람에게 피해를 주었으니 마땅히 죄스럽게 여겨야 한다는 교육이었다. 정말 죄인이나 된 듯 고개도 못 들게 철저한 훈련을 시켜왔다. 그래서 우린 ==매사에 조심하느라 긴장의 연속이다. 새로운 걸 시도할 수가 없다. 해서 틀림없는 일만 하는 무사안일주의로 빠질 위험이 있다. 새로운 걸 개발해야 하는 현대사회에서 이런 위축증이야말로 낙제생을 만드는 요인이다.==

프랑스제 최신형 라이터가 단돈 100원이라면 믿을 사람이 없겠지만 그건 사실이다. 성냥 한 통보다 싸게 만들어야 팔기 쉽다는 게 그 유명한 마르셀 빅 사장의 경영전략이었다. 그는 처음엔 볼펜으로 시작했다. 연필보다 싼 걸 만들어 한 번 쓰고 버릴 수 있게 해야 많이 팔릴 것이란 계산이었다. 그의 전략은 적중했다. 2차대전 후 소비문화 붐을 타고 그의 사업은 날로 번창하여 볼펜 한 자루로 세계시장을 석권하기에 이르렀다. 부담 없이 사서 쓰고, 버려도 아깝지 않은 상품을 개발한 것이 성공 비결이었다. 그는 끊임없이 새로운 상품을 개발했다. 당연히 실수도 잦았다. 하지만 단돈 100원짜리, 안 팔려도 그뿐이다. 다른 걸 만들어내면 된다. 새 상품이 안 팔리면 직원들은 사장 보기 미안해 어쩔 줄 모른다. 그럴 적마다 빅 사장은 여유 만만했다.

"까짓 100원짜리 안 팔리면 어때!"

사장의 태도가 이렇다면 직원들이 미안해하거나 사기가 떨어지지 않는다. 도전적이고 과감한 게 특징이라고 하는 이 회사의 분위기를 짐작할 수 있다. 새로운 시도를 하는 데 두려움이 없다. 사원들의 이런 기세가 세계시장을 주름잡게 한 요인이었다. 부끄럼도 없고 미안한 줄도 모르는 그의 성품은 사생활에서도 많은 에피소드를 남겼다. 그가 프랑스의 명예를 걸고 미국의 요트 항해 시합에 출전했을 때의 일이다. 최신형 배에 엄청난 인원과 경비를 들여 출전했지만, 결과는 참패로 끝나버렸다. 현지 신문은 '빅마우스 큰 입, 빅의 별명만 시끄러웠다'고 꼬집었다. 하지만 그럴수록 그는 미안해하기는커녕 오히려 의기양양했다. '덕분에 우리 회사 홍보 한번 잘됐다' 이게 그의 배짱이었다. 미안할 일이 따로 있지, 이런 걸 갖고 직원에게 미안해서야 무슨 일을 할 것인가.

오성 대감이 조례에 늦어 지각했다. 중신들이 못마땅한 눈으로 잔뜩 찌푸리고 있었다. 오성은 그게 못마땅했다. 좀 늦을 수도 있지, 그걸로 왜들 이러나 싶었다. 시치미를 뗀 채 입을 열었다.

"아, 글쎄 등청을 하는 길인데 남자 중이 여승 머리를 잡고 여승도 남자 중의 상투를 잡고 싸우는데…. 내가 그냥 지나칠 수 있어야지."

그는 천연덕스레 거짓 이야기를 꾸며댔다. 좌중엔 폭소가 터졌다. 남자 중의 상투를 잡은 이야기가 무슨 뜻인지 알아차린 중신이 얼마나 됐는지는 알 길이 없지만, 지각 한 번에 화를 낸 이들에게 좋은 교훈이 되었을 것이다. '늦었습니다. 여러분을 기다리게 했군요' 오히려 이런 말보다는 자신 있는 태도가 좋다. 당당하고 다소 뻔뻔스러운 듯한 이런 기세가 더욱 설득력 있다. '늦게 온 주제에 저렇게 당당한 걸 보면 늦을 만한 이유가 있었나 보다' 이게 보통사람의 심리작용이다.

참으로 사람 마음은 묘한 데가 있다. 구지레한 변명을 늘어놓느니 이게 훨씬 효과적이다. 일반적으로 우린 실수에 지나친 비중을 두는 경향이 있다. 실수란 곧 무지요, 부주의의 소치니 마땅히 죄책감을 느껴야 할 것인즉, 이를 크게 뉘우치고 사과해야 한다. 우리 의식은 이러한 연쇄반응으로 훈련되어 있다. 시원찮은 상사일수록 우리가 이렇게 느끼도록 계속 주의를 환기시킨다. 하지만 이건 천만의 말씀이다. 작은 실수쯤은 해도 되는 것이 인간의 권리다. 인간이 완벽하지 못할 바엔 실수란 당연히 있어야 하는 것이기 때문이다. 문제는 실수하는 게 아니고, 너무 완벽하게 잘하려는 강박증이다.

도와주는 기쁨을 아십니까?

예일 대학의 은사였던 립톤 교수의 한국 여행담은 인상적이었다. 중국의 세뇌교육, 일본 히로시마 원폭 피해 등의 연구로 유명한 립톤 교수는 백악관 극동담당 보좌관으로 활약한 친한파이기도 했다. 한국 여자는 강하다고 입을 연 그의 관찰력은 예리했다. 등에 애를 업고 머리엔 광주리, 그리고 양손에 잔뜩 물건을 든 채 먼 길도 수월하게 다니더라는 것이다. 놀라운 일은 길가는 사람 누구 하나 도와줄 생각을 않더라는 것이다. 그리고 더 놀랄 일은 그 여자 역시 누구의 도움을 바라는 것 같지 않더란 이야기였다.

난 이야기를 들으면서 솔직히 얼굴이 붉어졌다. 만약 서양의 어느 거리에서 그런 일이 벌어졌다면 어떻게 되었을까? 아마 기겁을 한 신사들이 서로 도와주겠다고 달려갔을 것이다. 사실 우리는 도와주고, 받고 하는 데 무척 인색하다. 정이 없거나, 아니면 나 몰라라 하는 개인주의 때문에 그런 게 아니다. 그저 예로부터 그런 훈련이나 습관이 돼 있지 않기 때문이다. 미안해서 못하는 것이다. 도움을 청한다는 건 염치없는 짓이요, 창피한 일이다. 사실 우린 일상생활 속에 도와달란 소릴 잘 들어보지 못한다. 그건 마치 거지가 구걸하는 듯한 인상을 주기도 하고, 때론 크게 신세 지는 듯한 어감을 주기도 하여 좀처럼 그런 말을 쓰지 않는다. 무거운 짐을 들고 끙끙거리면서도 도와달란 소리를 않거니와 '도와드릴까요?'라고 묻는 사람도 없다. 여기엔 불신도 작용한다. 도와달랐다가 짐을 갖고 도망가면 어쩌나 하는 걱정도 있다. '도와드릴까요?' 말했다간 미친 사람 취급을 받지 않으면 다행이다. 이런 걱정도 현실적으로 없는 건 아니지만, 그보다 중요한 건 우선 남남끼리 도와주고 받고 하는 시민의식이 싹트지 않는 데 있다.

비좁은 엘리베이터에서도 굳이 사람들 어깨를 비집고 제 손으로 단추를 누르지 앞 사람에게 부탁하는 법이 거의 없다. 서양에서야 이런 일들이 매우 자연스레 이루어진다. 아침 인사를 나누는 등의 기본적인 상식에 속하는 일이다. 필요하면 도와달라고 말하고 또 기꺼이 도와준다. '무엇을 도와드릴까요(MAY I HELP YOU?)?' 이 말은 서구사회 어디서든 쉽게 들을 수 있는 말이다. 우리도 도와달란 소리만 하면 선뜻 도와준다. 서양사람보다 더 친절하다. 다만 그 소리를 꺼내기까지가 어렵다. 폐를 끼치는 것 같은 미안한 생각에서다.

우리나라는 예로부터 서로 돕는 상부상조를 강조해왔다. 서로 돕는 일이 절실했던 역사다. 가벼운 일이라면 도와달라는 말에 거절할 사람이 없다. 빈손으로 차에 오르는 청년에게 내 가방 하나 들어달란다고 큰일은 아니다. 그도 거절하지 않을 것이다. 오히려 반갑게 생각할 것이다. 자기를 그만큼 믿는다는 증거니까. 인정받은 기쁨에 오히려 황송해할 것이다. 그리곤 기꺼이 도와줄 것이다. 이게 한국인이다. 집에 온 손님도 가만히 앉혀놓고 모시는 것만이 예의는 아니다. 사과 깎는 것쯤은 좀 도와달라는 게 손님을 편히 모시는 슬기다. 도와달란 소릴 재치 있게 잘 한다는 건 한국 사회에서는 사교용으로 참 좋다. 사람은 누구나 남을 도와줄 때 기쁨을 느낀다. 그건 인간의 본능이다. 아무리 악한 사람이라도 이 점에서는 예외가 없다. 이걸 활용하자. 그렇다고 염치없이 굴지는 말아야 할 것이다.

꾸중 못 하는 사람의 심리

꾸중할 자신이 없는 사람의 심리, 소심증에 대해 알아보자. 꾸중했다간 후환이 두려워 마땅히 해야 할 걸 못하는 경우다. 그러한 걱정은 여러 가지다. 꾸중했다간 돌아서서 나를 비웃지나 않을까? 내 흉이라도 보고 다니면? 오해라도 해서 녀석이 영 가버리면…. 별생각 다 든다.

'난들 무슨 성인군자라고 남을 꾸중해?' 하는 군자론도 나올 것이다. 내게도 잘못이 큰데 녀석이 행여 따지고 덤비면 뭐라고 응수할 것인가? 괜히 한마디 했다가 다음에 만나면 어색해서 어쩌지? 꾸중 못 하는 사람의 심리는 이외에도 많을 것이다. 하지만 한 가지 공통적 사실은 자신에 대한 자신이 없다는 점이다. 그러니까 미안해서라도 꾸중을 못 한다. 꾸중하려면 우선 자기 얼굴부터 붉어진다. 흥분해서라기보다 미안한 마음에서다. 꾸중 후엔 괜히 녀석을 대하기가 미안하고 계면쩍어 슬슬 피해 다니게 된다. 어떻게 보면 처지가 바뀐 셈이다. 꾸중을 들은 녀석이 그래도 시원찮을 텐데 꾸중을 한 사람이 마치 죄인처럼 위축되다니 말이다.

마땅히 해야 할 꾸중도 이런 마음이라면 할 수 없다. '사람이 좋다', '호인이다'라는 건 대개 꾸중하지 않는 사람을 두고 하는 말이다. 꾸중할 일이 없다면야 그런 다행도 없다. 하지만 인간 사회에선 꾸중은 어쩔 수 없이 필요한 도구다. 이 도구를 사용치 않고도 잘될 수 있다면 더 바랄 것이 없다. 직장에서도 가정에서도 이건 마찬가지다. 그런데 꾸중할 자신이 없어 못 하는 사람, 이건 '문제 호인'이다. 자신이 없어 마땅히 해야 할 꾸중을 참는다면 직장이나 가정이 제대로 돌아가지 않는다. 이런 사람은 대개 간접적인 방법을 쓰길 잘 한다. 직접 대놓고 하질 않고 슬쩍 돌려서 말한다. '이 정도면 알아듣겠지'라는 기대에서다. 하지만 이 방법은 안 통하는 때가 더 많다. 그러면 이쪽의 참을성도 한계에 이른다.

"녀석이 그래도 못 알아듣고…."

드디어 머리끝까지 화가 폭발한다. 이 지경이 되면 할 말, 못할 말 가리지 않고 퍼부어댄다. 상황이 이렇게 되면 이건 분노의 폭발이지 꾸중이 아니다. 이건 자신의 모자람을 폭로하는 것밖에 되진 않는다. 꾸중한다는 건 성내는 것과 다르고, 또 상대로 하여금 성을 내게 하는 것과도 다르다. 옛날 서당의 훈장은 매질할 때에도 의관을 갖추어 입고 엄숙한 자세로 임했다. 꾸중이란 자기감정을 폭발시키는 수단이 되면 안 되기 때문이다. ==꾸중할 일이 있다면 해야 한다. 감정이 폭발하기 전에 이성을 가지고 해야 한다. 그래야 피차 인격 손상을 입지 않는다. 잘못한 일만 교정시키면 된다. 사람을 바꿀 생각도 않는 게 좋다.== 한 가지 팁은 누군가 꾸중할 일이 있으면 둘이 걸으면서 해보라. 함께 걸으면 마음이 차분해지고 감정에 휘둘리지 않고 이성적으로 타이를 수 있게 된다.

 몇 년간의 정신분석 치료를 받아도 잘 바뀌지 않는 게 사람이다. 사람마다 약점, 결점이 있지만, 그런대로 살고 있다. 지나친 욕심은 안 부리는 게 좋다. 꾸중할 자신이 없으면 긴 이유를 댈 것도 없다. '이건 안 되겠어!' 하고 딱 잘라 말하면 그만이다. 엄청난 일로 생각하지 말라. 꾸중을 듣는 입장에서는 당신을 믿고 있다. 그렇게 못난 사람으로 생각하진 않는다. 직장에서나 가정에서도 마찬가지다. 당신을 따르는 사람들이다. 가치관이 흔들리고 있고, 언제나 새로운 게 요구되는 현대사회일수록 선배로서의 분명한 규범을 제시해야 한다. 요즈음은 모두 지나치게 인기를 의식해 꾸중에 인색한 사람이 많다. 하지만 그럴수록 더 엄할 수 있는 사람만이 먼 훗날 존경을 받는다. 우리는 지금도 학교 시절의 엄했던 선생님의 교훈을 되새긴다. 그 시절엔 꾸중이 그렇게 싫었지만 말이다.

숙맥에서 벗어나는 처방전 ⑥

미안해서 맘에 안 드는 물건을 사는 사람들

마음에 없는 물건을 마음이 약해져 구매하면 꼭 사기를 당한 기분이다. 정말 울화가 치민다. 다음엔 다시 안 속아야지 하면서도 번번이 실수하는 사람은 배짱을 키우는 훈련이 필요하다. 셔츠 한 장이야 찢어버리면 그만이지만 집을 사거나 사람을 쓰는 일에 마음이 약해지면 재산상 손실도 크다. 하지만 무엇보다 기분이 나빠서 견딜 수 없다. 그 정도 배짱도 없이 어떻게 생존경쟁에서 이길 수 있단 말인가. 이런 사람들에게는 신문 가판대를 이용해서 훈련하는 방법이 있다. 신문잡지 가판대에 가서 하나를 뽑아 제목만 대충 훑어보고 제자리에 꽂는다. 그리고 다음 걸 뽑아 들고 대충 보곤 또 꽂아놓는다. 점원이 행여 잔소리라도 하면 어쩌나 싶은 조바심을 낼 필요는 없다. 오히려 잔소리가 나오길 기다리는 거다. 안 하면 그만이고 행여 잔소리라도 하면 '미안합니다'라고 정중히 사과만 하면 그뿐이다. 그 이상 아무 일도 벌어질 수가 없다. 최악의 경우를 가상해서 까짓것 한 장 사버리면 된다. 이런 훈련은 소심증 환자의 치료에 효과적이다.

CHAPTER 7

열등감,
남과 달라지는 연습

약자의 생존수단

평등 강박증

은폐심리와 반동

'청빈낙도'의 허구

쩨쩨하게 따져라

거만한 사람들

마음 약한 폭군

직장인의 피해의식

성(姓) 개방시대의 질투 병리

사양심 vs. 양보심

술값은 돈 많은 쪽이

칭찬과 아부

자부심과 긍지

일류병 이야기

만능과 무능

숙맥에서 벗어나는 처방전 ⑦
열등감 때문에 먼저 술값을 계산하는 사람들

"아니 땐 굴뚝에 연기 나랴. 피해망상증 환자에게도 그럴듯한 이유가 있다. 무척 논리정연하다. 자기가 입은 피해를 설명하는 데 그럴싸한 객관적 근거를 제시한다. 듣고 보면 참 그럴 듯도 하다. 하지만 비록 그런 일이 실제로 있었다 해도 작은 문제들에까지 지나치게 과장, 확대해석하면 안 된다. 물론 이런 오해가 증폭작용을 하는 계기는 열등감이다."

약자의 생존수단

예로부터 우리는 스스로 약소민족으로 자처하는 데 주저하지 않았다. 마치 이걸 자랑이나 특권처럼 떠들어댔다. 외침을 당할 적마다 더 그랬다. '약한 우리에게 이럴 수가 있는가?'라며 세계를 향해 응석을 부려왔다. 아랍 전체를 상대로 당당히 싸우는 이스라엘과는 상대적으로 대조적인 게 우리 역사였다. 하긴 땅덩이도 작고 체구도 작아서 그 많은 싸움에서 별로 이겨보질 못했으니 당연한 생각일지도 모른다. 가난에 찌든, 힘없는 백성으로서 감히 싸울 엄두도 못 내본 것이다.

사대의식(事大意識)은 여기서 싹트기 시작한 것이다. 어쩌면 이건 역사적 숙명일지도 모른다. 많은 사가(史家)들을 위시하여 사대주의를 마치 망국(亡國)의 원흉이나 되는 듯 규탄하고 자기비판을 하지만, 다른 한편으로 보면 이거야말로 우리의 생존수단이었다. 힘도 없는 주제에 일전(一戰)을 불사한다고 덤볐다간 아마 우리 역사는 지금까지 이어오지 못했을지도 모른다. 그저 '고개를 숙이고 대국(大國)을 섬길 수 있었던 게 슬기 아니었을까'라는 역설도 성립한다.

평등 강박증

우리는 오랜 세월 좁은 땅에서 단일민족이라는 순수한 혈통의 역사를 배경으로 갖고 있다. 언어와 풍습은 물론 생김새도 같다. 산수 풍치도 계절에 따라 똑같이 바뀐다. 보리로 누렇던 그 넓은 들판이 눈 깜짝할 사이 모심기로 파랗게 바뀌어버린다. 정말 신기하기 이를 데 없다. 누구 하나 게으름을 부릴 수가 없다. 파란 들판에 자기 밭에만 누런 보리가 남아 있다고 상상해보라. 아찔한 생각이 들 것이다. 이게 우리다. 남들이 할 때 빠질 수가 없게 돼 있다. 어떤 무리를 해서라도 남들이 하면 나도 그 대열에 끼여야 한다. 여기서 빠진다는 건 소외당하는 일이고, 이건 다시 심한 열등감으로 상처를 남긴다. 남과 같아야 한다는 이 평등의식은 정말 눈물겹다.

비교적 동질사회였던 옛날엔 그럴 수 있었다. 그러나 현대사회에서도 남과 같아야 한다는 건 아무리 억지를 써도 될 수 없는 게 현실이다. 능력이 다르고 재능도 다르다. 하는 일도 천태만상인데 어찌 똑같을 수 있으랴. 하지만 그래야 한다는 강박증이 여전히 작용한다. 논밭 팔아 학교를 보내고, 빚을 내서라도 자식 수학여행은 보내는 게 우리다. 이것도 모두 한국적 평등주의가 빚은 결과다. 빈부 차이가 당연히 있게 마련인데, 이 사실을 인정하지 않는다. 못 보내면 애들이 기가 죽을까부터 걱정한다. 못 간다면 서럽다는 말도 있다.

사실 이 '서럽다'는 말도 지극히 한국적인 마음이다. 서양에서야 내 능력이 없어 못 가면 그런대로 감수할 뿐이지 서럽다고 울진 않는다. 능력도 없으면서 대접은 똑같이 받아야겠다는 데에서 설움이 온다. 한국적 평등주의가 빚은 열등의식의 난센스다. 돈 있는 사람은 윤택한 생활을 즐길 자격이 있다. 못사는 사람은 그저 자기 분수대로 살 일이다. 그게 공정한 사회다. 평등한 사회는 아닐지라도 말이다.

은폐심리와 반동

사람이 열등하다고 느낄 땐 대개 다음 세 가지 중 한 가지 반응을 보인다. 첫째, 위축되는 현상이다. 패배감에 젖어 무기력하며, 매사에 소극적이다. 이 때문에 건전한 경쟁이나 공격성마저 결여된다.

중추신경의 활동도 위축된다. 이런 상태에선 될 일도 안 된다. 해보기도 전에 지레 겁먹곤 아예 할 생각조차도 갖지 못한다. 둘째가 은폐하려는 심리적 반응이다. 의식적으로는 열등하다고 느끼지만 안 그런 척하는 심리적 부인 현상이다. 짐짓 아닌 척하고 숨기려는 의식적 노력이 실제로 느끼는 열등의식과 충돌함으로써 정신활동이 통일된 방향으로 진행되지 않는 일종의 분열 상태가 된다. 이런 갈등 아래에선 어떤 행동도 자연스럽지 못해 어색하기만 하다. 셋째, 반동형성이다. 열등감을 은폐하고 안 그런 척하고 태연한 척해도 잘되지 않을 때 쓰는 방법이다. 숨기는 게 아니고 오히려 우월한 척해 보이고픈 보상기전(補償機轉)이다. 서울 식당에서 지방 사투리를 일부러 더 강조하며 떠드는 경우다. 창피하니까 조용히 하는 건 은폐심리지만 오히려 들으란 듯 일부러 떠드는 심리가 반동형성이다.

이상의 세 가지 중 어떤 형태로 나타나든 열등감이 가시진 않는다. 그리고 이런 열등감에 젖어 있는 이상 현실 판단을 정확하게 내리지 못하는 수도 있다. 우선 내가 열등하다고 느낄수록 상대가 더 강하게 보인다. 내가 초라하게 느껴질수록 주위가 더 화려하게 보인다. 여기서 오해가 빚어지고 질투, 증오심도 나타난다. 열등감이 이런 형태로 발전하면 그의 행동은 파괴적이고 공격적으로 변한다. 이건 자칫 그 개인뿐만 아니라 주위 사람까지 파멸시킬 위험한 열등감이다. 역사적으로 히틀러가 그랬고 나폴레옹이 그러했다.

열등감이 반드시 나쁜 것은 아니다. 하긴 열등하면서도 열등감을 못 느끼는 것도 병이긴 하다. 문제는 이걸 어떤 방법으로 처리하느냐에 달려 있다. 있는 걸 없는 척해서도 안 된다. 위에서 말한 어느 방법도 건전한 해결방법은 아니다. 우선 열등감은 있는 그대로 받아들이고 시인하는 일이 중요하다. 그리고 이 콤플렉스를 해소하고자 부단히 노력해야 한다. 이렇게 될 때 열등감이야말로 인간의 성장에 무서운 힘으로 작용한다. 이웃 일본이 작은 섬나라의 왜소(矮小) 콤플렉스를 씻어내기 위해 피나게 노력한 대가를 참고할 수 있다.

'청빈낙도'의 허구

외국 여행길에 한두 번 망신당한 일 없는 사람은 별로 없을 것 같다. 실수로 여자 화장실에 들어간 일, 문을 못 열어 당황한 일쯤이야 누구에게나 있다. 나중에 생각하면 웃음 나오는 일이지만 당시 상황에서는 민망하기 이를 데 없는 일들이다. 이런 일 몇 번 당하고 나면 괜히 위축되는 게 사람의 심리다. 또 망신당하지나 않을까 하는 두려움이 떠오른다.

이건 내 집보다 나은 집에 들어갈 때면 흔히 느끼는 기분이다. 으리으리한 대문에 들어선 순간 괜히 어깨가 움츠러지는 건 잠자던 열등의식이 순간적으로 자극되어 나타나는 몸의 변화다. 예전에는 큰 빌딩 현관에서 고무신을 벗어들곤 사방을 조심스레 두리번거리는 시골 아주머니도 있었다. 왠지 위축된 표정이었다. 대대로 초가삼간에서 살아온 게 익숙한 우리로선 어쩌면 당연한 기분인지도 모른다.

우리는 너무나 가난했다. 따라서 분수를 지키며 살라고 가르쳐왔다. '가난한 마음'이 곧 '편안한 마음'이라고 강조했다. 이거야말로 가난을 합리화한 가난한 조상의 슬기로운 가르침이다. 우리 형편에 거창한 대궐 집을 그리며 살다간 그 갈등을 어떻게 감당할 것인가. 모두 미쳐버렸을 것이다. 분에 넘치는 기대는 허황한 욕심으로 금기되어 왔다.

전설이나 설화도 가난투성이다. 그 아름다운 달 속에도 기껏 짓는다는 게 초가삼간이다. 남들은 월선궁(月仙宮)을 짓는 판에 말이다. 우린 이렇게 철저히 정신적 훈련을 받아왔다. 내 집보다 나은 집에 가면 불안하고 거북살스럽다. 도대체 '만만치 않다'. 그런 곳엔 가서 안 될 것도 같고, 분에 넘치는 듯한 기분도 같은 느낌이다. 마치 가난한 고향 집을 배신이나 한 듯한 가벼운 죄책감까지 뒤범벅된 그런 기분, 누가 등 뒤에서 호통이라도 칠 것 같은 기분에 자꾸 뒤돌아보곤 한다. 이 '누구'는 다름 아닌 가난한 조상의 소리다. 초가삼간의 분수를 지켜야 한다고 가르쳐온 해묵은 소리다. 오랜 세월 우리의 뇌리 깊숙이 박힌 '청빈낙도'의 교훈을 어기는 듯한 잠재의식의 저항이다.

쩨쩨하게 따져라

T.S. 엘리엇은 시인이라기보다 세련된 외교관의 인상이 더 짙다. 늘씬한 키, 말쑥한 옷차림이 귀공자를 연상케 한다. 하지만 그는 하버드 대학에 진학했을 때만 해도 미 남부의 시골티가 물씬 풍겼다. 자신도 그걸 의식했다. 그는 첫 번째 촌놈 실패담을 다음과 같이 회상한 바 있다.

정장에 우산을 들고 최고급 식당에 으스대며 들어갔다. 포도주와 치즈를 즐겨 먹는 그는 좀 색다른 걸 시도하고 싶었다. 그는 듣도 보도 못한 것을 골라 주문했다. 의아하게 생각한 웨이터가 먹어본 적이 있느냐고 조심스럽게 물었다. 왜냐하면, 그 치즈는 지독한 냄새를 풍겼기 때문이다. 차림새만 봐도 시골 학생이라 실망시키고 싶지 않은 배려에서였다. 순간 눈치를 챈 엘리엇은 찔끔했다. 그러나 점잖게 응수했다. '자기가 평소 즐겨 먹는 음식'이라고 시치미를 뗐다. 물론 이게 실수였다. 드디어 음식이 나왔다. 정말로 지독한 냄새였다. 하지만 안 먹을 수 없었다. 반도 못 먹고 입을 틀어막고선 화장실로 달려가야 했다.

처음 간 고급 식당에선 누구나 움츠러들게 마련이다. 문을 열기조차 조심스럽다. 미는 것도 있고 돌아가는 것도 있다. 손을 내밀다 말고 저절로 열리는 통에 쑥스럽기 그지없다. 혹 누가 지켜보지는 않나 두리번거린다. 구석 자리에 앉아서도 자세부터 불편하다. 옷이 촌스럽진 않나, 구두에 흙이 묻었나 등등 무엇 하나 편한 게 없다. 모두 자기만 쳐다보는 듯하다. 웨이터가 촌놈으로 얕잡아 보는 것 같다. 다른 손님에겐 웃지 않던데 왜 나한테? 왜 내 테이블엔 메뉴판이 없지? 그야말로 별별 피해의식이 다 생긴다.

성질 급한 사람은 따지고 덤비기도 한다. 기분이 위축된 나머지 열등감까지 작용하면 피해망상으로 확대된다. 이건 물론 과잉반응이다. 분위기에 맞지 않는 이런 과잉반응이야말로 진짜 촌놈이나 하는 짓이다. 자신 있는 듯 보이려 하지만 그럴수록 더 부자연스러워진다. 조용한 식당에서 여봐란듯이 떠드는 사람들은 불안하다는 증거다. 그럴 바엔 구석 자리에 조용히 앉아 있는 편이 자신이나 남을 위해서도 낫다. 모르면 묻는 거다. 아는 체하다간 진짜 봉변당한다.

아무리 외국 여행을 많이 다녀도 식당 메뉴를 모두 아는 사람은 없다. 일부러 묘한 이름을 붙인 요리도 많다. 고급을 자랑하기 위한 상술이다. 겁주려고 그럴 수도 있다. 그럴 때일수록 물어야 한다. 모르는 게 당연한데 묻지 않으면 진짜 촌놈 취급받는다. 내 취향이나 식성을 설명한 후 요리를 추천해달라는 게 상책이다. 아무도 얕잡아 보진 않는다. 또 한 가지 걱정은 음식값이다. 우리는 돈에 관한 한 무척 허세가 많다. 먹기 전에 값을 물으면 큰 실례나 되는 줄로 안다. 쩨쩨하게 값을 따지면 신사 체면상 안 될 일이다. 웨이터가 얕잡아볼지도 모른다. 심지어는 식사 후엔 계산 내용도 훑어보지 않는다. 거스름 돈도 물론 세어보지 않는다. 팁도 듬뿍 줘야 촌놈 소릴 면할 것이다.

이게 모두 위축된 기분을 보상하려는 허세에서 출발한다. 세상에서 우리만큼 팁에 후한 사람도 드물다. 돈 많은 외국인도 깜짝 놀란다. 우리는 주는 게 아니라 뿌리고 다닌다. 해외 관광지에서 한국인은 봉이다. 팁이 후해서다. 얼핏 생각에는 우리도 그만큼 잘살게 되었다고 좋아할 수 있다. 하지만 내 생각은 그렇지 않다. 딱하고 측은하다. 그건 허세다. 자신이 없어서다. 짓눌린 기세를 그런 일로 보상하기 위함이다. 요즘엔 이 같은 신형 건달이 우리 주위에 부쩍 늘었다.

값도 묻고 심지어 서비스료까지 물어도 실례가 아니다. 백만장자처럼 값도 모르고 먹다간 주머닛돈 계산하느라 밥맛만 잃는다. 괜히 비쌀 것 같기도 하고 바가지나 쓸 것 같다. 또 그건 사실이다. 고급입네 하는 곳일수록 메뉴에 적힌 값 외에 붙는 게 많다. 값을 묻고 먹으면 그런 걱정 안 해도 된다. 먹는 방법을 모를 때도 마찬가지다. 함께 간 손님이나 웨이터에게 물어라. 묻는 사람에겐 무척 친절한 게 사람 마음이다. 가르쳐준다는 건 늘 기분 좋은 일이니까. 알지도 못하면서 아는 체하는 손님에겐 얄미워서라도 바가지를 씌운다. 쓴 줄 알면서도 꼼짝없이 당한다. 정 묻기 싫으면 자기 편한 대로 먹으면 된다. 그 복잡한 기구들을 다 챙겨야 할 까닭이 없다. 촌놈일수록 잘 모르는 격식을 굳이 따진다. 음식이 잘못되었으면 다시 시켜라. 미안해할 것 없다. 그건 손님의 권리다. 행여 웨이터 비위를 건드리면 어쩌나 겁먹을 필요 없다. 그가 날 초대한 건 아니니까 말이다. 어차피 음식은 내가 먹고 돈도 내가 낸다. 기분이 나빠도 그가 나빠야지, 왜 내 기분이 상해야 하는가. 손님은 나다. 내가 중심이다. 웨이터 대접하는 기분은 그만두는 게 좋다.

모처럼의 외식은 즐거워야 한다. 누구나 처음이고 모를 땐 위축되는 거야 어쩔 수 없다. 하지만 그럴수록 '아! 오늘은 참 좋은 경험을 한다'고 되뇌어보라. 한결 기분이 가벼워질 것이다. 처음 하는 일은 으레 불안하다. 하지만 그건 언제나 즐거운 흥분을 동반한다는 걸 잊지 말자. 먼 나라에 여행 온 기분이 되는 것도 좋다. 라인강 변에 앉은 상상이라도 하면 더욱 운치가 날 것이다.

거만한 사람들

거만하게 군다고 시비를 걸고 싸우길 잘하는 사람이 적지 않다. 꼴 보기 싫은 녀석이 많아 도대체 나가질 못하겠다고 투덜대는 사람도 있다. 하지만 이 말을 냉정히 분석해보면 이거야말로 제 얼굴에 침 뱉는 사람이다. 왜 꼭 그 사람에게만 모두가 거만하게 구느냐 말이다. 거기엔 까닭이 있다. 거만하게 군다기보다 자기가 그렇게 느끼는 게 더 큰 문제다. 내가 위축되고 자신이 없으니 남들이 모두 거만하게 보인다.

세상 모든 일은 상대적으로 존재한다. 내 기분에 따라 달라지는 게 세상일이다. 내가 없을수록 남들은 더 있어 보인다. 우리 문화권에서 유별나게 거만한 사람을 싫어하는 것도 열등의식의 소산이다. 잘날수록 더 고개 숙이고 겸손해야 한다. 벼는 익을수록 고개를 숙인다고 배워왔다. 우리가 이토록 겸손을 강조하는 것도 우리 스스로가 잘난 사람을 거만하게 보는 약점을 안고 있기 때문이다. 잘날수록 동류집단으로부터 소외당하지 않게, 특히 몸가짐을 조심해야 한다. 하지만 이게 얼마나 힘든 일인지는 잘난 사람만이 그 고충을 안다. 아무리 굽실거려도 타인이 거만하다고 보는 이상 겸손해지기 위한 이 피나는 노력은 무위로 그친다. 잘났다는 이유 하나만으로 그는 집단에서 소외되기 때문이다.

'제까짓 게 뭔데!'
'자기가 언제부터…'
'개구리 올챙이 시절을 몰라'

이런 말은 모두 동류의식을 배반당한 데 대한 분노의 소리다.

단순히 질투나 시기만도 아니다. 내 머리 위에 군림한 것에 대한 저항이요, 반발이다. 무시당한 듯한 기분이 들기 때문이다. 이런 현상들은 중년에 들어선 초등학교 동창회에서 예외 없이 나타난다. 잘된 동창들의 등 뒤에서 괜히 손가락질하고 수군댄다. 거만하다는 거다. 자기들과 같은 수준에 있어야 하는 건데 말이다. 잘난 동창은 죄 없이 거만한 자로 낙인찍히고 집단으로부터 소외당한다. 이 사람이 졸업 후 지금까지 기울여온 노력은 전혀 생각해주지 않는다. 그저 동류의식만 내세워 잘난 그를 규탄한다. 제1인간층보다 친구나 동창 등 제2인간층에서 잘 이런 일이 벌어지는 것도 그런 연유다.

사촌이 논을 사면 배 아픈 것도 같은 이치다. 비슷한 위치에서 경쟁의 상대가 되는 사이이기 때문이다. 건전한 경쟁의식이 싹트지 못한 것도 이런 한국적 열등감에서 비롯된다. 이게 현대의 경쟁사회에서 얼마나 큰 부작용을 낳는지 숙고해볼 일이다. 남 잘되는 걸 기뻐하기보다 시기하고 헐뜯는 풍토에선 건전한 경쟁의식이 태동할 수 없다. 동료들로부터 정적(情的)인 관계에서 소외되지 않으려면 아예 출세할 생각을 말아야 한다. 참 딱한 우리 풍토다. 오늘날 경쟁사회에서 부딪치는 한국적 갈등이라 하겠다.

마음 약한 폭군

폭군 네로가 로마 거리를 둘러보고 있었다. 거리의 모든 사람이 고개를 숙이고 땅에 엎드렸다. 네로는 기고만장했다. 그런데 이게 웬일인가. 어느 쓰러져가는 움막 앞을 지나칠 때였다. 그 앞에 한 초라한 거지가 자길 보고 웃고 있지 않은가. '아니 저놈이 왜 저리 거만해? 누굴 비웃고 있는 거야!' 화가 치민 그가 소릴 버럭 질렀다. 병사가 달려가 노인을 움막 안으로 차넣었다. 돌아와 고했다.

"노인은 비웃은 게 아니옵고 그저 행복해서 웃었다고 합니다."
"행복? 그 꼴에 무슨 행복이냐? 난 그게 마음에 안 들어. 날 비웃은 거야. 당장 목을 쳐라!"
"네, 분부대로 하겠습니다. 하오나 폐하의 용안을 뵙고 그렇게 행복해하는 노인을…."

그 말에 네로는 성이 풀려 '나를 보는 게 행복하다고? 별일이군' 하고 중얼거렸다. 천하를 호령하는 그 앞에 감히 거만을 부릴 사람이 있었다니 참 기막힐 것이다. 더구나 그 초라한 노인이 말이다. 병사의 말대로 정말 행복해서 웃고 있었는지 모른다. 비웃을 생각은 추호도 없었을 것이다. 문제는 네로 자신의 눈이요, 생각이다. 그 노인을 거만하다고 생각한 그에게 문제가 있었다.

네로의 심경을 들여다보면 이해가 간다. 천하를 손에 쥐고 무슨 짓을 해봐도 시원치 않은 그였다. 도대체 좋은 게 없었다. 이러한 그의 공허감을 자극한 것이 그 노인의 웃음이었다. 마치 그 노인은 자기 심경을 꿰뚫어 보는 듯했을 것이다.

'노인은 그래서 나를 비웃고 있는 거야. 내가 이렇게 거들먹거려 봐야 저보다 못하단 생각에서야.'

네로는 이런 인간적 약점 때문에 화가 치민 것이다. 생각하면 어이없는 일이지만, 우리 주위에도 이런 '네로 증상'이 많다. '제까짓 게 뭐 그리 잘났다고 거만하게 굴어?' 생각할수록 분통이 터질 일이다. 이런 거만한 녀석들 때문에 속상할 때가 많다. 하지만 따져보자. 도대체 거만하다는 게 무엇인가. 인사를 안 해 거만하다고 한다. 인사를 해도 고개를 덜 숙여 건방지다고 한다. 걸음걸이도 말투도 도대체가 거만하다. 목에 힘을 주고 앉은 폼 하며, 커피 마시는 꼴 좀 보라고! 왜 반말지거리야? 끝이 없다. 정말 시시하고 웃기는 일들이다. 그게 어째서 거만한 건지 알 수 없다. 보기에 따라선 매력이 될 수도 있는데 말이다. 거만하다는 척도는 객관적인 사실이 아니고 주관적 느낌이라는 사실을 명심하자. 문제는 거만하게 구는 사람에게 있는 게 아니고 그렇게 보는 당신 눈에 있다. 녀석 앞에 자신이 없기 때문이다. 열등감을 느낀다는 증거다. 녀석이 나보다 잘났다고 생각하니까 거만하게 보인다. 자신 있는 사람 앞엔 거만한 사람이 보이지 않는 법이다. 비록 나보다 지위가 낮고 형편없는 녀석인데도 거만하게 보인다면, 따지고 보면 그 친구의 어디엔가 내가 압도당하고 있다는 증거다. 말단사원이긴 하지만 나보다 영어를 잘

한다거나 인물이 잘생겼든가, 평소에 어느 한구석이 나보다 낫다고 느껴 왔던 게 틀림없다. 그 점에 관한 한 자신이 없었던 게 곧 그 상대를 거만하게 보는 원인이다. 걸음걸이가 거만하다면, 그럼 어떻게 걸어야 한단 말인가. 당당한 걸음에 내가 압도당하는 중임을 잊지 마라. 존댓말 대신 반말을 쓴다고 자존심이 상하기도 한다. 녀석이 얼마나 나를 무시하면 반말을 쓰지? 이래서 싸우는 일이 우리 주위엔 너무나 많다. 하지만 이런 모습을 굳이 왜 거만으로 받아들이는가 말이다. 오히려 친숙과 호의의 표시일 수도 있다.

친해질수록 존댓말 대신 반말로 되어가는 게 인간관계다. 깍듯이 존칭을 붙이는 거야말로 친해지고 싶지 않다는 반감의 표시다. 자연스러운 반말은 때때로 인간관계를 부드럽게 만드는 윤활유 구실을 한다. 이걸 거만하다고 몰아붙인다면 망상이 아니고 무엇인가.

이 모든 게 자기 스스로가 붙인 오해에서 비롯된다. '왜 그리 거만해?' 하고 따지며 싸워야 득이 될 것 없다. '내가 뭐 건방져?' 하고 반문하면 뭐라고 응수할 텐가?

'걸음걸이가 건방져!'

설마 이렇게 말할 작정은 아니겠지? 괜히 망신만 당한다. 정말 비웃음을 사기 전에 아예 거만 시비는 말아야 한다. 누군가가 거만해서 화가 치밀거든. '아! 또 내 열등감이 발동하는구나!' 하고 머리를 쳐보라. 멋쩍은 웃음이 터질 것이다. 이것만으로도 마음속의 불길이 진화될 것이다. '녀석도 깨나 자신 없는 모양이군' 하고 상대를 가엾게 여기는 것도 한 가지 방법이다. '저렇게 목에 힘을 주고 앉았으니 얼마나 힘들까?' 측은한 생각이 들면 쿡, 하고 터지는 웃음을 참을 수 없게 된다. 더는 화가 나지 않는다.

직장인의 피해의식

열등감이 빚은 부작용 중에서 가장 심각한 게 피해의식이다. 심한 경우 피해망상증으로까지 발전한다. 어떤 상황에서든 자신감이 없을 땐 피해를 보았다는 착각에 빠지기 쉽다. 무식한 사람이 돈 거래 않는 것도 행여 사기를 당하지 않을까 하는 의구심 때문이다. 외국을 여행해본 사람들이 경험하는 일이 있다. 알아듣지도 못하는 말을 자기들끼리 떠들 땐 꼭 내 흉이나 보는 듯한 기분이 든다. 으스스한 게 어깨가 움츠러든다. 평소 내성적이고 자신이 없는 사람일수록 더욱 그런 불안에 휩싸인다. 나를 해치려 모함이나 꾸미고 있는 것처럼….

이런 기분이 고조되면 드디어 피해망상의 급성 발작을 일으켜 정신과로 직행하는 수도 있다. 예로부터 폐쇄적이고, 외인과의 접촉이

거의 없었던 우리에게 오늘날처럼 이동이 많아진 생활에선 적응상 난점이 많다. 우리는 어릴 적부터 낯선 사람을 두려워했다. 갓난아기 때 소위 '낯가림'을 하는 이런 현상은 외국 애들보다 현저히 심하다. 낯선 사람만 오면 겁을 집어먹고 달아난다. 이런 두려움은 상당히 자란 후에도 여전히 남아 있다.

개화기 서양사람의 노란 머리를 보고 괴물이 나온 것으로 착각해 기겁하고 모두 달아났다는 기록도 있다. 이런 현상들은 폐쇄성이 낯선 것에의 두려움을 낳고, 그리곤 이게 피해의식으로 발전해간 결과다. 그러나 궁극적인 원인은 역시 열등감에서 시작한다. 낯선 사람에게뿐만 아니다. 일상의 대인관계에서도 피해의식을 쉽게 느끼는 사람은 모두가 자신이 없는 탓이다. 이런 사람과는 농담 한마디 못한다. 근사하다는 칭찬에도 왜 빈정대느냐고 화를 버럭 낸다. 자신이 없는 탓이다. 이들은 주위 사람들의 일거일동을 예의주시한다. 잠시도 경계의 눈을 게을리하지 않는다. 언제 누가 어떤 방법으로 해를 끼칠지 모르기 때문이다. 마치 적진에 뛰어든 스파이 같다.

이들은 작은 일에도 면밀한 계산을 한다. 어물쩍하다간 손해를 본다고 생각한다. 이용당하는 건 아닌지 늘 주의를 게을리하지 않는다. 누가 무슨 말을 걸어와도 어떤 저의가 있는 건 아닌지 일단 의심한다. 온 신경을 곤두세우고 있자니 몸엔 식은땀이 흐르고 혈압이 오른다. 실제로 의심증이 많은 사람의 사인(死因)이 심장, 혈관 계통 질환이라는 점도 의학계의 관심을 끌었다. 나라도 그렇지만 개인 간에도 어느 한쪽이 열등감을 느낄 땐 그 관계유지가 무척 힘들다. 직장 내에서도 마찬가지다. 열등감으로 인한 피해의식이 강한 친구가 섞여 있으면 직장 분위기가 딱딱해진다. 녀석의 오해로 인해 때론 험악한 분위기가 연출된다. 몇이 모여 차 한잔 마시러 나가도 녀석은 당장 소외된 기분이 든다.

"너희들끼리만 나가지! 좋아, 두고 보자!"

마치 원수나 보는 듯한 복수심이 생긴다. '어이, 나도 같이 가자!' 하며 따라나서면 될 텐데, 열등감 많은 친구는 이 말이 안 나온다. 친구들이 일부러 자기를 따돌린다고 오해하니까 그렇다. 사실인지도 모르지만 말이다. 참 피곤한 사람이다. 직장뿐 아니라 어떤 인간관계든 이런 친구와의 만남은 무척 피곤하고 신경이 쓰인다. 비교적 단조롭고 동질적인 사회에선 열등감이 큰 문제가 되지 않았다. 만나는 사람이라야 극히 제한된 몇뿐이었다. 정 사람이 꼴 보기 싫으면 죽림사현(竹林士賢) 입네 하고 숨어 살 수도 있었다. 그러나 사회가 복잡해지면서 누구에게나 문호가 개방되고 이질적 요인이 많아질수록 열등감을 자극할 요인들도 함께 증가했다. 같은 직장 내에도 무학에서 대학, 박사까지 있는가 하면 직급에도 일용잡급직에서 사장까지 층층이다. 성씨(姓氏)도 그렇고 출신지 역시 다양하다. 대우나 임금 역시 현격한 차이가 난다. 낮은 사람으로선 열등감을 느낄 수밖에 없다. 거기다 우리 특유의 상향의식이 작용하니까 더욱 심각하다.

서양에선 실력에 따른 임금 차이도 나고, 또 이를 기정사실로 받아들인다. 이건 체념도 아니다. 자기가 해온 노력의 대가다. ==공부를 적게 했으면 대우도 적은 게 당연하다. 이게 자본주의 경쟁의 원칙이다. 그들에겐 이런 일이 어릴 적부터 체질화되어 있다. 따라서 임금이 낮아도 자신이 선택한 직업에 긍지를 갖는다. 열등감이란 생각을 아예 하지 않는다.== 그런데 우리 사정은 이와 매우 다르다. 이유야 어쨌든 현재의 대우가 불만이고 그만큼 열등감이 생긴다. 자기 능력이나 노력은 생각지도 않는다. 그래서 낮은 대우에 대해 자기는 늘 피해자라고 생각하고 있다.

사회의 모든 게 오해의 대상이다. 인사도 정실이 개입하는 것으로 믿는다. 사장과 동향이 아니라 차별대우를 받는다고 여긴다. 물론 이런 오해가 전혀 사실무근이 아니라는 게 우리 현실의 문제점이기도 하다. 혈연, 지연, 학연 등이 인사정책에 강하게 작용하는 것도 일부 사실인지라, 가뜩이나 열등감이 많은 사람 처지로서는 피해의식이 생길 법도 하다. 서양의 기능 위주의 인사에 비해 우리는 정실이 더 우선한다는 사실도 부인하기 어렵다. 당하는 입장에서야 당연히 피해의식이 생긴다. 직장인의 고민 중 상당한 비율을 차지하는 게 바로 이런 문제에 기인한다. 이게 직장 노이로제 문제의 핵심이다.

아니 땐 굴뚝에 연기 나랴. 피해망상증 환자에게도 그럴듯한 이유가 있다. 무척 논리정연하다. 자기가 입은 피해를 설명하는 데 그럴싸한 객관적 근거를 제시한다. 듣고 보면 참 그럴 듯도 하다. 하지만 비록 그런 일이 실제로 있었다 해도 작은 문제들에까지 지나치게 과장, 확대해석하면 안 된다. 물론 이런 오해가 증폭작용을 하는 계기는 열등감이다. 자신 있는 사람이라면 그건 것쯤 무시할 수 있는 일이다. 그래야 대성한다. 이 같은 정실이 작용할 수 없도록 내 실력을 키워야 하기 때문이다. 누구도 인정하는 실력 앞에선 사소한 정실이 개입할 수 없다. 작은 불이익에 연연하면 큰일을 해낼 수 없다. 승자는 넘어지면 일어서는 쾌감을 알고 패자는 한탄만 한다. 승패가 이 작은 차이에서 갈린다.

성(姓) 개방시대의 질투 병리

미국의 유명 영화배우 폴 뉴먼 부부는 예일 대학의 연극교수로 재직했다. 나도 가끔 이들을 만나 볼 기회가 있었다. 어느 날 혼자 식사를 하는 폴에게 부인이 함께 안 왔느냐고 말을 걸었다. 음악회에 갔을지도 모른다는 막연한 대답이었다. 난 의아한 생각이 들어 부인이 혼자 갔느냐고 재차 물었다. '아뇨, 음악회에 갔다면 스티브

하고 갔을걸요. 음악이라면 그 친구라야 아내와 이야기가 통하거든요. 난 녀석이 참 부럽단 말이야.' 그의 말엔 조금의 가식도 없었다. 얼굴엔 가벼운 홍조까지 띠고 있었다.

난 그렇게 말하는 그의 인간성에 많은 매력을 느꼈다. 아내와 함께 음악회에 간 그 남자를 부러워한다니 얼마나 인간적인가. 그리고 그걸 스스럼없이 솔직히 털어놓는 것도 범인이었다면 하기 어려운 일이다. 그건 선망이지 질투가 아니다.

열등감에 시달리는 내 환자라면 그 경우 어떻게 했을까를 생각했다. 틀림없이 다음 두 가지 형태의 연쇄반응이 일어날 것이다. 첫째가 자기 패배형이다. '아, 아내가 거길 그와 갔구나. 역시 난 안돼!' 그리곤 술집이라도 달려갔을 것이다. 둘째 유형이 더 무섭다. '역시 내 추측이 맞았구나. 내가 그냥 둘 줄 알아? 당장 달려가….' 하고 노기등등한 얼굴로 찾아 나설 것이다. 어느 쪽이든 실패는 보장돼 있다. 음악회에 갔다는 단순한 사실에 이렇게 반응을 한다면 실패는 불을 보듯 뻔하다.

우리 일상생활에선 정말 하찮은 일에 오해를 한 나머지 엄청난 비극을 초래하는 경우가 허다하다. 애인이 다른 남자와 커피 한잔 마신 일이 시발이 되어 자기 파멸의 수렁으로 빠져들기도 한다. 이런 일이 애정 소설의 단골 소재가 되기도 한다. 기왕이면 좋은 쪽으로 해석할 수도 있는 걸 굳이 자기에게 불리하게 생각하는 것이 약자의 병리다. 오빠일 수도 있고 직장동료와 사무적으로 만날 수도 있지 않은가. 설령 아니라도 그런 쪽으로 생각하는 게 속 편하다. 아니면 폴 뉴먼처럼 자신의 약점을 솔직히 시인하는 것도 한 방법이다. 다만 이걸 자기라는 인간 전체에 확대 적용하면 안 된다. 못 하는 건 음악뿐이다. <mark>설령 여자가 나를 싫다고 가는 한이 있더라도 그걸 내 인간 전체에 연관시켜선 안 된다. 성격이 안 맞을 수도 있고 취미가 다를 수도 있다.</mark> 이처럼 단순한 사실을 두고 자신에게 실패자 낙인까지 찍어야 할 것까진 없다.

모든 건 내 마음이 만들어낸다. 자신을 격하시킨 것도 내가 한 짓이다. 어쩌면 이 경우가 다행일지 모른다. 잘못이 외부에 있다면 내 마음대로 쉽게 고칠 순 없지만 그게 내 속에 있는 이상 내 마음먹기에 따라 고칠 수 있기 때문이다. 문제는 해석이다. 일어난 사실을 바꿀 순 없다. 하지만 어느 방향으로 해석할 것인가 하는 마음 먹기에 달렸다.

사양심 vs. 양보심

서양사람들은 사양할 줄 모른다. 우리가 서양 친구 집에 초대되었을 때 가끔 서운한 여운이 남는 것도 바로 이 사양심의 차이다. 차 한잔이라도 우린 일단 사양부터 한다. 서양사람은 한번 싫다면 그걸 곧이 그대로 받아들이며 두 번 다시 권하지 않는다. 예의상 말하는 사양을 진짜 싫은 거라고 여긴다. 이런 의식 차이로 처음 여행길에 밥을 굶기도 하는 에피소드가 많다. 분명히 배가 고픈데 괜히 체면상 한마디 한 것이 화근이 된다. 우리 같으면야 이런 오해가 없다. 손님이 아무리 싫대도 굳이 밥상을 차려오는 게 우리다. 싫다는 손님도 주인의 그런 마음을 짐작하기에 짐짓 안 그런 척하고 손을 흔든다.

손님의 지나친 사양으로 주인을 오히려 당황하게 만드는 경우도 왕왕 있다. 때론 좀 주책없을 정도의 이 사양지심은 어디서 유래한 것일까? 예절이 바른 민족이라 그렇다고 추켜세울 수도 있다. 그러나 근본적인 이유는 열등감이다. 나보다 잘 사는 집에 갈수록 사양이 많은 걸 봐도 그건 틀림없는 해석이다. 나와 처지가 비슷하거나 못한 집에 가면 조금 달라진다. 만만한 것이다. 권하는 대로 먹고, 또 모자라면 더 달란 소리까지 한다. 그러나 나보다 잘 사는 집에 가면 예외 없이 열등감이 발동한다. 차 한잔도 굳이 사양한다. 내가 얻어먹으러 온 게 아님을 분명히 밝히고자 함이다. 구걸이라도 하러 온 듯한 인상을 주기 싫은 게다. 배고픈 것쯤이야 좀 참는 게 낫지, 자존심이 상할 순 없다. 꼭 사양할 만한 타당성이 있다면 몰라도 열등감을 숨기기 위해 하는 이 강박증은 일종의 병이다. ==차 한잔에 자존심까지 들먹인다면 병이다. '거지'가 아니란 걸 보여주고자 사양==

==을 한다지만 이거야말로 진짜 거지다.== 우리는 먹는 데 관한 한 사양을 하게끔 철저한 훈련을 받아왔다. 염치없는 인간이 되면 안 된다고 배워왔다.

풍요한 나라에선 적어도 먹는 일에 관한 한 사양이란 걸 심하게 할 필요가 없다. 눈치 보거나 염치를 따질 필요가 없이 자랐기 때문이다. 이건 우리끼리도 마찬가지다. 부잣집 애들은 남의 집에 놀러 가도 스스럼이 없다. 사양도 없거니와 배고프면 오히려 달라고 말한다. 그러나 없는 집 애들일수록 사양이 많다. 눈치 보며 마지못해 밥상에 앉는다. 그나마도 밥을 조금 남긴다. 슬픈 장면이다. '저 어린 것이 왜 다 먹어치우질 못할까?' 그러나 이 가난한 애는 그렇게 해야 자존심이 선다고 생각한다. '난 배가 고프지 않다', '나는 거지가 아니다'라는 선언이다. 이게 사양지심의 병리다. 사양이란 본심이 아니다. ==겉과 속은 아주 다르다. 이건 어디까지나 열등감을 감추기 위한 수단이지 진실은 아니다. 하나의 허세요, 허구다. 우리가 예절이라고 칭찬하는 건 하나의 합리화요, 미화일 뿐이다.== 가난이 빚은 조상의 유산이다. 오해하지 말아야 할 점은 사양과 양보가 다르다는 사실이다. 양보란 남을 위해 내 욕구를 억제하는 희생정신이다.

사양이 많다고 양보심이 많다는 건 결코 아니다. 사양을 모르는 솔직한 사람이 생사의 갈림길에선 과감한 양보를 하는 신사도를 발휘한다. 침몰해가는 배에서 탈출하며 마지막 남은 한 자리를 여자에게 양보하는 사람도 있다. 이런 용기는 열등감으로 위장된 사양지심에서는 쉽게 생겨나지 않는다. 겉과 속이 분명한 사람만 할 수 있는 행동이다. 사양지심이란 꼭 손님의 경우만은 아니다. 분에 넘치는 대접을 해야 하는 주인도 마찬가지다. 이 정도쯤이야 괜찮다는 걸 보여주기 위해서라도 분에 넘치는 대접을 한다. 가난한 집일수록 손님 접대에 과다한 지출을 하는 것도 바로 이 거지 인상을 씻기 위한 과잉보상이다. 내일 아침 애들 책값을 못 주는 한이 있어도 오늘 저녁 손님 접대만큼은 융숭해야 하는 강박증도 다른 말로 설명할 길이 없다. 차 한잔 끓여놓고 손님을 부르는 서양사람들과는 너무 대조적이다. 초대를 받고 잔뜩 기대하고 갔다가 실망하고 온 한국 유학생의 이야기도 이런 데서 비롯한다.

숨길 게 없다. 있는 그대로를 보여주고 대접하는 것이다. 손님이 온다고 외상까지 해가며 거창하게 대접하진 않는다. 그러니까 서양 가정에선 손님 초대가 어렵지 않다. 우리처럼 거창해야 한다면 손님 한번 청하기가 이만저만 부담스럽고 힘든 일이 될 것이다.

술값은 돈 많은 쪽이

친구와 함께 차 한잔 마셔도 꼭 돈 없는 친구가 먼저 일어나 계산한다. 자기가 안 내면 남들이 무시할 것 같은 기분이 들어서다. 그래놓곤 돌아와 돈 많은 친구를 흉본다. 짜다느니, 인색하다느니 말이다. 선박왕 오나시스가 그의 초창기, 그리스를 떠나 해외에서 착착 기반을 다져가던 때의 일이다. 그를 만나고 온 옛 친구들은 하나같이 입을 모아 그의 인색을 헐뜯었다. 보아하니 기반도 착실한 녀석이 친구를 만나도 술 한잔 사질 않는다는 것이다. 이런 이야길 듣고 딱히 여긴 오나시스의 비서가 그에게 충고했다. 오나시스는 박장대소를 하더니 이렇게 대꾸했다.

"녀석들이 나한테 기회를 주지 않는걸! 연회가 끝나면 언제 계산했는지 다 치르고 가버리지 뭐야. 내 술을 얻어 마실 배포가 없어서들 그래!"

여러 의미가 담긴 말이다. 열등감이 클수록 대접을 받기가 거북하다. 비굴한 생각도 들고 얻어먹는 듯해 자존심이 상한다. 식당에선 요즈음도 계산대 앞에서 서로 내겠다고 밀치는 광경을 자주 본다. 외국인이라면 어리둥절한 표정으로 바라본다. 왜 저러는지 이해가 안 되기 때문이다. 설명을 듣고 난 후에는 아주 많이 감탄한다. 어쩌면 저렇게들 인정이 많고 우애가 깊으냐고 말이다. 물론 그렇게 해석할 수도 있다. 그러나 서로 내겠다는 게 열등감을 숨기기 위한 경쟁이라면 이건 비극이다.

칭찬과 아부

칭찬에 무척 인색한 사람이 많다. 마치 아첨이나 떠는 비굴한 일 정도로 생각한다. 특히 자기보다 좀 잘난 사람 앞에선 더 그렇다. 속이 들여다보이는 듯해 얼굴이 간지러워 못하겠다는 말도 한다. 자존심이 허락지 않는다고도 한다. 이렇게 칭찬에 인색한 자신을 변명하지만, 근본 이유는 열등감이다. 열등감이 작용하면 칭찬이 곧 아부라고 생각한다. 마치 자신의 패배를 인정하는 것 같다. 굴욕감이 들 수도 있고, 비굴한 기분이 들어 자존심에도 상처를 준다. 이런 상황에서는 칭찬이 안 나온다. 따라서 열등감이 강한 사람일수록 칭찬에 인색해지는 건 당연한 이치다.

이들은 인생을 언제나 경쟁하는 눈으로 본다. 따라서 자신은 패배자라는 생각에서 벗어나질 못한다. 누굴 만나도 자신이 없다. 위축된 기분에선 어떤 느낌도 자연스레 표현될 수 없다. 웃음은커녕 말조차 제대로 안 나온다. 웃는 일도 마치 아부나 하는 듯한 기분이 들 것이다. 이들은 또 아랫사람에게도 인색하다. 칭찬은 마치 목적이 있어, 예비공작이나 하는 듯한 인상을 주는 것으로 여기기 때문이다. 무슨 꿍꿍이속이 있다고 여겨 자신의 진의가 상대에게 의심받을까 봐 두려움이 앞선다. 칭찬에 약한 사람은 자신의 인간관계도 잘될 리 없다. 친구도 물론 없다. 인기가 없다고 투덜댄다. 하지만 그 원인이 자신의 칭찬 결핍증에 있음을 잘 모른다.

칭찬을 아끼지 말아야 한다. 상대가 어떻게 받아들이건 상관할 것 없다. 내가 좋으면 좋은 거다. '넌 참 노래를 잘해 좋겠다' 하며 부러워하는 건 더 좋은 방법이다. 못하는 걸 억지로 칭찬하라는 말이 아니다. 정말 잘하는 노래라면 빈정대지 말고 칭찬하고 부러워도 해보라. 이건 아부가 아니다. 엄밀한 뜻에서 칭찬도 아니다. 내가 느낀 사실을 이야기한 것에 불과하다. 다만 속에 두지 말고 표현하도록 노력하자는 거다. 작은 일에도 칭찬하고 부러워하는 습관을 들여보자. 이건 신통한 효과를 발휘한다. 사람들은 칭찬하는 당신을 좋아할 것이다. 기회가 있을 적마다 당신을 찾을 것이다.

동서냉전이 팽팽하던 시절, 미국 국무장관이었던 키신저는 능란한 외교술로 화해 분위기를 만드는 데 결정적 공헌을 했다. 철의 장막 구소련은 물론이고 죽의 장막에 가린 중국의 문을 연 이도 그였다. 참으로 놀라운 수단이었다. 세계 언론은 그의 비법이 궁금했다. 훗날 자리에서 물러난 후 그 비법은 '칭찬'이라고 한마디로 잘라 말했다. 어떤 거물도 칭찬에 약하다는 사실을 그는 확신했다. 딱딱한 회의 자리에서도 상대의 작은 구석을 칭찬하면 빗장을 풀고 너그러워진다는 것이었다. 작은 칭찬이 닫힌 문을 열게 하는 비법이었다.

누구에게나 '자기 기분 앙양제'는 필요한 법이다. 그게 자기를 밀어주는 힘이 된다. 자기 추진력이다. 속이 텅 빈 사람이 술을 찾는 것과 같은 원리다. 밀어주는 힘이 없을 땐 술에라도 의존하는 수밖에 없다. 이게 알코올 중독의 첫걸음이다. 하지만 칭찬은 중독성이 있는 게 아니다. 결핍증은 있어도 과잉증은 없는 게 칭찬이다. 돈 드는 일도 아니다. 칭찬의 말 한마디만 하는 습관을 들여보자. 당신은 사방에 불려 다니는 인기인이 된다. 칭찬 못 하는 걸 자랑으로 아는 바보도 있다. '난 사람 앞에선 칭찬을 못 해' 하고 겸손을 부리지만, 사실은 우쭐대고 있는 셈이다. ==자존심깨나 강한 사람 같지만, 사실은 열등감 덩어리다. 자신 있는 사람은 칭찬에 인색하지 않다.== 그게 아부가 아니란 확신이 있기 때문이다.

자부심과 긍지

미국의 철강왕 카네기가 그의 철강업에 정열을 쏟고 있을 당시였다. 그는 한 사람의 철공을 눈여겨보고 있었다. 그 철공은 말이 없었다. 맡은 일만 열심히 했다. 그 자세는 언제나 진지하고 성실했고 자기가 하는 일에 자신감이 넘쳐흘렀다. '저 사람이야말로 이 회사를 책임질 수 있겠다'고 카네기는 생각했다. 그를 사장실로 불러 사장 자리를 물려주겠노라 자신의 결심을 이야기했다. 어리둥절한 철공이 사장을 쳐다보더니 고개를 저었다.

"사장님, 난 다른 일은 못 합니다. 평생 해본 일이라곤 이것밖에 없는걸요. 철공 일에서야 대통령이죠…. 사양하겠습니다."

일류병 이야기

신분 계급이 분명했던 과거엔 그 계급에 따른 차이를 체념하며 살아왔다. 가난하고 서러운 사람에겐 이 체념만 한 약이 따로 없다. 대궐 같은 집을 바라보며 게딱지 같은 집에서 갈등 없이 살 수 있었던 것도 체념 덕분이었다. 속이 상해서도 못 살 것 같은데 신통한 일이다. 가난한 조상은 체념이라는 방어기제를 용케도 잘 만들어냈다. 이것은 어떤 갈등도 융화시키는 강력한 힘을 갖고 있었다. 체념할 수 있었기에 살아올 수 있었다.

그런데 오늘날에는 체념이라는 기제가 점점 약화되어 가고 있다. 누구에게나 기회가 주어진다. 갈등이 일기 시작한 것이다. 체념에 눌린 응어리가 한으로 남아 있었다. 못 살고 짓눌린 한이 설움으로 남아왔다. 잘 살고 싶은 욕망이 누구에겐들 없으랴만 우리에겐 이 욕망이 누구보다 강렬했다. 못 살았던 한을 풀어야 했다. 한이 맺힌 사람은 무섭다. 당대에 못 이루면 그 한을 자손에게 물린다. 살아서 못 이루면 죽어 귀신이 되어서라도 풀어야 했다. 그 집념은 가히 필사적이다. 지난 1970년대 '잘살아 보자!'는 구호가 우리의 가슴마다 절실하게 와 닿을 수 있었던 것도 이런 서러운 역사가 존재했기 때문이다. 이것이 우리로 하여금 빠르게 세계가 놀랄 근대화 작업을 할 수 있게 만든 저력으로 작용했다. 그러나 다른 한편으로는 부작용도 없진 않았다. 이른바 일류병이라는 것도 이런 역사심리적 배경 속에 태어난 부산물이다. 그 사회적 병폐야 일일이 열거할 필요도 없지만, 각 개인의 입장에서도 보통 일이 아니다.

한이 맺힌 사람은 이를 보상하기 위해 방법을 가리지 않는다. 어떤 희생을 치르더라도 기어이 그 한을 풀어야 한다는 필사의 집념이 어려 있었다. 학벌이 없는 집에선 돈 아니라 내 몸을 팔아서라도 대학을 마쳐야 했다. 상아탑이 우골탑이 된 슬픈 이야기도 한 맺힌 한국인의 일류병이 만든 것이다. 세계에 유례가 없는 학교 재벌이 탄생할 수 있었던 이유도 여기서 비롯한다. 돈에 한이 맺힌 사람은 체면도 명예도 다 집어던지고 오직 돈만을 위해 평생을 바친다. 건강도 자식 교육도 뒷전이다. '한을 풀려면 무슨 짓 못 해!' 이런 모습을 보고 있노라면 소름이 끼친다.

체념과 한은 우리 특유의 정신병리라 해도 무리가 없다. 서양엔 이런 모습이 없다. 그들은 어느 한 가지를 위해 인생의 다른 모든 걸 희생하는 법이 없다. 돈도 명예도 그리고 재미도 자기 분수에 맞게 골고루 갖춰 산다. 균형이 잡혀있다. 적어도 우리처럼 일류병에 미쳐 있지는 않다. 우리에겐 남보다 뒤떨어진다는 건 참을 수 없는 굴욕이다. 남과 같아야 한다는 철저한 평등의식이 있는가 하면, 또 한편으로는 가히 병적인 일류병에 시달리는 이중성의 갈등 속에서 살아간다. 그러나 근본적으로는 이게 모두 열등감을 보상하기 위한 반작용이다. 요즈음엔 옛날처럼 신분화된 계급이 없지만, 계층 문화가 더욱 세분되고 이질화되어 가는 추세다. 따라서 일류병에 대한 집념이 강한 만큼 삼류의식에의 고민 또한 적지 않다. 열등감에 빠져 좌절할 요인이 더 늘어난 셈이다. 이를 올바르게 의식하고, 인정하고, 또 수용해야 한다. 그럴 수 있을 때 비로소 이를 보상하기 위한 합리적 노력을 기울일 수 있다.

어리둥절하게 된 건 이제 사장 쪽이었다. 하지만 그는 곧 철공의 말을 이해할 수 있었다.

"그렇소, 내 생각이 부족했던 것 같소. 당신이야말로 세계 제일의 철공이니 오늘부터 대통령의 월급을 주겠소."

그 철공은 카네기 회사에서 가장 봉급이 많은 사람이 되었다. 이게 카네기의 멋이요, 생활철학이었다.

카네기 역시 무슨 일을 하든 이것만은 내가 제일이라고 믿으며 살았다. 그가 12살 때 방직공으로 출발했을 때에도, 그리고 훗날 우편배달부로 일할 당시에도 카네기는 항상 자신이 하는 일만큼은 스스로 세계 제일이라는 신념으로 살았다. 그리고 그렇게 되기 위해 노력한 것이 곧 카네기의 성공 비결이었다고 훗날 회고했다. 하지만 이것이 그리 쉬운 일이던가.

근심 가득한 얼굴로 내 진료실을 찾아온 샐러리맨들은 이와 정반대의 말들을 했다. 자기 자리가 불안하다는 이야기였고, 곧 쫓겨날지 몰라 걱정이라는 말이었다. 결정적인 실수를 저지른 것도 아니다. 괜히 그런 생각이 든다고 말했다. 다른 사람들은 모두 하는 일에 자신이 있어 보인다. 나만 무능한 사람처럼 느껴진단다. 상사들은 무능한 자기를 두고 수군대고 있단다. 자기를 몰아낼 궁리를 한다는 둥 피해망상으로까지 발전한 사람을 여럿 보았다.

이쯤 되면 비극이다. 그러나 그 불안의 요인은 아주 간단한 데 있다. '나 아니라도 누구나 이 일은 할 수 있다'는 생각 때문이다. 이런 평가에 객관적 근거가 있는 것도 아니다. 스스로 평가절하를 한다. 그러니 자리가 편할 리 없다. 눈치만 보자니 소신껏 일할 수도 없다. 점점 위축되어 소극적으로 되니 그나마 자신의 능력을 제대로 발휘할 수 없다. 상사가 부를 적마다 '이크, 잘리는구나' 하고 가슴이 철렁 내려앉는다. 이런 파면 공포를 겪는 사람에게 감원설이라도 나돌면 아주 치명적이다. 쫓겨나기 전에 제 발로 나가겠다고 사표를 던진다. 깜짝 놀란 상사가 말려도 소용없다. 으레 하는 제스처로만 생각한다.

이렇게 해서 직장뿐 아니라 아주 인생을 뜨는 사람도 있다. 자기를 움직이게 하는 동력원을 스스로 끊어버린 것이다. 경제가 바닥을 치면서 명퇴니 구조조정이니 하는 압력은 지금도 우리의 어깨를 무겁게 짓누른다. 전문직보다 일반직일수록 더 심각하다. 나 아니면 안 된다는 의식이 약하기 때문이다. 아직 갈 길이 멀다. 지금부터라도 준비해야 한다. 내가 제일이라는 의식을 갖도록 해야 한다.

사람마다 자기를 끌고 가는 힘이 있다. 그건 외부에 있는 게 아니고 내부에 존재한다. 그걸 외부에 의존하는 사람은 쉽게 좌절한다.

뭇사람의 박수에 취해 살던 유명인이 대중으로부터 외면을 받으면 하루아침에 폐인이 된다. 얼굴만 파는 탤런트가 화상을 입거나 인기 스포츠맨이 교통사고를 당했을 때가 바로 그런 예다. 팬들이 얼마나 매정한지를 실감한다. 인기에 의존하는 사람일수록 자기 속에서 무얼 찾질 못한다. 술이나 마약 속으로 빠지는 이들의 말로가 이를 증명해준다.

예일 대학의 리츠 교수는 환자의 병을 찾기보다 신체의 건강한 부분을 찾으라고 강조했다. 그런 강점이 그를 밀어주는 힘이 되기 때문이다. 이를 활성화해주는 게 치료라고 강조했다. 리츠 교수는 어느 날 자기 애를 집 밖으로 쫓아낸 엄마의 상담을 받았다. 다음과 같은 대화가 오갔다.

"이 애는 못 써요. 입만 벌리면 거짓말인걸요."
엄마는 분노에 찬 눈으로 애를 쏘아봤다. 교수는 태연히 말했다.
"거짓말을 잘하면 관상대로 보내시죠."

방 안에 쿡, 하고 웃음이 터졌다. 엄마도 따라 웃었다. 결점까지도 자기 추진력이 된다는 게 리츠 교수의 지론이었다. 누구에게나 자기를 끌고 가는 힘이 있다. '나만큼 맡은 일을 책임감 있게 하진 못해', '나만큼 건강하진 못해', '이건 나 아니고는 안 된다', '이 일만은 내가 최고야'라는 의식, 이게 곧 자기를 밀어주는 힘이다.

==잠을 잘 자는 것, 밥을 잘 먹는 것도 이것만은 내가 제일이라는 자신이 생길 때 여유가 생긴다. 뒷산 꼭대기라도 올라본 사람이 더 큰 산을 넘을 수 있는 배짱이 생긴다.==

내가 최고라는 의식, 사람들은 그런 장점이 자신에게 없다고 생각하기 쉽다. 하지만 있다. 객관적 사실이 아니라도 좋다. 또 그럴 수도 없다. 내가 그렇게 생각하면 그뿐이다. 찾아보라. 당신 속엔 세계 제일의 요소가 얼마든지 있다. 누가 당신을 쫓아낸단 말인가.

만능과 무능

다 잘한다는 건 다 못한다는 말과도 같다. 만능의 환상에서 깨어나지 않는 한 열등의식에서 해방될 순 없다. 못한다는 게 때론 자랑이 될 수도 있다.

아인슈타인의 눌변(訥辯)은 그의 두뇌만큼이나 유명하다. 어느 자선 파티에서 축사를 받고 일어선 것까진 좋았으나 무엇을, 어떻게 이야기해야 할지 갈피를 잡을 수 없었다. 한참을 머뭇거리다 그대로 앉을 수밖에 도리가 없었다. 그러자 좌중엔 즐거운 환성과 함께 우레 같은 박수가 터져 나왔다. 마치 명연설이나 한 것처럼….

그는 그날 밤 집에 돌아온 후에야 그때 하고 싶었던 말을 타이프 해서 보냈다는 일화가 전해진다. 글재주도 없었지만, 연설보다는 나았던 모양이다. 하지만 누구도 그러한 아인슈타인을 얕잡아보거나 무시하지 않았다. 아니 눌변일 수밖에 없는 그를 오히려 존경한다. 그리고 그 자신도 말재주가 없다는 이유로 열등감을 느꼈다고 술회한 적은 없다. 기왕이면 그 머리에 능변까지 겸했으면, 할 수도 있겠지만 그건 신경생리상 불가능하다. 그가 능변이었다면 그만큼 그의 두뇌가 덜 개발되었을 게 분명하다.

하긴 우리 주위엔 만능이란 사람도 있고 팔방미인이란 말도 있다. 직장 체육대회 같은 데에선 한두 사람의 선수가 전 종목에 출전한다. 축구, 야구, 배구 등 그야말로 만능선수 한두 사람 덕분에 종합우승도 한다. 그러나 이 수준까지가 한계다. 세계적인 수준에선 누구도 만능일 순 없다. 수영 챔피언은 수영 외엔 아무것도 못 하는 바보일 수밖에 없다. 올림픽 사상 전혀 다른 두 종목에 우승한 사람은 아직 없다. 이게 중추신경의 원리다.

가히 만능적인 소질을 타고난 행운아가 없진 않다. 하지만 소질이 있다고 그걸 다 개발할 수는 없다. 개발이 안 된 이상 소질만으로 정상정복은 어림없는 일이다. 머리 좋고 운동소질이 있을 땐 어느 한 가지를 택일해 집중적으로 개발해야지 두 가지 다 잘 하려다간 어느 것도 잘못하는 어중이가 된다.

다 잘한다는 건 다 잘못한다는 거나 같은 소리다. 박사도 자기 전문분야뿐이지 다른 일엔 백치다. 아니 백치라야 진짜 박사다. 세상 물정 어두운 박사를 존경하는 이유가 여기에 있다. 그들에겐 모르는 게 애교요, 자랑이다. 경우에 따라선 잘하는 게 오히려 약점이 되기도 한다.

골프 실력이 싱글이면 은행에서 대출을 안 해준다는 이야기가 있다. 바둑이 1급이고 당구가 천이면 혼삿길이 막힌다. 테니스도 수준급이면 으레 낙제생이란 딱지를 붙인다. 못하는 게 장점일 수도 있다. 불구 예찬론이 아니다. 다만 어느 한 가지를 못한다고 열등감을 가질 필요는 없다는 말이다. 사람에겐 한 가지를 못하면 그만큼 다른 일을 잘할 수 있는 보상기능이 중추신경에 있다. 손을 못 쓰면 발로도 글을 쓸 수 있게 해준다. 축구선수 펠레가 수영을 못해 울진 않았다. 피카소가 축구를 못해 고민했단 소리도 듣지 못했다.

당신이라고 고민할 이유가 없다. 무슨 일에서건 하는 일에 최선을 다한다면 그뿐이다. 그래, 박세리는 나보다 골프를 잘한다. 그뿐이다. 그 이상의 어떤 의미도 없다. 골프를 잘하기 때문에 나보다 그가 우월한 것도 아니고, 그래서 내가 열등한 건 더욱 아니다.

숙맥에서 벗어나는 처방전 ⑦

열등감 때문에
먼저 술값을 계산하는 사람들

결론부터 말하면 술값이야 돈 많은 친구가 내야 한다. 특별한 사유가 없는 한 이건 당연한 논리다. 또 형편이 나은 친구라면 그럴 각오도 돼 있다. 그 친구에게 맡기는 거다. 괜히 내는 척하고 우물쭈물할 것도 없다. 그럴수록 더 궁상스러워 보인다. 내는 척하려는 잔재주도 부릴 필요가 없다. '내가 낼게!' 하고 헛소리할 것도 없다. 당당히 걸어나가라. 괜히 내겠다고 버티면 진짜 무시당한다.

내 주머니 사정을 뻔히 아는데 자꾸 내겠다고 우기면 이건 오히려 실례다. 돈 많은 친구에게 맡기자. 신세 진단 생각도 할 것 없다. '그 친구는 나보다 돈 버는 재주가 더 있다. 고로 더 내야 한다.' 그뿐이다. 그게 돈 잘 버는 사람의 의무요, 책임이다. 거기에 무슨 열등감이나 자존심을 내세우랴. 그렇다고 얻어먹기만 하는 얌체가 되란 소리는 아니다. '작은 찻값 정도는 내가 낸다'는 원칙을 세워두면 좋다. 그나마 아껴 어쩔 텐가. 티끌 모아 태산이라지만 천만에. 천년을 모아도 티끌이 태산이 될 순 없다. 아낄 일이 있으면 큰 데서 아껴야 한다. 큰 건 돈 많은 친구가 내는 게 맞다.

CHAPTER 8

대인불안,
눈치작전의 대가들

한국적 스트레스

눈치 과잉증

글쎄…

화치(話癡)의 고민

토론에 미숙하다

아는 사람

합석을 못 해

무난한 사람

억압의 한계

숙맥에서 벗어나는 처방전 ⑧
불쾌한 농담도 용케 참는 사람들

"어느 한 가지를 못한다고 열등감을 가질 필요는 없다는 말이다. 사람에겐 한 가지를 못하면 그만큼 다른 일을 잘할 수 있는 보상기능이 중추신경에 있다. 손을 못 쓰면 발로도 글을 쓸 수 있게 해준다. 축구선수 펠레가 수영을 못해 울진 않았다. 피카소가 축구를 못해 고민했단 소리도 듣지 못했다. 당신이라고 고민할 이유가 없다."

한국적 스트레스

현대병이니 문화병이니 하는 이른바 신경성 질환이 스트레스로 발병한다는 건 널리 알려진 상식이다. 그리고 스트레스의 원인은 사회가 복잡해질수록 더 늘어나고 있다. 공해, 물가, 전쟁 등 어느 것 하나 스트레스 아닌 게 없다. 하지만 이 많은 원인 중 가장 악질적인 것은 인간관계에서 비롯되는 스트레스다.

우리나라에선 예로부터 인간관계를 무척 중히 다루어왔다. 학문도 거의 인간학이었고, 이게 또 가장 중요했다. 이렇게 인간관계를 특히 중시해온 데는 풍토적 영향이 가장 중요하다. 계절풍의 강한 영향권에 있는 우리로선 자연에 대한 도전은 상상도 할 수 없는 일이었다. 태풍 앞에선 굴복할 수밖에 다른 도리가 없었다. 그래서 우리는 자연을 두려워하고 이를 수용해야만 했다. 서양처럼 도전적이고 자연을 정복하는 기상과는 아주 다르다. 따라서 서양에선 자연과학이 발달했고, 대신 우리는 인간학에 치중했다.

좁은 생활공간에다 먹을 것도 넉넉잖은 형편에선 인간을 잘 다루어야 한다. 배고픔도 참고 양보는 극기, 인내를 가르쳐야 했기 때문이다. 서로 자기 욕심만 차리겠다고 나선다면 집안 꼴이 엉망이 되고 말 것이다. 질서를 유지할 규범이 필요했다. 그것은 전쟁터의 군율보다 더 엄한 규율이어야 했다. 조상은 신이요, 아버지는 하늘이었다. 형은 금다리를 놓고도 치지 못하게 가르쳤다. 군의 계급보다 더 분명한 위계질서를 확립해야만 했다. 또 촌수란 걸 만들어 친소를 인위적으로 규정한 것도 세계에 유례가 없다. 내외란 걸 만들어 남녀구별을 분명히 했다.

우리나라만큼 인칭대명사가 복잡한 나라가 또 있을까. 더군다나 거기에 따른 예법이며, 응대 규범이 달라서 웬만한 선비도 이를 다 이해하지 못할 지경이었다. 관혼상제례가 복잡하기로도 단연 세계적이다. 잔치 때마다 그 법도를 따지느라 싸움을 멈추는 날이 없었다. 잔치를 못 끝내는 한이 있더라도 따질 건 따져야 했다. 저마다 의견이 구구해서 잔칫집은 난장판이 된다. 나라가 풍전등화 위기에 빠졌는데도 장례절차 싸움에 여념이 없었다. 정말 시시하고 하찮은 법도 때문이었다.

조선시대 당파싸움도 여기에서 비롯됐고, 급기야 임진왜란을 맞게 된 것도 따지고 보면 이것이 원인이었다. 명분이 실리보다 앞서 나라를 망친 대표적인 사례라 하겠다.

눈치 과잉증

대인관계를 잘 해나가려면 우선 눈치가 빨라야 한다. 그래야 대인 불안을 없앨 수도 있다. 너무 예민하게 눈치를 보려다 더 불안해지는 수가 있기는 해도 말이다. 여하튼 상대방 기분을 잘 맞춰야 눈에 나지 않는다. 그의 '눈에 들어야' 인정받고 사랑도 받는 의존관계가 성립된다. 상대방 기분을 맞추려는 이런 노력은 궁극적으로 의존관계가 끊어지지 않나 하는 불안에서 출발한다. 우리는 그렇게 자라왔고, 또 그렇게끔 훈련을 받아왔다.

서양사람들은 눈치가 없다. 숙맥 같은 친구들이다. 손님이니까 반가워하면 진짜 그런 줄 알고 며칠이고 갈 생각조차 않는다. 지겨운 생각이 드는 한국 주인의 속마음을 까맣게 모른다. 눈치가 없어서다. 지겨운 생각이 들면 이제 그만 돌아가라고 말해야 한다. 그런다고 기분 나빠하지도 않는다. 괜히 체면으로 더 묵고 가라면 말 그대로 며칠이고 더 눌러앉았다가 갈 것이다. 우리 같으면야 아무리 반가워하고 더 있으라고 잡아도 그 속마음을 꿰뚫어 보는 눈치가 있다.

이런 눈치가 요즈음 같은 국제화 시대에서 우리 민족의 저력이 되었음을 부인할 수 없다. 수천 년을 등 너머 누가 사는지도 모르게 폐쇄적이던 우리가 불과 몇 해 사이에 지구의 끝을 오가는 개방민족이 된 것이다. 더욱 신기한 것은 세계 어딜 가나 한국 교포가 적응을 잘한다는 점이다. 언어, 문화, 풍습이 전혀 생소한 곳에서 말이다. 민족성이 우수하고 부지런한 탓도 있을 것이다. 워낙 못 살았으니까 잘살아보자는 강한 집념도 그 원인이라 하겠다. 하지만 그보다 더 중요한 건 눈치다. 척 하면 삼천리! 말이 안 통해도 눈치로 통한다. 아무리 생소한 것이라도 눈치만 빠르면 쉽게 익힐 수 있다. 눈치 작전의 대가다.

하지만 이런 영광의 뒤안길엔 피곤한 신경전이 계속된다. ==눈치를 살피자니 신경은 언제나 예민하게 곤두세워져 있다. 한눈을 팔아도 안 된다. 상대방 마음속에 무엇이 움직이는지 경계의 눈초리로 지켜봐야 한다. 피곤하기 짝이 없다.== 대인 불안증의 주범은 역시 이 눈치다.

> **글쎄….**

나랏일뿐 아니라 우리가 일하는 직장에서도 마찬가지다. 상사의 표정만 보고 일을 처리해야 하는 사무실이라면 근본적으로 잘못돼 있는 것으로 봐야 한다. 말을 해도 잘 모를 때가 있는데 하물며 눈치랴. 눈치로 알아맞히라니 맞았는지 틀렸는지 불안하기 짝이 없다. 곧 등 뒤에서 호통이 날아올 것도 같다. 이럴 땐 분명히 잘라 물어야 한다. 상사의 표정만 보고 그 속을 짐작한다는 건 불가능하다. 솔직히 남의 기분을 알고 모르고는 내 소관이 아니다. 말로 하지 않는 이상 몰라도 그만이다. 그건 내 권리다.

사장이 역정을 낸다. '부하직원들 교육 좀 시켜야겠어!' 이렇게 내뱉는 사장의 메시지를 당신은 이해할 수 있는가? 그게 무슨 뜻인지 분명히 알 수 있느냐 말이다. 무엇 때문에 그러는지도 모르고 '예, 알겠습니다'라고 대답할 것인가. 똑똑한 사장이라면 '뭘 알아!'라고 더욱 역정을 낼 것이다. 사실 모르면서 안다고 하는 건 아부일 뿐 아는 게 아니다. 그럴 땐 다음 지시가 떨어질 때까지 조용히 기다리는 게 순서다. 그래도 말이 없을 땐 물어야 한다. 화가 난 상사에게도 물을 건 묻자. 사장이 하겠다는 건지 나보고 하란 소린지 정도는 알아야 해결책을 찾을 것 아닌가.

"사장님께서 하시겠습니까? 점심시간에? 회의실? 준비 자료는…?"

이렇게 정리하면 한결 불안이 덜해진다. 너무 꼬치꼬치 묻다간 또 짜증이 폭발할지도 모른다. 그럴 땐 지극히 사무적으로 대하면 된다. 그렇게 하면 사장도 냉정해지려고 노력할 테니 말이다.

"이 과장이 알아서 해!"

이것도 문제다. 이건 짜증 난 상사가 흔히 하는 소리다. 이것만큼 어려운 일도 없다. 오해 말라. 이건 절대로 당신 마음대로 하란 소리가 아니다. 이거야말로 사람 잡을 소리다. 그 속을 누가 알랴. 사원들이 인사를 잘못한 건지, 시끄럽다는 건지, 업무 지식이 없다는 건지 도대체 갈피를 잡을 수 없다. '알아서 해!' 이건 정말 무서운 말이다. 그런 이상 더 묻다가 야단이 날 게 분명하다. 하지만 무엇 때문에 화가 났는지는 알아야 할 것 아닌가. 그땐 적당한 간격을 두고 다시 물어야 한다. 사장이 한숨을 돌린 후에 말이다. '사장님께서 꼭 강조하고 싶은 말씀이…' 이것만은 알아내야 한다. 눈치만 보다 이것도 몰라서야 무슨 교육을 하겠다는 건가?

말하지 않는 상사의 속까지 알아야 할 의무는 없다. 한국 직장에선 마치 그래야 유능한 사원인 것처럼 통하지만 냉정히 따져보면 그건 참 바보스러운 짓이다. 분명치 않다면 물어야 할 권리가 있다. 아니, 그건 의무다.

눈치 무서워 어물쩍하다간 더 큰 화근이 된다!

화치(話癡)의 고민

미국 작가 마크 트웨인의 익살은 세계적이다. 풍자와 해학에 넘치는 그의 글은 세계인이 애독하지만, 그의 재기 넘친 말재주가 한결 더 일품이었다. 그러한 그도 데뷔 시절엔 사람 앞에 나서는 것이 그렇게 불안할 수 없었다고 한다. 그가 처음으로 연설을 수락했을 때 너무도 불안한 나머지 한 꾀를 생각해냈다. 친구들을 동원해 청중 속에 숨겨놓은 것이다. 박수부대였다. 손만 들면 박수와 폭소가 터지게 약속이 돼 있었다. 연단에 오르자 박수가 터졌다. 그는 다른 청중엔 아예 신경 쓰지도 않았다. 자기를 열심히 쳐다보고 앉은 친구들을 여기저기 내려다보노라니 제법 마음이 놓였다.

'모든 준비는 갖추어졌다. 모두가 나를 기다린다. 저 박수 소리를 들어보라. 모두가 나를 좋아하고 있다. 뭐가 두려워? 입만 열면 된다.'

그는 이렇게 마음속으로 되뇌며 여유 있게 말문을 열었다. 반응은 기대했던 대로였다. 첫마디가 떨어지자 장내는 웃음바다로 변했다. 선동꾼은 필요도 없었다. 이렇게 해서 그의 첫 연설이 성공적으로 끝났다. 무대 뒤로 온 친구들이 축하 인사를 했다.

"정말 태연하게 잘하더군!"

"무슨 소리, 앞이 캄캄했어."
그는 능청을 떨었다.
"아니야, 말이 술술 나오던데 뭘 그래."

그의 능청을 모르는 친구들은 의아했다.
"캄캄하니 글로 쓸 순 없고 말로 할 수밖에 더 있나."

어깨를 으쓱거리며 그의 익살은 끝날 줄 몰랐다. 연설은 처음엔 누구에게나 힘든 일이다. 아무리 경험이 많은 사람도 시작 전엔 가슴이 두근거린다. 수십만 청중의 심금을 울리는 빌리 그레이엄 목사도 100번 연습해야 비로소 자기 것이 되고, 그래도 떨리긴 마찬가지라고 고백했다. 쉽지 않은 게 연설이다.

가족이나 가까운 사이와는 말을 잘하다가도 사람이 몇 정도만 모이면 그만 얼굴이 달아올라 떠듬거리기 시작한다. 다른 일엔 강심장이던 사람도 연설이라면 위축되어 꼼짝을 못한다. 단순히 말재주가 없어서가 아니다. 어릴 적 말 때문에 아픈 상처를 받은 경험 때문이다. 초등학교 때 반에서 책을 읽던 중 떠듬거리다 그만 아이들의 웃음거리가 된 일, 또는 어른들로부터 말참견한다고 야단맞은 일, 말재주가 없다고 핀잔을 들은 일 등이 대표적이다. 이런 아픈 기억들이 잠재의식 속에 도사리고 있다가 연설 생각만 해도 악몽처럼 되살아나 불안에 떨게 한다. 기가 죽으니 말이 제대로 나올 수 없다.

하지만 이건 방어본능이다. 군중 앞에선 공포심이 드는 게 정상이다. 그래야 자기방어를 할 마음의 준비를 할 게 아닌가. 아무렇지 않다는 게 오히려 이상하다. 누구나 떨리게 마련이다. 당신만의 문제는 아니다. 그걸 인정하라. 청중들도 그 점은 익히 알고 있다.

"죄송합니다. 경험이 부족해서 떨리네요."

당신의 솔직함에 좌중엔 가벼운 웃음이 일지도 모른다. 하지만 그건 비웃음이 아니다. 솔직함을 보고 반응하는 군중들의 호의적 표현이다. 상황이 이렇게 진행되면 한결 편해진다. 이젠 떨려도 되는 면허증을 발부받은 셈이다. 숨기려 하지 않아도 된다. 대범한 척 연기할 필요도 없다. 전전긍긍할 일도 사라지고 없다. 연설이 한결 수월해질 것이다. 소심증이든, 말재주가 없든 그것 때문에 낙심해야 할 아무런 이유가 없다. 더구나 요즈음은 옛날과 달리 유창한 달변이 필요 없는 시대가 되었다.

라디오, TV에서도 매끈한 달변의 아나운서보다 좀 떠듬거리는 개성 있는 사람을 좋아한다. 소위 '퍼스낼리티'라 불리는 이런 사람의 어설픈 이야기가 더 호소력 있게 전달되기도 한다. 얼마 전까지만 해도 유창한 웅변이 청중을 감동시켜 소기의 목적을 달성할 수 있었다. 역사상 이름난 정치가는 예외 없이 달변가라야만 했다. 하지만 지금은 달라졌다. 사람들은 약아졌다. 감동이 되면 곧 속는 것임을 알기에 좀처럼 감동에 말려들지 않으려 한다. 그래서 말 잘하는 사람을 경계하는 건 물론, 저항감을 넘어서 불신을 갖기도 한다.

　사기꾼치고 말 못 하는 놈 없다. 이젠 달변가가 설득력이 없게 된 시대다. 데이트를 해도 말을 너무 잘하면 '직업적인 꾼'으로 오해받기 쉽다. 수줍은 듯 좀 떠듬거리는 게 순진한 사람으로 호감을 사고 신뢰도 얻는다. 화치(話癡) 예찬론이 돼버린 듯해도 말 잘 못 한다고 기죽을 일은 아니다. 오히려 자랑으로 알아도 손해를 보진 않는다. 자신이 없거든 말하지 말고 듣기만 하라. 한 보고에 따르면, 사람들의 85% 이상은 남의 이야길 듣기보다 말하길 좋아한다. 자기가 본 신기한 일이나 낚시의 월척, 골프의 홀인원 등은 몇 번이 든 이야길 하고파서 아주 미친다.

　이런 사람들 덕분에 요즈음은 남의 이야길 들어만 주고 돈 받는 직업이 있다. 상담사도 그렇고 정신과 의사도 그런 부류의 사람이다. 듣기만 해라. 바보일수록 잘 지껄인다는 서양 격언도 있다. 자기가 말하는 동안은 자기 지식을 버리는 것이지 얻는 건 없기 때문이다. 듣는 사람만이 새로운 지식을 얻고 또 이야기 않고는 못 배기는 '바보'들을 즐겁게도 만든다.

토론에 미숙하다

　우리는 토론에 미숙하다. 서구식 민주주의가 자리 잡으려면 토론에 익숙하고 능해야 한다. 민주주의는 토론이 꽃이다. 생각과 이념이 달라도 토론을 벌여 의견을 조율한다. 불행히 우리는 역사적으로 토론이 불필요했다. 나랏일이야 고을 원님이 시키는 대로 하면 되고, 마을엔 어른, 집에선 가장의 말만 따르면 그만이었다. 이처럼 종적인 관계에선 토론 과정이 필요하지 않았다. 토론하려는 자체가 용납되지 않는 불손한 짓이었다. 비판은 물론이고 반대의견을 냈다간 그로써 끝장이었다. 권위에 대한 도전이요, 반항으로 간주했다. 이처럼 수직의식의 잔재가 아직도 남아 있다. 따라서 지금도 사람들은 토론에 서툴다. 이제 우리 사회도 수평관계로 변화되어 가는 중이다. 따라서 수많은 갈등과 복잡다단한 사회구조를 지탱, 발전시키려면 활발한 토론이 전제되어야 한다.

　대화 행정이란 구호도 나오고 있다. 그런데도 아직 토론에 미숙한 건 반대의견을 내기가 힘들기 때문이다. 우리나라에선 누구든 나와 의견을 달리한다는 건 곧 나를 싫어한다는 증거로 해석되어왔다. 의견을 객관화시키기에 앞서 주관적인 감정으로 해석한다. 반대의견을 마치 적대행위로 간주하고 배신감을 갖기도 한다. 이쯤 되면 이미 토론이 아니다. 토론장의 또 한 가지 방해자는 체면이란 신사다. 참석한 이상 한마디 해야 체면이 서는 줄로 아는 '양반'이다.

회의 분위기가 어떻게 돌아가는지도 모르고 엉뚱한 장광설을 늘어놓는다. 그래야 직성이 풀리고 또 식자로서의 대접을 받는다고 착각한다. 남의 이야기는 뒷전이고 자기주장만 하려다 보니 회의장 흐름을 파악하기 어렵다.

미국의 정치가이자 발명가인 프랭클린은 젊은 시절의 쓰린 기억을 이렇게 회고했다.

"난 어떤 자리에서도 이론적으로 패배한다는 건 있을 수 없는 일이라고 생각했죠. 자존심이 상하는 것도 문제였지만 그보다 꼭 이겨야 사람들이 나를 존경하고 따를 줄 알았었죠. 나를 똑똑한 사람으로 알아줄 거라는 생각이었습니다. 하지만 이게 얼마나 어리석은 생각이었는지 제법 나이가 들고서야 깨우친걸요. 그건 이기는 길이 아니고 패배의 길이란 걸 말입니다."

그는 어릴 적부터 영리하고 말재주도 좋았다. 어떤 자리에서도 그의 말을 당해낼 사람이 없었다. 그런데 참 이상한 일은 사람들이 그를 피하기 시작했다는 점이다. 아무도 그의 의견을 들으려 하지 않았다. 불쾌한 일을 당할 줄 알면서 그와 자리를 함께할 바보는 없다. 말싸움에 지고 나면 불쾌해지는 건 누구나 마찬가지다. 말끝마다 꼬리를 달고 따지거나 하면 증오심까지 생긴다. 사람은 비판을 받으면 방어기제가 작용하기 때문이다. 이러고도 친구가 되겠다는 건 망상이다. 토론엔 이기지만 사람은 잃는다. 결국, 그는 인생의 패배자가 되고 만다.

미국 이야기라고 무심히 들을 건 아니다. 건전한 토론과 남의 약점을 꼬치꼬치 캐야 직성이 풀리는 강박증과는 근본적으로 다르다. ==남이 틀렸다는 걸 굳이 지적하고 반박함으로써 쾌감을 얻는 건 사디즘(Sadism)의 발로다. 또 그렇게 함으로써 자기 우월감을 현시하겠다는 건 오산이다.== 자기주장을 하기에만 바쁘면 남의 이야기를 귀담아들을 수 없다. 이게 대뇌의 생리다. 노련한 정치가는 열변을 통한 의논이 얼마나 무의미한가를 잘 터득한다. 오히려 역효과가 난다는 것도 알 수 있다.

황희 정승과 두 하녀의 싸움 이야기는 그래서 유명하다. 한 하녀가 싸운 내력을 이른다. '네가 맞다'고 고개를 끄덕였다. 다른 하녀가 또 제 주장을 폈다. 역시 '네가 맞다'였다. 기가 찬 부인이 따지고 들었다. '둘 다 옳으면 누가 맞소?' 대감은 고개를 끄덕이며, '그 말도 맞소' 하녀의 싸움에 그 이상의 말이 필요치 않다. 그저 그렇게 덮어두는 게 백 마디 토론보다 낫다. 토론과 대화는 다르다. 토론은 머리로 하는 것이고 대화는 마음으로 하는 것이다. 토론에 미숙한 사람일수록 마음으로 하려는 경향이 많다. 토론장에는 냉철한 이성과 과학적인 근거만이 있을 뿐이다. 추호의 감정 개입도 있으면 안 된다. 우리가 잘 안 되는 점이 바로 이 부분이다. ==토론의 장에서 감==

정이 금기라면 대화의 장에는 토론이 금물이다. 친구끼리 모여 하는 가벼운 대화를 마치 토론장처럼 착각하지 말자. 영리한 프랭클린의 실수도 바로 이걸 알지 못한 데서 생겨났다.

친구와의 담소에서 시시비비를 따질 일이 아니다. 기분으로 듣고 기분으로 말하는 거다. 시의 한 구절에 문법이 틀렸느니 철자가 틀렸느니 하고 시비를 말아야 하는 것과 같은 이치다. 대화에는 논리는 필요 없고 그저 기분만 통하면 된다. 토론과 대화를 분명히 구별할 줄 알아야겠다.

아는 사람

'관계문화'에 철저한 사람일수록 외부인에 대한 경계심이 높다. 관계를 맺은 사람끼리는 잘 통하는 대신 관계권 외부의 사람은 곧 남이요, 남은 곧 적이라는 의식이 생긴다. 불신은 물론이고 피해의식까지 생긴다. 따라서 그 사이는 두터운 경계의 장벽으로 막힌다. 불신 풍조를 개탄하지만, 그 원인을 따져보면 폐쇄적인 '관계문화'가 빚어낸 것이다. 관계 안에 있는 사람을 우리는 '아는 사람'으로 부른다. 일반적으로 제2인간층에 속하는 사람들이다. 사회생활을 하는 데 가장 큰 무기는 곧 아는 사람을 많이 갖는 일이다. 국회의원 선거도 그렇고, 하다못해 물건을 하나 팔아도 아는 사람이 많아야 경쟁에서 이긴다. 우리는 무슨 일을 하든 아는 사람부터 찾는다. 관공서에도 그렇고 병원도 마찬가지다. 아는 의사가 없으면 아파도 아예 병원엘 안 간다. 병원에 근무하다 보면 '아는 사람' 처리에 많은 시간과 정력을 뺏긴다. 진찰권 끊는 일부터 담당 의사에게 잘 부탁한다고 전화로라도 한마디 해주길 바란다. 그렇지 않고는 환자들은 마음이 놓이지 않는다. 아는 사람이 다리를 놓아줘야 믿고 진료를 받는 게 우리 풍토다. 아는 사람이 없으면 되는 일이 없다고 생각한다.

또 그건 불행히도 사실이라는 게 우리 사회의 문제점이다. 이게 곧 부조리의 온상을 만들기 때문이다. 부조리 추방을 그렇게 외쳐왔고 또 정부에서도 검찰권 발동의 강권을 써도 실효가 없는 것은 우리 민족의 관계의식이 그만큼 뿌리 깊이 박힌 탓이다. 낯선 사람과는 인사도 하지 않는다. 아니 적대시만 않는다면 다행이다. 그래서 우리만큼 인사에 인색한 사람도 없다. 그러나 일단 인사만 통하면 우리만큼 정이 많은 사람도 많지 않다. 그때까지가 문제다. 처음 보는 사이에 인사를 나누더라도 반드시 먼저 거쳐야 할 절차가 있다. 비록 사업상 가볍게 만난 사이라 해도 관계를 정립하는 작업부터 먼저 시작하는 게 보통이다.

성씨는? 고향은? 본관은? 학교는?
끝없는 질문이 계속된다. 서로가 통할 수 있는 관계가 발견되지 않으면 둘은 초조해진다.

"직장은?"
"○○병원에 있습니다."
"아, 그렇습니까? 작년에 내 사촌 여동생이 거기서 수술을 받았지요. 이거 참 반갑습니다."

그제야 다시 굳은 악수를 교환한다. 구세주나 만난 듯 말이다. 거기서 두 사람의 관계가 정립되는 것이다. 이제 둘은 남이 아니다. 적도 물론 아니다. 소위 '아는 사이'가 된 것이다.

우리나라에서 칵테일 파티가 잘 안 되는 까닭도 여기 있다. 초대를 받으면 우선 누가 오느냐고 묻는다. 초대하는 측도 이런 심리를 잘 알아서 아는 사람의 이름을 대준다. 그제야 마음이 동한다. 파티장에 들어서면 낯익은 얼굴을 찾기에 바쁘다. 그때까진 불안하다. 빨리 돌아갈 구실부터 찾는다. 그러나 아는 사람이라도 나타나면 이야말로 구세주다. 파티가 끝날 때까지 잡고 놓질 않는다. 행여 대열에서 이탈될까 봐 전전긍긍이다. 어쩌다 둘러선 원에서 좀 밀려나기라도 하면 극도의 불안에 사로잡힌다. 칵테일 파티란 모르는 사람끼리 친숙하게 되는 데 큰 의미가 있다. 따라서 파티가 끝날 때까지 한 자리에만 머물러 있는 게 아니고 모든 서클을 두루 돌아다녀야 한다. 자기소개를 하고 인사를 나눈 후 잠시 대화를 하다가 적당한 기회를 봐서 또 다음 서클로 옮겨야 한다. 그래야 파티에 온 소기의 목적을 달성할 수 있다. 그렇게 함으로써 자기 하는 일에 유용한 정보를 얻을 수도 있고 협조자를 만날 수도 있다.

한데 우리는 이게 안 된다. 그저 아는 사람만 잡고 늘어진다. 즐겁기는커녕 떨기만 하다가 돌아가는 피곤한 파티다. 얻기는커녕 잃은 게 더 많다. 소심증은 아예 칵테일 파티 공포증이 된다. 이제 그 틀에서 벗어나자. 칵테일 파티도 잘 활용할 줄 알아야 처세에 도움이 됨을 기억하자.

합석을 못 해

경주 반월성 남쪽 기슭의 대밭 속엔 1000년을 전해 내려오는 우물이 있다. 우리 둘은 거기서 처음 만났다. '참 물맛이 좋습니다' 난 뒤에 서 있는 사람에게 물 한잔을 권했다. 그는 반갑게 받아들곤, '그럼요, 신라의 물인걸요' 하고 응답했다. 그리곤 무척 감격한 어조로 나에게 다가섰다. 그는 반월성 산책을 평생토록 해왔지만 낯선 사람으로부터 물 한잔 권해 받기는 처음이라고 흐뭇해했다. 두 사람의 대화는 그의 사랑방으로까지 옮겨져 밤을 지새우며 계속됐다.

물 한잔에 얽힌 우리의 교분은 지금도 두텁다. 만원 찻집에서 내

앞자리가 비어도 선뜻 합석하려는 사람이 별로 없다. 주인 안내로 마지못해 앉고서는 눈인사는커녕 마치 두 원수가 대한 듯 돌아앉는다. 그때 만난 우물가의 최성배 씨가 그토록 감격한 이유를 알성싶다. 왜 합석이 그리 힘들까. 점심때 분비는 식당도 그렇고, 심지어 버스에서도 합석하길 주저하는 사람이 있다.

이런 소심증인 사들의 마음속엔 거절당하면 어쩌나 하는 심리가 있다. 자존심이 손상되는 게 무엇보다 두려운 것이다. 배짱깨나 세다는 남자도 여자와 합석하는 일엔 상당히 주저한다. 기왕이면 멋진 아가씨와의 합석이 즐거울 텐데 말이다. 우리는 여행길에도 언제나 그런 즐거운 환상으로 기차에 오른다. 그러나 바로 이 점이 우리를 소심증으로 만든다. 막상 아가씨가 앉는 걸 본 순간 마치 내 속셈이 들여다보인 듯한 죄스러운(?) 기분이 든다. 그만 프러포즈나 하는 듯한 거창한 착각 속에 빠진다. 합석이라는 단순한 사실에 이런 거창한 의미를 붙이니 행동이 부자연스럽다. 자승자박이다. 그냥 앉는 거다. 대인기피증 환자가 아닌 이상 합석을 싫어하진 않는다. 무료하게 앉아 있느니 가벼운 대화의 상대자라도 앉았으면 하는 게 상대의 심리다. 사람 마음은 다 같다. 싫은 사람 자리에 앉을 바보는 없다.

==합석은 호의의 표시다. 자기 좋다는 사람을 싫어할 까닭이 없다. 그러니 지나친 피해의식이나 경계심을 동원할 것까진 없다.== 그런데

문제는 앉고 난 후부터다. 무슨 말이라도 해야 한다는 강박증에 사로잡힌다. 가만히 있기엔 무료하기보다 불안해진다. 괜히 위축되는 게 무슨 죄나 짓고 있는 것 같다. 그렇게 힘들거든 말할 생각일랑 처음부터 말라.

그냥 앉아 있어도 누가 뭐라지 않는다. 빚이나 진 사람처럼 굽실거릴 아무런 이유가 없다. 이건 내 자리다. 하지만 이런 극단의 소심증 '환자'가 아닌 이상 가벼운 대화쯤은 건넬 수 있는 멋이야 있어도 괜찮을 것이다. '신문 보실래요?' 하고 권하는 것도 좋은 제안이다. 상대도 소심증이면 이거야말로 구세주다. '남의 자리 앉은 빚'도 이로써 갚은 셈이다. 마음이 홀가분할 것이다. 소심증일수록 가벼운 읽을거리를 항상 갖고 다니는 것도 치료법 중 하나다. 거기서 화제를 자연스레 찾을 수도 있다. 한술 더 떠 앞사람에게 차 한잔 권하면 또 어떠냐. 그러다 파산이라도 할 지경이 아니라면 '차 들었습니까'라며 예의상 한마디 하고 혼자 차를 마셔도 괜찮다. 소심증 환자도 이 정도 예의는 최소한 지킬 줄 알아야 한다.

구내식당에서도 사장과 합석할 수 있는 배짱이 있다면 처세술로서는 일급이겠지만, 소심증 인사에게는 감히 생각도 못 할 일이다. '사장과 합석?' 말도 안 되는 소리다. 당돌하기 짝이 없다. 겁부터 먹고 달아난다. '사장님, 이번에 입사한 이길동입니다'라고 인사를 건네보라. '그래, 앉지' 하고 반가이 맞을 것이다. 사장은 외롭다. 이렇게 점심시간이 되면 모두가 어려워 달아나기만 하니 외롭고 무료하다. 이럴 때의 합석이야말로 사장으로부터 인정받을 수 있는 절호의 기회다.

사장은 말단사원과도 이런 기회에 대화하고 싶은 것이다. 왜 달아나? 사업계 선두를 달리는 거물들의 초년 시절엔 예외 없이 이런 배짱이 분명히 있었다. 합석을 못 하면 성공도 못 한다.

무난한 사람

모난 돌이 정 맞는다는 속담이 있다. 별나게 굴면 안 된다. 세상을 둥글둥글 살아야 하는 게 이상적이다. 남들과 같이 보조를 맞추는 게 좋다. 싫든 좋든 소속집단의 전통을 따르는 게 안전하다. 집단과 나 사이엔 경계마저 없는 혼연일체가 되어야 한다. 전체와 조금만 달라도 규탄의 대상이 된다. 이질감에의 반작용이다. 이런 상황에선 개성이란 생각도 할 수 없는 노릇이다. 전체와의 동화동조의 획일성만 강조된 나머지 개성적인 창조의식이란 상상도 할 수 없다. 모방에서 그쳐야지 새로운 걸 외쳐댔다간 당장 문제가 된다.

사업도 장사도 현대의 모든 활동은 독창성을 요구한다. ==인간관계도 독특한 개성의 퍼스널리티를 요구한다. 우리는 지금 그런 시대==

==에 살고 있다. 모든 사람의 비위만 맞추려다 보면 아무것도 아닌 어중이로 남는다.==

고대 로마의 키케로는 만인의 애인이었다. 로마 거리는 그의 인기로 들끓었다. 거지와도 만나 술잔을 나누고 무희를 만나면 춤을 추었다. 장사꾼에겐 세금을 낮춰준다고 했고 가난한 자에겐 집을 지어주겠다고 했다. 그러니 인기가 날로 높아져 마침내 천하를 호령하는 집정관 자리에까지 오르게 되었다. 그의 웅변술은 누구도 당할 수 없었으며 재사로서도 역사에 기록되었다. 그러나 이런 인기 전술엔 한계가 있는 법이다.

만인의 애인이란 것 자체가 정치가로선 자가당착의 모순에 빠지는 일이다. 언젠가는 바닥이 드러날 수밖에 없다. 그의 이런 인품이 알려져 드디어 옥타비아누스에 의해 처참한 최후를 마치게 된다. 사실 그는 누구의 비위도 거스를 수 없는 겁보였다. 누구와도 당당히 맞설 배짱이 없었다. 단 한 사람의 적도 정치가도에서 큰 장애가 된다고 여겼다. 그래서 그는 콩팥에 붙고 간에 붙는 얄팍한 처세술로 일관된 일생을 살았다. 훌륭한 웅변가라고는 하지만 그건 남의 비위나 잘 맞추는 매끄러운 혓바닥의 재주일 뿐 그의 진심은 아니었다. 재사라고는 하지만 눈치가 빨랐다는 거지 나라 장래를 내다보는 그런 경륜은 아니었다.

우리나라에도 역사적으로 이런 위인이 많았다. 사색당론의 와중에서 눈치만 보다 끝내 말 한마디 못하고 낙향한 많은 선비가 그런 범주에 속한다. 얼마 전만 해도 '지당 장관'이 판을 친 적이 있었다. 대통령 말이라면 누구 하나 이의를 달지 못한다. '지당한 말씀입니다' 연발이다. 누구 하나 직언을 못 한다. 심기를 거스를까 두려워서다. 이들을 생각하노라면 '그래도 지구는 돈다'고 투덜댄 갈릴레오의 용기에 새삼 머리가 숙여진다.

이 말을 꺼냈다간 행여 나를 싫어하지나 않을까 하는 조바심에서 자기주장 한번 못하고 평생을 사는 위인도 우리 주변엔 흔하다. 이 사람 앞엔 이렇게 하고 저 사람 앞엔 저렇게 해야 하니 아예 '나'란 존재는 없어지고 만다. 해면처럼 오므렸다 늘렸다 천태만상이다. 이렇게 살면 우선 마찰은 없으니까 좋을 것이다. 적응도 쉽다. 비위를 잘 맞추니 장사도 잘된다. 독일의 사회심리학자인 에리히 프롬 교수는 이런 현대인의 측면을 '시장성 성격(市場性 性格)'이라고 신랄하게 비판했다. 이게 더 심하면 아예 자기 얼굴을 찾아볼 수조차 없는 '프로테우스형 인간'으로 탈바꿈한다.

그리스신화의 프로테우스 신은 자기 진짜 얼굴을 내보인 적이 없고, 그야말로 천의 얼굴을 가진 신이다. 변화무쌍하니 어딜 가나 우선 적응이야 쉽고 인기도 얻을 순 있다. 하지만 이렇게 살다간 자기 존재가 없어진다는 데 문제가 있다. 그리고 이들의 마음이 한시도

편치가 않다는 사실이 문제다.

　예일 대학 립톤 교수의 걱정이다. 남의 비위를 맞추려니 눈치가 빨라야 한다. 사소한 일에까지 신경 써 살펴야만 한다. 상대의 일거수일투족에 희비가 교차된다. 그야말로 살얼음 걷듯 그의 심장은 조마조마하다. 상대방이 눈만 찡긋해도 그만 가슴이 두근거린다. 주위 모든 사람의 변덕스러운 비위를 다 맞추려니 나중엔 지쳐 쓰러진다. 손바닥엔 식은땀이 흐르고 긴장 일색이다. 이런 사람들은 누구와도 쉽게 사귀는 것 같지만 그 관계가 오래 유지되긴 어렵다. 사실 이런 사람과 함께 있노라면 오히려 이쪽이 불안해진다. 모든 사람을 다 좋다고 하니 어디까지가 진짜인지 알 수 없다. 모름지기 사람은 스스로 존중할 줄 알아야 한다. 자기를 존중하지 않는 사람이 어찌 남을 존중할 수 있으랴. 흔히들 자기는 뒷전이고 남을 위해 희생한다는 말을 자주 하지만 이거야말로 자기기만이다. 희생이란 말은 겁쟁이의 변명이다. 행여 남의 비위를 건드리면 어쩌나 하는 소심공포증의 발작일 뿐이다. 이건 병이다. 나를 깡그리 무시한다면 나란 존재는 아무것도 아니다.

　아무것도 아닌 게 남을 위해 무얼 할 수 있단 말인가. 내 주장만 하다가 남이 싫어하면 어쩌나 싶은 소심증에 겨우 한다는 소리가 '희생'이란 편리한 단어다. 비록 남이 싫어해도 내 주장을 분명히 말하는 용기, 이것이 곧 자기 존중의 확인이요, 성숙의 밑거름이다. 모든 사람의 비위를 맞추고 만인의 애인이 되려는 그 에너지를 몇 사람의 진실한 사람을 사귀는 데 써라. ==세상을 살다 보면 어차피 나를 싫어하는 사람이 늘 있게 마련이다. 당연히 적도 생긴다. 그걸 안 만들겠다고 움츠려 눈치만 보고 사느니 차라리 몇 사람의 적을 만드는 게 편하다.== 내가 아무리 심사숙고하여 잘 한다 해도 어차피 내가 아는 사람의 반은 그 일에 반대하는 적이다. 사람은 다 나와 같지 않다. 모든 사람은 비위를 맞춘다는 건 환상이다.

억압의 한계

타인과 좋은 관계를 유지하려면 그저 참는 게 제일이다. 맞은 놈은 발 뻗고 잔다는 게 우리 교훈이다. 누가 뭐래도 꾹 참고 지내는 게 최선의 길이다. 어떤 치욕을 당하고도 참아야 한다고 배워왔다. 화난 표정을 지어도 안 되고 눈을 부릅뜨거나 얼굴을 붉히는 일도 금기였다. 성난 것뿐 아니라 기쁜 감정도 내심 숨겨야 하는 게 군자의 도리라고 가르쳤다. 희로애락 표정마저 없는 무표정의 상태를 수양이 잘된 사람으로 칭찬했다. 서양의 표현문화(表現文化)에 비한다면 매우 대조적인 게 우리의 인내문화(忍耐文化)다.

그런데 문제는 참는 일에도 한계가 있다는 점이다. 종로에서 뺨 맞고 한강에서 눈 흘기는 사람도 있다. 엉뚱한 곳에서 폭발하기도 하고 때론 어른 앞에서도 걷잡을 수 없이 폭발하는 수도 있다. 또 폭발하지 않은 채 그대로 억압이 된다고 하더라도 그 갈등이 여러 가지 정신적·신체적 부작용을 몰고 온다는 점이다. 정신분석학에서는 '인간의 불안은 억압된 욕구와 표현하려는 욕구 사이의 갈등에서 빚어지는 것'이라고 설명한다. 부당한 꾸중을 들은 부하가 참기는 하겠지만, 그 억울한 기분은 좀체 사라지지 않는다. 이를 부드득 갈며 참다 보면 마음 어느 한구석엔 '무얼 참느냐, 바보야'라는 힐책의 소리가 들린다. 당장 책상을 뒤집어 엎어버리고 싶은 충동이 하루에도 몇 번씩 일어난다. 하지만 그때마다 나의 모든 이성을 동원해 억제하지 않으면 안 된다. 여기에서 갈등이 생기고 그 갈등 후에 오는 것이 불안이다. 불안이 적절히 처리되지 않으면 밤엔 잠을 못 이룰 수도 있고 골치가 아프기도 하다.

세기의 명우 게리 쿠퍼는 그 껑충한 큰 키 때문에 어릴 적부터 친구들 사이에서 놀림감이 되었다. 배우로서의 명성을 얻은 후에도 '꺽다리'라는 별명이 정말 싫었다고 고백했다. 그의 과묵한 성격이나 우수에 젖은 인상도 소년 시절 고독했던 영향 때문이라고 밝힌 바 있었다. 그는 차라리 들판에 나가 혼자 말을 타고 소일하는 때가 많았다. 놀림을 당해도 말 한마디 못했다. 소심했기에 대들었다간 그나마 친구들을 잃을 것 같아 두려웠다. 그가 배우를 지망한 것도 꺽다리 콤플렉스 때문이었다. 하지만 거기서마저 키가 너무 크다는 이유로 거절을 당하자 그야말로 실망의 수렁에 빠지고 만다. 딱지를 맞고 휘청거리며 걸어나가는 폼이 존 포드 감독의 눈에 띄어 마침내 행운의 문이 열리게 되었다. 전화위복이 되긴 했지만 어릴 적 아픈 기억은 영영 지울 수 없었다.

비슷한 경험은 누구에게나 있다. 농담을 핑계로 인격적 모독까지 하는데도 그냥 듣고 있어야만 하는 딱한 처지 말이다. 뺨이라도 한 대 갈기고 싶지만 그랬다간 친구들 사이에선 소인배로 낙인이 찍힐 테고, 누군가는 농담 끝에 화낸다고 아예 상대를 안 할지도 모른다. 형편없는 녀석으로 소문이 날 테다. 이런 후환을 생각하면 차라리 수모를 참고 견디는 게 낫다. 녀석의 농담에도 따라 웃는 척까지 하려니 더욱 속상하다. 그 정도야 웃고 넘기는 게 배짱이라고 생각하는가? 아니다. 이야말로 벙어리 냉가슴 앓기다. 한시라도 이 자릴 피하고 싶다. 화낼 수도, 웃을 수도 없어 전전긍긍이다. 생각할수록 화가 치민다. 녀석이 미워진다. 하지만 더 미운 건 나 자신이다. '아니 그런 수모를 당하고도 꾹 참아야 하다니 나야말로 정말 어리석구나' 하는 자책감도 든다. 대꾸 한마디 못하고 당하고만 앉아 있자니 자존심이 상해서 견딜 수 없다. 생각이 여기에 미치면 점점 열등감의 늪으로 빠져들어 간다. 그리곤 엉뚱하게도 화풀이는 딴 곳에 한다. 가시 돋친 농담도 그걸 역으로 슬쩍 받아넘기는 여유만 있다면 문제는 간단하다.

찰리 채플린은 어릴 적부터도 그 어설픈 모습 때문에 곧잘 사람들의 웃음거리가 되었다. 어느 모임에서였다. 그가 문에 들어서자 사람들이 박수를 쳤다. 물론 놀려먹자는 수작이었다. 하지만 그는 태연히 고개를 숙여 박수에 답례했다. 그 모습이 얼마나 진지했는지 그를 놀려먹으려던 사람들이 오히려 그에게 놀림을 당한 것 같았다. 싱겁게 된 이들은 물론 박수를 그쳤다. 자! 이런 여유만 있다면 누가 놀려댈 수 있을까.

숙맥에서 벗어나는 처방전 ⑧

불쾌한 농담을
용케 참는 사람들

소심한 사람들은 남에게 기분 나쁜 농담을 들어도 어쩔 줄 모르다가 당하고 만다. 농담 끝에 시비를 걸어오는 것도 문제이긴 하지만 이게 지나쳐 인격을 모독하는 정도임에도 그냥 참는다면 정말 바보다. 여유 있게 받아 넘기는 게 좋지만, 참기 어려울 땐 좋은 말로 제지해야 한다. 사람이 없는 곳에서 단둘이 대화하는 것도 한 방법이다. 녀석의 자존심을 여럿, 앞에서 건드리면 큰 싸움으로 번질 수도 있기 때문이다. 농담 끝에 싸웠다면 어차피 명예스럽진 못하다. 사실 이런 녀석은 농담도 잘하는 위인이 못 된다. 농담이란 남을 격하시켜 웃음거리로 만드는 게 아니고 자기 약점을 재치 있게 꼬집는 것이어야 한다.

만담가는 자기 흉을 유머러스하게 보는 데 매력이 있다. 남의 이야길 하되 절대로 그 사람이 들어 화날 소린 하지 않는다. 농담의 한계가 이럼에도 우리 주변엔 남의 약점을 꼬집어 좌중을 웃기려는 얄팍한 녀석이 많다. 이런 녀석에겐 정색하며 단호한 어조로 일러야 한다. 그런 농담은 안 해줬으면 좋겠다고 내 뜻을 분명히 밝혀야 한다. 그 말에 녀석의 태도가 어떻게 나오든 내가 손해날 건 없다.

'아! 그게 자네 기분을 상케 했군, 미안하이!' 하고 진심으로 사과할지도 모른다. 가능성은 이게 제일 높다. 아니면,

'그만한 일 가지고 뭘 그래!' 하고 나올 수도 있다. 그렇다고 녀석과 시비를 해선 안 된다. '그래, 네 생각엔 별일 아니지만 듣는 나는 그렇질 않아.' 하

고 한 번 더 분명히 일러준다. 그의 기분이나 의견을 존중하되 내 기분도 분명히 전달해야 한다. 녀석이 즉석에서 수그러지지 않을지라도 다음부터는 조심할 것이다. 최악의 경우엔 '너 같은 놈 상대 안 해' 하고 돌아선다. 그리고 정말로 상대하지 마라. 그런 친구는 없어도 그만이다. 득 될 게 없다. 친구란 서로의 인격을 존중하는 사이여야 한다.

CHAPTER 9

조급증,
미래의식을 가져라

'빨리' 노이로제

조급증의 병리

신경질 왕국

화풀이는 안 돼

천재들의 집합소

미래관의 결여

단기완성

현금이 좋아

한탕주의

숙맥형 여성들

세계적인 위장약

숙맥에서 벗어나는 처방전 ⑨
작은 일에도 화를 못 참는 사람들

"한치 오차도 허용하지 않는 컴퓨터 시대, 정보화 시대에 우리는 살고 있다. 적당히 하면 절대 통하지 않는다. 여기에 졸속의 마찰이 온다. 빨리만 하면 된다는 조급증에 쫓겨 그저 적당히 해도 되는 시대가 아니다. 불행히 우린 아직 이런 졸속의 굴레에서 못 벗어난 듯하다. 철저한 결과분석과 완벽한 계획하에 되어야 할 일도 우린 아직 주먹구구식이다."

'빨리' 노이로제

 서구 문명이 들어오면서 우리의 조급증은 더욱 가속화됐다. 옛날엔 비록 마음이야 조급했지만, 농사란 것이 일각을 다투는 긴박한 일은 아니었다. 하지만 오늘날처럼 빨리빨리 돌아가는 스피드 시대에서는 시간 단위도 분(分), 아니 초(秒) 단위로 바쁘게 돌아간다. 이런 시간적 압박감은 우리를 더욱 조급하고 쫓기는 듯한 강박증 환자로 내몬다. 게다가 하루가 다르게 변해가는 도시의 풍물들은 알게 모르게 우리를 긴박감 속으로 몰아넣는다.

 한눈팔고 어물쩍하다간 당장 시대의 낙오자가 될 판이다. 듣도 보도 못한 물건들이 속속 나오고, 빌딩이 서고, 길이 나고, 정말이지

혼이 나갈 판이다. 다행히 이런 이질적 문명에 지금까지 용케 적응을 잘해왔다. 하지만 그 이면에 많은 정신적 에너지의 소모가 도사리고 있었다. ==모르면 초조하고, 앞서진 못할망정 남과 발맞추어 가야 한다는 강박증이 우리를 얼마나 초조하게 만드는가.== 경쟁은 날로 치열해지고 우리 중추는 더욱 조급해진다.

특히 경제의 급성장과 함께 이 조급증이 그 절정에 달한 느낌이 없지 않다. 어느 날 갑자기 맨주먹의 재벌이 혜성 같이 나타난다. 잘만 짚으면 나도 그렇게 될 수 있다는 환상이 우리를 더욱 초조하게 만들어왔다. 외국상사와 줄만 잘 잡으면 '나도 된다'는 기대에 들뜬 것이다. 마치 노다지라도 찾는 혈안 속에 누가 조용할 수 있단 말인가? 벤처기업은 속도가 생명이다. 어물쩍하는 사이 다른 기업이 선수를 치면 지금까지 들인 공은 나무아미타불이다.

아무리 좋은 아이디어도 타이밍이 안 맞으면 경쟁력이 떨어진다. 초를 다투지 않으면 안 된다. 아이디어보다 시간과의 싸움이다. 농경시대의 조급증이 현대화되면서 더욱 증폭, 강화된 것이다. 근년에 있어 왔던 경제적·사회적 불안은 내일을 예측할 수 없는 초조함으로 우리를 몰고 왔다. 장기계획이란 생각할 수도 없다. 모든 게 조급할 수밖에 없었다. 이런 역사를 배경으로 우리에겐 뭐든지 '빨리 처리한다'는 건 매우 긍정적인 모습으로 여겨졌다. 어떤 변수가 작용하기 전에 빨리 해치워버려야만 확실하고 안심하는 방법이었다. 그래야 경쟁에도 이길 수 있다. 직장에서도 뭐든 빨리해야 상사의 인정을 받는다.

버스도 빨리 타야 귀가가 보장된다. 차례를 지켜 섰다간 다음 차가 오지 않을지도 모른다. 차가 오든 오지 않든 버스 회사 마음대로다. 무책임은 불신을 낳고, 불신이 곧 우릴 조급하게 만든다. 집에 와도 엄마는 빨리하라는 소리뿐이다. 시대에 맞는 아이로 키우려면 빨리하는 습관부터 길러줘야 한다. 빨리 숙제해라, 빨리 자라, 빨리 일어나라, 빨리 밥 먹어라, 빨리 학교 가라…. 이런 성화와 독촉을 들으며 자란 아이들의 잠재의식 속에 과연 여유란 게 있을까?

후술할 조급증의 병리(病理)를 읽으면 깜짝 놀랄 것이다. 한국인의 조급증은 이제 민족적 정신병리로 틀이 잡혀가는 듯하다. 이게 어떤 형태로서 개인의 정신병리로 나타나는지를 살펴보자.

조급증의 병리

동물이 조급증을 느낀다는 건 무언가 위험이 다가온다는 신호다. 따라서 조급증은 언제나 불안과 함께 경계심을 동반한다. 이게 발동하면 위험에 대한 대비책을 마련해야 한다. 소위 '위기 반응'이 일어나는 것이다. 그 첫 단계는 우선 혈중 아드레날린 분비가 늘어난다. 맥박이 빨라지고 혈압도 오른다. 호흡이 급해지고 팔다리 근육에 힘이 들어감으로써 싸우거나 달아날 준비를 마친다. 그리고 이때 신경이 아주 예민해져서 작은 자극에도 공격적으로 된다.

이런 긴장 상태에서는 중추신경의 공격 역치(AGGRESSIVE THRESHOLD)가 낮아져 하찮은 일에도 공격 중추가 자극된다. 핏대를 올리고 싸우게 된다. 이런 반응은 위험에 처한 동물의 본능이다. 쫓기는 듯한 기분이 들면 정서적으로 안정이 될 수 없다. 긴장이 계속되면 하는 일 없이 피곤하다. 응원한 사람이 시합한 선수보다 더 지치는 까닭과 같다. 그러니 막상 문제가 터지면 마음만 급해 허둥댈 뿐이지 냉정해질 수 없다. 여유가 없으니 주의집중이 되질 않기 때문이다. 이게 조급증의 병리다. 사실 우리 한국인은 조급증으로 인해 만성적인 '아드레날린 과잉 상태'로 살아간다. 이로 인한 피해는 개인의 정신적·신체적 영향은 물론이고, 사회병리에도 적잖은 영향을 미친다. 그런 병리 현상이 우리의 일상생활에서 그리고 정신과 임상에서 어떤 형태로 나타나는지 살펴보자.

신경질 왕국

한국인의 신경질은 가히 세계적이다. 작은 일에도 핏대를 올리고 싸운다. 서양인의 여유 있는 모습과 대조적이다. 같은 동양권에서도 중국인은 느긋한 대륙성 기질이고, 섬나라 일본은 친절과 웃음으로 자기를 보호한다. 그런데 우린 마치 가시를 세운 고슴도치 같다. 가만히만 두면 순한 양이다. 그러나 누가 건드리기만 하면 즉각 털을 곤두세운다. 이게 모두 잠시의 여유도 없는 조급증에 쫓기는 탓이다. 중추가 조급하면 불쾌지수가 높아진다. 같은 사실을 두고도 꼭 불쾌한 쪽으로 받아들인다. 좋게 보고, 좋게 생각할 수 있는 것도 쫓기는 입장에선 그럴 여유가 없다. 공격적인 모드에 있으므로 심리상태 역시 방어적으로 변한다. 오해도 잘한다. 이런 사람 앞에선 농담도 못 꺼낸다. 좋아서 웃어도 왜 비웃느냐고 시비하는 게 조급한 사람의 방어심리다. 도대체 분위기가 긴장 일색이다. 더운 날씨뿐만 아니다. 옆집 피아노 소리도, 앞사람 담배 연기까지 모두 짜증스럽다. 세상 모든 게 불쾌하게 느껴진다. 불쾌한 감정은 그 사람의 생각이나 행동까지 모두 그 방향으로 만들어버린다. 작은 짜증이 중추의 피드백 기전에 의해 점점 증폭되어 분노를 넘어 심한 격노 반응으로까지 진행된다.

하찮은 일로 사람을 다치게 하는 등 평생 후회할 일도 서슴지 않는다. 이게 중추의 약점이다. 감정이 폭발하면 이성이 마비되며 자제력을 잃기 때문이다. 이게 신경질의 시작이요, 끝이다. 이런 우리를 외국인들은 다혈질이라고 부른다. 이거야 예의상 하는 소리지 사실 우리만큼 신경질 잘 부리는 민족도 세계 어디에고 흔치 않다. '난 성질이 급해서…'라고 변명인지 자랑인지도 모를 소릴 가끔 들는다. 이건 변명도 자랑도 될 수 없다. 정신과를 찾는 상당수가 대인관계가 매끄럽지 못해 찾아온다. 그리고 그 안 되는 가장 많은 원인이 신경질이다. 이게 마찰을 일으키기 때문이다.

신경질이야말로 한국인의 대인관계를 몹시 어렵게 만드는 요인 중 하나다. 신경질 상사를 모셔야 하는 직원은 눈치 보느라 딴 일을 못 한다. 상사의 기압상태에 따라 사무실 분위기가 달라진다. 이런 사람은 집에 가도 마찬가지다. 가족들도 모두 불안해한다. 그의 귀가 시간이 가까워지면 가족 모두가 급해진다. 신경을 건드리지 않게 방 청소도 해야 하고 저녁도 빨리 지어야 한다. 그의 기침 소리에도 가슴이 철렁한다. 가족이 모두 노이로제 환자가 된다.

이처럼 신경질은 본인뿐 아니라 주위 사람까지 조급하고 불안하게 만든다. 백해무익한 신경질을 왜 그렇게 부렸는지 하루를 마치고 잠자리에 들기 전 후회하기도 한다. 굳이 안 그래도 될 짜증을 부려 미안한 생각이 드는 것이다. 그러나 자고 나서 눈을 뜨면 엊저녁 잠시 들었던 반성이 오간 데 없다. 다시 신경질적이고 짜증 많은 자신으로 돌아온다. 이게 우리네 생활이다. 서양사람은 어지간해선 화를 안 낸다. 남의 차를 들이박고도 기껏 한다는 게 입을 삐죽거리며 두 손만 펴 보인다. 미안하단 뜻이다. 피해자도 덩달아 두 손을 펴 보인다. 과연 괜찮다는 뜻인지 어이없다는 건지 이해하기 어렵다. 우리 같으면 핏대를 세우고 삿대질을 해도 모자랄 판인데 말이다.

서양인들은 일상생활에서는 여유 있는 반면에 명예손상이나 사상적 다툼을 논하는 자리에선 분연히 일어선다. 목숨까지 건다. 아까운 사람들이 결투장에서 이슬로 사라진 일도 많았다.『대위의 딸』의 작가 푸시킨도 화를 못 참아 죽어야 했다. 마누라를 따라다니는 당테스에게 결투를 신청해 화를 자초했다. 이런 일도 배짱인지. 생각에 따라 다를 것 같다. 칸트의 경우는 좀 다르다. 그에게도 적이 많았다. 학문상의 반대파도 많았지만, 현실에 적극적인 그였기에 길에서 다투는 일도 흔했다. 평생 친구였던 그린도 길에서 우연히 싸우다 만났다고 한다. 내용은 이렇다. 미국 독립전쟁이 한창이던 무렵 몇 사람이 길에서 전쟁 찬반을 논하고 있었다. 여기에 끼어든 칸트가 미국 편을 들자 화가 난 그린이 자기 조국 영국을 모독했다고 결투를 신청했다. 그러나 칸트는 칼을 뽑지 않았다. 화도 내지 않고 차분히 그의 주장을 논리정연하게 펴나갔다. 그러자 그린이 머리를 숙였다. 그들의 우정은 이렇게 시작되었다. 조국의 명예에 목숨을 건 그린의 배짱도 보통이 아니지만 이를 거절한 칸트의 배짱은 더욱 일품이다.

화풀이는 안 돼

화가 날 땐 화풀이를 하는 게 배짱이라고 생각하는가? 그건 오해다. 화가 나는 건 어쩔 수 없지만 그렇다고 그걸 성깔대로 푸는 게 배짱은 아니다. 명예나 대의를 위해 불끈한다는 건 화라기보다 의분이요, 울분이다. 이건 아무나 낼 수 있는 일도 아니다. 신경질과는 근본적으로 다른 차원이다. 소인배들이야 이런 경우 못 본 척하거나 못 들은 척하고 지나치지 감히 화를 낼 엄두도 못 낸다. 이거야말로 거물만이 할 수 있는 분노다. 군자는 대노할 줄 알아야 한다고 공자는 가르쳤다. ==노할 때는 큰일을 보고 크게 해야 한다. 시시한 일로 짜증을 부릴 일은 아니다. 사실 우리가 흔히 성을 낸다는 건 신경질이요, 짜증이지 화도 아니다.==

병원 복도에서는 종종 면회 제한 문제로 인해 시비가 벌어지곤 한다. 기다려 달라는 병원 직원에게 폭언하며 덤비는 분도 있다. 제법 넥타이까지 맨 위인들이 더 그렇다. 왜 제한을 하는지 정도는 알 만한 사람들이다. 말깨나 하고 따질 줄 안다는 과시다. 안 된다는 말에 마치 자기 권위가 침해당한 듯한 피해의식의 발작이다. 오죽 못났으면 이런 생각이 들까만 그렇다고 말단 병원 직원에게 화풀이를 하다니 기가 찬다. 화를 내려면 원장을 붙잡고 할 일이지. 이런 친구야말로 경찰이나 검찰에 갔을 땐 몇 시간을 기다리라 해도 끽소리 못할 위인이다. 병원이니까 만만해서 덤비는 거다. 약자에게 강한 게 배짱은 아니다. 설령 화낼 일이 있기로서니 '너를 데리고 화를 내다니!' 하고 생각해보라. 나오던 화도 쑥 들어간다. 이 정도 자존심도 없는 친구니까 그렇게 길길이 뛰고 야단이다. 특히 혈기왕성한 청소년들 사이에서 욱하는 성질을 못 참아 폭행으로 확대하는 일도 심심찮다. 이를 막고자 학교나 교육단체에서는 학교폭력 예방 캠페인을 벌이고 있다.

 필자가 이사장으로 있는 (사)세로토닌문화원에서 전국 중학교를 대상으로 세로토닌 드럼클럽을 운영한다. 사고력과 기억력을 관장하는 전두엽이 발달하는 청소년기에 드럼 연주처럼 리드미컬한 활동을 하면 '행복 호르몬'인 세로토닌이 분비된다. 세로토닌 분비는 스트레스를 발산하고 면역력을 높여 정서순화와 폭력성 감소에 도움이 된다. 실제로 학교폭력으로 몸살을 앓던 경북 영주의 한 중학교에서 소위 '일진' 37명을 대상으로 드럼클럽을 운영해보았다. 학생들의 정서순화와 교내 폭력 감소에 효과가 있었다. 강한 자에게 강하고 약한 자에게 약한 게 승자의 자세다. 패자는 그 반대다. 화를 참을 수 있는 게 진정한 배짱이다. 화난다고 홧술을 마셨다간 진짜 큰 사고 친다. 사람을 죽일 수도 있다.

천재들의 집합소

여기서 내가 소개하려는 것은 크게 세 그룹으로 나뉜다. 첫째는 서울에 있는 뉴로세로토닌 연구소다. 이곳에는 다양한 분야, 젊은 연구자들과 함께 경험 많은 연구원들이 함께 포진해 있다. 둘째는 담양에 자리한 연구소와 실험 농장이며, 셋째는 한 달에 한 번씩 30명

정도가 모이는 'K-메디컬 포럼'이다. 이 포럼은 각계각층 전문가가 모여 협력하는 장으로, 분야별 최고의 권위자들로 구성되어 있다. 이 세 기관이 모여 하나의 프로젝트를 심층 협업, 연구한다.

우리가 추구하는 목적은 분명하다. 인류 사회의 복지를 위한 큰일을 실현하고자 함이다. 현재 집중하는 연구 과제는 두 가지다. 하나는 세로토닌에 관한 연구이며, 우리는 지금 이 연구를 거의 완성 단계까지 이끌어왔다. 뉴로 세로토닌은 인간의 뇌 밖에서는 생성되지 않지만, 우리가 개발한 '세로타민'이라는 물질을 섭취하면 뇌 내에 뉴로 세로토닌 생성이 촉진되는 것으로 확인, 특허 물질로 등록되었다. 이는 매우 획기적인 연구 성과다.

이러한 협력과 도전의 정신은 '독수리는 독수리 떼와 자라야 독수리가 된다'는 말로 요약할 수 있다. 만약 독수리가 오리나 칠면조 무리 속에서 성장한다면, 독수리로서의 본능과 역량을 발휘할 수 없다. 실제로 독수리는 까마득한 절벽 위에 둥지를 틀고, 새끼를 낳은 후 어린 새끼를 낭떠러지 아래로 떨어뜨린다. 살아남은 새끼만 다시 물어 올려져 훈련을 받으며 성장한다. 이러한 성장의 과정은 매우 큰 상징적 의미가 있다. 우리의 젊은 연구자들도 독수리 새끼처럼 천재 집단 속에 철저히 단련되어야 그들의 천재성을 마음껏 발휘할 수 있는 환경을 제공한다. 우리는 이들에게 최고의 환경과 기회를 제공하고 있다.

스위스의 한 호숫가에서 노인이 철새 떼에 매일 사료를 준 사례는 교훈적이다. 사료를 받아먹고 자란 철새들은 살이 쪄서 날지 못하게 되었고, 결국 눈사태를 피하지 못하고 목숨을 잃었다는 일화다. 이 '살찐 철새'의 교훈은 연구자들이 안일한 환경에 익숙해질 경우 역량을 상실할 수 있다는 점을 일깨워준다.

한국은 이제 세계적으로 선진국 반열에 진입한 국가다. 세계은행 등의 보고에 따르면, 국가마다 평가는 다르지만 대체로 한국을 선진국으로 분류하고 있다. 그러나 한국인 스스로는 이에 대해 인식하지 못하는 경우가 많다. 외국에서는 70% 이상이 한국을 선진국이라 응답하였고, (유럽은 65%, 미국은 57%) 한국 국민의 응답률은 27%에 불과하였다. 이는 과거의 약소국 콤플렉스가 여전히 남아있기 때문이며, 이른바 '선진국 콤플렉스'로 설명된다.

최근엔 근로 시간 단축이 화두로 떠올랐다. 주 52시간 근무제나 주 4.5일제 논의가 활발하다. 그러나 우리처럼 과학기술에 기반을 둔 창의 산업, 특히 젊은 천재들이 모인 연구소에서는 이런 제도가 발목을 잡을 수도 있다. 과학기술 분야의 일은 양적 축적 없이는 질적 도약을 이룰 수 없다. 실제로 많은 연구자가 70~80시간 이상 몰입해야 비로소 창의적인 결과물을 도출할 수 있다고 말한다. 나 역시 글을 쓰고 연구에 몰입하려면 밤 1시, 2시까지는 집중해야 글다운 글이 나올 수 있었다. 하나의 잣대로 모든 상황을 재단하려 들면 역효과가 생긴다. 따라서 직업이나 업종별로 가장 생산적이고 효과적인 결과를 도출해내는 전략을 써야 한다. 연구시간이 더 필요하면 더 써야만 응당 원하는 결과물이 나올 것이다. 물론 일과 생활의 균형을 강조하는 워라밸을 나도 인정한다. 그러나 모든 직종, 모든 사람에게 워라밸을 적용할 순 없다. 필요에 따라 탄력적인 시간 근무제를 도입해야 한다. 분명 우리는 과거보다 한결 더 풍요하고 윤택한 생활을 누리며 살아간다. 그러나 이와 같은 안일함, 편리함, 풍요에 안주하면 안 된다. 진정한 발전은 고통과 훈련을 거쳐야만 가능하다. 이들 광적인 천재들(인구의 0.3%라는 연구 결과가 있다)이 잠 못 이루고 일한 땀과 노력으로 오늘의 발전이 이룩된 것이다.

고령화가 빠르게 진행되고 있는 오늘날, 내국인은 물론이고 외국에서 유입되는 노동 인구마저 고령화되고 있다. 그러나 최근 뇌과학자들은 현재의 70세가 25년 전의 53세와 유사한 인지 능력을 지녔다고 분석한다. 이는 고령자 또한 충분히 노동시장에 이바지할 수 있다는 근거가 된다.

우리가 설립한 이 연구소 역시 현재 주식 상장을 준비하고 있다. 상장에 성공한다고 해도 초창기 이 과정은 그야말로 '죽음의 계곡(Death Valley)'과 같다. 아무리 뛰어난 아이디어가 있어도 자본과 환경이 뒷받침되지 않으면 아이디어는 사라지고 만다. 우리는 지금 이 강을 건너기 위한 준비에 한창이다. 그러나 어떤 고난, 난관에도 이 고개를 반드시 넘어서야만 세계로 나갈 수 있다. 이러한 노력은 단순히 한 조직의 발전을 위한 것이 아니라, 젊은 세대에게 희망과 꿈을 심어주기 위한 것이기도 하다. 우리 모두가 이 점을 이해하고 함께 힘을 모아야 할 때다.

미래관의 결여

발등에 불이 떨어지면 멀리 내다볼 여유가 없다. 위기에 쫓기는 사람이 먼 훗날을 위해 무언가를 계획한다는 건 생각조차 할 수 없는 일이다. 눈앞의 불부터 끄기에 급급한 나머지 한 치 앞을 내다볼 수 없는 근시요, 단견론자(短見論者)가 되기 쉽다. 조급한 사람에겐 눈앞에 보이는 오늘뿐이지 내일이라는 개념이 희박하다. 우린 예로부터 미래를 생각하는 식견이 부족했다. 미래를 위한 근사한 계획도 대부분 세우지 않고 살았다. 그저 조상 대대로 물려받은 땅에 철따라 씨 뿌리고 거둬들이는 게 다였다. 이런 정착 농경에 무슨 치밀한 계획이 필요했으랴.

서구에선 계획성 있는 생활이 진행되었다. 조상 때부터 그랬고 지금도 그들은 어릴 적부터 자기 갈 길이 분명하다. 기술자, 예술가, 학자 등 거의 10대 초반에 자기 갈 길이 정해진다. 교육제도나 사회제도 역시 모두 그렇게 되어 있다. 우리 학생들은 대학을 졸업하고도 장래에 대한 계획이 분명치 않다. 자신의 전문분야 결정도 계속 유보한 상태로 지내다가 대학원에 가서야 겨우 그 윤곽이 드러나기도 한다. 젊은이들과 대화를 해보면 그들은 자기 장래에 대한 계획이 부족하다는 걸 느낀다. 다들 불확실한 미래를 안고 살아간다. 마치 남의 인생을 이야기하는 것 같은 엉거주춤한 상태다. 국가 백년대계라니! 5개년 계획이 고작이다. 새로 만든 길을 한 달도 못 돼 새로 넓혀야 하는 기막힌 사연을 보노라면 우리의 미래관이 어느 정도인지를 짐작하게 한다.

　IMF 등 우리가 겪은 경제위기도 미래 전략가가 없었기 때문이라고 생각한다. 외채, 무역적자, 고임금, 저효율 문제 등에 대해 이대로 가면 어떻게 되리란 걸 예측하고 이점을 국민에게 설득했어야 했다. 하지만 우린 눈앞의 한 푼에 바빠 멀리 앞을 보고 걱정하고 대비하지 못한 것이 화근이 되기도 했다. 그런 전철을 되풀이하지 말아야 한다. 40~50대에게 노후 계획을 물어보면 얼마나 막연한지 깜짝 놀라고 만다. 죽는 날까지 자기 인생은 자기가 책임져야 할 시대 임에도 뾰족한 대책을 가진 이가 드물다.

　유학 시절의 일화가 생각난다. 나의 호스트 가정의 시드 패턴 씨는 팔순을 바라보는 고령에도 사업에 열중했다. 지금은 작고하셨지만, 열쇠업계의 세계적 큰손이었다. 고질병인 디스크로 건강이 좋진 않았지만 잠시도 일을 멈추지 않았다. 세계시장을 둘러봐야 하는 긴 여행은 확실히 그의 건강으로선 무리였다. 나는 하도 보기가 민망스러워서 좀 편히 쉬셔야 할 것 같다고 넌지시 물었다. 그는 의아한 듯한 얼굴로 나를 쳐다보더니, '늙을 준비를 해야지'라고 답했다. 당시 나는 그 말을 이해할 수 없었다. 팔순 고령에 늙을 준비라니 무슨 소린가 싶었다. '죽을 준비 말입니까?'라고 되물었다. '죽다니? 늙을 준비를 해야 한다니깐!' 그렇게 말씀하시는 그의 표정이 어찌

나 진지하고 엄숙한지 난 더는 말을 꺼낼 수 없었다. 하지만 '늙을 준비'를 하느라 백발을 날리며, 꾸부정한 허리로 트랩을 오르던 그의 뒷모습이 지금도 잊히지 않는다. 나도 이제 아흔이 넘었는데 말이다.

단기완성

우리의 조급증은 '빨리' 한다는 데만 급급한 나머지 일의 질은 뒷전이다. 무슨 일이든 빨리만 하면 된다. 공기(工期)만 단축하면 되지 그 건물의 안전도나 견고성 따위엔 신경 쓰지 않는다. '날림이다', '눈가림이다'라는 비난을 해도 이런 졸속은 우리 잠재의식 속에 박혀버린 지 오래다. 업자 측에서도 꼭 수지타산 때문에 그렇게 하는 것만은 아니다. 그저 빨리해야 한다는 강박증이 작용한 것이리라. 당연히 질은 떨어질 수밖에 없다. 새길을 닦아도 서둘러 처리한다. 한 철을 못 넘겨 다시 보수하는 한이 있더라도 빨리만 하면 된다. 길 가는 사람도 으레 그러려니 하고 지나간다. 내가 낸 세금을 이따위로 쓰느냐고 항의하거나 소송이라도 제기했다는 소린 들어보질 못했다.

'단기완성'이니, '속성 영어'가 우리 학생들에게 인기다. 기초이론은 뒷전이고 어떻게든 빨리만 하면 그만이다. 기초가 없으니 응

==용할 수 없고, 배운 게 고갈이 나면 더는 발전할 수 없다.== 운동선수들도 청소년 때는 잘하는데 성인만 되면 그만 맥을 못 추는 것도 이런 졸속이 빚은 결과다. 기초훈련보다 우선 실전에 필요한 요령부터 터득하려니 대기만성을 생각조차 할 수 없다. 급한 시합부터 이겨야 할 판이라 체계적인 과학 훈련은 뒷전이다.

우리 사회는 우선 눈앞에 보이는 실적 위주의 전시효과에 급급하다. 집을 몇 채를 더 지었는지가 중요하지 질은 뒷전이다. 자신의 임기 동안 주택 2만 호를 짓겠노라고 밀어붙인 정부도 있었다. 임금은 천정부지로 뛰고 바닷모래라도 쓸 수밖에 없었다. 이 같은 졸속이 빚어낸 비극은 수많은 사람의 인명을 해친다. 삼풍백화점, 성수대교 등등 생각만 해도 끔찍하다. 적당히 눈만 감아주면 어물쩍 넘어가게 돼 있다. 적당주의라는 말은 정말 듣기 싫은 한국적 용어다. 졸속을 서로가 알아서 적당히 눈감아준다는 상호의 묵계를 씻어내야 한다. 옛날에는 그렇게 살아도 별문제 없었다. 모 한포기 아무렇게나 심는다고 큰일이 일어나진 않았다. 졸속이 통하기도 했다. 하지만 지금과 같은 시대에는 작은 실수에도 엄청난 피해가 나타난다. 한치 오차도 허용하지 않는 컴퓨터 시대, 정보화 시대에 우리는 살고 있다. 적당히 하면 절대 통하지 않는다. 여기에 졸속의 마찰이 온다. 빨리만 하면 된다는 조급증에 쫓겨 그저 적당히 해도 되는 시대가 아니다. 불행히 우린 아직 이런 졸속의 굴레에서 못 벗어난 듯하다. 철저한 결과분석과 완벽한 계획하에 되어야 할 일도 우린 아직 주먹구구식이다. 어림잡아 비슷하면 되려니 하는 생각을 못 버리고 있다.

안일한 생각과 실행은 끔찍한 대형사고를 일으키곤 한다. 고장 난 엔진임을 알면서도 수리를 뒤로 미룬다. 마음이 급해서다. 우선 운행부터 해야 하는 조급증이다. 그러다 엔진 고장과 브레이크가 작동하지 않으면 끔찍한 참변이 생긴다. 승객은 물론이고 자기도 목숨을 잃는다. 스스로 화를 부른 것이다. 항간에는 집 장수가 자신이 지은 집에서 살지를 않는다는 말도 있었다. 농사꾼이 자기 농장의 과일을 먹지 않는다. 나만은 화를 면하겠다는 생각에서다. 이게 졸속의 종말이다. 자기가 만든 상품도 믿지 못하니 누가 이걸 믿고 쓸 수 있단 말인가? 우리 사회에 만연한 불신 풍조도 졸속이 빚은 비극이다. 토마토에 주사를 놓아 색깔을 곱게 한다니 무공해 식품이 인기를 끄는 것도 당연하다. 예일 대학 건축과 교수 시사 팰리의 강연 한 구절은 참 인상적이다. 그는 '미래의 건축'이란 제목을 놓고 이렇게 말했다.

"건축이란 예술성만으로 되는 건 아니다. 그림이나 조각과 달라서 이건 생활공간으로서의 실용성을 무시해선 안 된다. 100년, 200년 후의 도시인 생활은 오늘 우리가 상상도 할 수 없는 게 건축가의 고민이다. 그때 가서 이 건물을 철거해야 할 경우를 생각해서 너무 견고하게만 지어서도 안 된다. 하지만 그때까진 절대 안전해야 한다는 것도 잊어선 안 될 과제다."

세계적 대가다운 면모가 엿보이는 함축성 있는 말이다. 아닌 게 아니라 건축학에는 파괴학이라는 분야도 있다. 짓기도 잘 지어야 하지만 허무는 일도 그에 못지않게 중요한 과제라는 의미다. 안전하게 짓되 철거도 쉬워야 하는 건물이라니…. 졸속에 익숙한 우리가 참고할 만한 이야기다.

현금이 좋아

미래가 불확실한 사람은 눈앞에 보이는 현재에 집착한다. 지금 작은 걸 참으면 나중에 큰 게 돌아온다는 걸 알면서도 우선 눈앞의 확실한 것부터 잡고 본다. 작아도 확실한 게 좋다는 단기사고(短期思考)의 결정판이다. 내일의 한 상자보다 눈앞의 사탕 한 알을 집어 드는 어린이와 다를 게 없다. 이런 어린애도 자라며 눈앞의 소리(小利)보다 장래의 대리(大利)를 생각하는 여유가 생기고, 그걸 위해 참고 기다릴 줄을 안다. 이게 인격발달의 정상과정이다. 그런데도 우리는 미래지향이라기보다 현재 집착형에 더 가깝다.

바로 이 부분이 아직 미숙하고 유치한 단계를 못 벗어난 것 같다. 참고 기다리지 못하는 조급증이 민족성의 성숙을 방해하는 것이다. 장기계획보다 짧은 시간에 결과가 나타날 수 있는 것에 치중한다. 그러니 그 규모란 게 커질 수가 없다. '동양 최대'라는 소리를 잘하는 것도 우리가 하는 일의 규모가 워낙 작기 때문일 것이다. 이건 열등 콤플렉스의 반작용도 아니요, 그렇다고 꼭 땅덩어리가 작아서 그런 것도 아니다. 우리 역사의 유물도 예술적인 면에서지, 규모로 따진다면야 외국 것에 비해 초라하기 이를 데 없다.

　소리(小利)에 연연하면 미래를 위한 투자에 인색할 수밖에 없다. 인재를 키울 생각은 않고 다른 회사에서 빼올 궁리부터 하는 스카우트 과열도 그렇고, 정부의 교육투자 비율만 봐도 우리가 얼마나 미래에 인색한지 알 수 있다. 아이를 키워도 단기 위주다. 일류대학에 입학만 시키면 그로써 끝이다. 억지로 들어가 졸업을 못 해도 그만, 과로로 쓰러져도 그만이다. 능력은 뒷전이고 우선 들어가는 게 급선무다. 마치 인생이 거기서 끝나는 듯 착각한다. 대학도 좋지만 우선 건강하고 성격적인 융통성도 있어야 칠순 팔순까지 달릴 수 있다. 공익(公益)에 대한 개념이 희박한 것도 눈앞의 소리(小利)에 연연하니까 그렇다. 국내 유명 여행지라고 손꼽히는 곳에서는 종종 소리를 탐하는 상인들의 못된 장사 심보가 사람들의 인상을 찌푸리게 한다. 집에서 배달시켜 먹는 음식보다 못한 저질의 음식을 손님 식탁에 올린다거나, 몹시 터무니없는 가격에 물건을 파는 모습도 많다. 이런 장삿속에 기가 질리는 건 당연하다. 과거 일본에서는 이런 이야기가 있었다.

"손님에게 좋은 인상을 심어주어야 그가 돌아가 홍보를 잘해 더 많은 사람이 나를 찾아올 것이고, 그래야 내 장사가 잘 된다."

이건 상식이다. 일본의 부(富)는 이런 상식을 실천한 데에서 비롯한다. 그런데 우린 이런 보습이 부족하다. 바가지를 씌워서라도 이 손님에게 몇 푼을 남겨야겠다는 생각이 눈앞에 아른거린다. 그게 쌓여 어떤 형태로 자기에게 손해가 돌아갈지는 생각하지 않는다. 미래에 대한 개념이 불확실하니까 그렇다. 연안 고기잡이에 치어까지 싹쓸이하는 바람에 고기의 씨가 말라버렸다. 그리곤 어촌에선 생계가 어렵다고 야단이다. 아! 하지만 누굴 탓하랴.

거상(巨商) 임상옥의 일화가 생각난다. 그가 고려인삼을 한배 가득 싣고 중국에 건너갔을 때였다. 인삼이 탐이 나긴 했지만 좀 싸게 사보자는 생각으로 중국 상인들이 모두 담합을 했다. 시일이 자꾸 가는데도 아무도 사려 들지 않았다. 그런 눈치를 챈 임상옥은 초조한 내색은 감춘 채 어느 날 아침 창고에서 인삼을 끄집어내 불을 지르기 시작했다.

"중국사람을 상대로 인삼 장사하긴 글렀다. 인삼이 뭔지도 모르는 사람들하고…."

그는 혼자 중얼거리며 불더미 속으로 인삼을 던져 넣었다. 눈치만 보고 섰던 상인들이 깜짝 놀랄 건 뻔했다. 그대로 두면 다 태워버릴 기색이라 손을 잡고 말리면서 처음 부른 값의 몇 배를 주고 나머지 인삼을 사갔다고 한다. 이 이야기를 읽으면서 난 통쾌했다. 배짱 하면 대륙적인 중국사람에 비해 우리는 참 약한 편이다. 그런데도 그 배짱시합에서 우리나라 사람이 중국인을 이겼다는 게 기분 좋았다. 주판은 크게 놓고 볼 일이다. 티끌 모아 태산이라지만 기다렸다 자갈을 쌓으면 더 빠르다는 사실도 잊어선 안 된다.

한탕주의

한탕주의야말로 조급증의 표본이다. 마음이 급하면 정도(正道)를 걷지 못한다. 지름길만 찾으려 안달이다. 어떻게든 쉽게, 빨리 가려고 한다. 단계나 순서도 생략한다. 비록 마음이야 초조하지만, 옛날엔 이런 엉뚱한 생각은 하질 않았다. 농사일이라는 게 철 따라 순서대로 할 것이지 급하다고 지름길이 따로 있는 게 아니었다. 따라서 한탕 노린다는 건 상상도 할 수 없는 일이었다. 하긴 할 건더기도 없었다. 뛰어야 등 너먼데 거기에 무슨 모험이니 한판승부니 할 건덕지가 있었으랴. 급해도 참고 천리(天理)에 따랐다. 반상(班常)은 모두 그 나름의 분수에 맞춰 살아갔다.

그러나 근대사회에 들어오면서 기존의 계급 질서가 붕괴함에 따라 모든 국민에게 평등의식이 싹텄다. 더구나 해방 후 민주주의는 이런 의식을 더욱 가속, 증폭시켰다. '나도 하면 된다'는 의식이 싹트기 시작한 것이다. 하지만 그건 이상이지 불행히 현실은 그렇질 못했다. 그렇게 할 수 있는 준비도 없이 마음만 급하니 여기에 갭이 생기고 갈등이 찾아왔다. 누구에게나 기회가 온 건 사실이다. 문호가 열린 것도 부인할 수 없다. 더구나 그동안의 경제성장은 우릴 더욱 조급하게 만들었다. '이판에 나도⋯.'라는 생각이야 누구에겐들 들지 않으랴. 기형적인 우리의 상향의식에 불이 붙었다. 하지만 그럴수록 이상만 남고 현실은 거리가 멀다. 빈부 격차는 점점 커지고 학력에 따른 임금의 차도 더욱 커져만 간다. 이대로 있다간 난 영영 낙후할지도 모른다는 초조함이 급기야 한탕주의라는 사회병리로 발전했다. 그 말로는 뻔하다. 종착역은 형무소 감방이란 외길뿐이다. 하지만 이들은 천행을 믿고 일을 저지른다.

　부정, 사기, 공갈, 폭력, 살인까지, 무슨 일을 못 하랴. 목적 앞에 수단과 방법을 가리지 않는다. 한탕만 하면 그뿐이지 그 과정이야 따질 게 없다. 우린 지금 이런 무리의 음모 속에 살고 있다. 언제 그 불길이 우리에게 미칠지 모른다. 으스스한 기분이다. 더욱 무서운 일은 이들이 자기 비행(非行)에 대해 죄책감이 없다는 사실이다. 교도소에 들어간대도 뉘우치는 법이 없다. 재수가 없었을 뿐이라고 생각한다. 이들의 눈엔 모든 사회 구석구석이 그러한 비리(非理)로 가득 찬 것으로 보인다. 잘못이라면 자기를 이렇게 만든 사회에 있지, 본인은 아니다. 더욱 걸작은 사회 비리를 고발하기 위해 했노라고 떠들며 자신을 의적화(義賊化)하는 일이다. 더 웃기는 일은 양식 있는 상당수 시민이 그 소리에 박수를 보낸다는 사실이다. 국민의 저변에 깔린 이런 사회적 분위기가 한탕주의를 은근히 부채질하는 또 하나의 요인이다.

"도장 하나 찍어주고 수억을 먹는 판에 굶는 사람이 도둑질 좀 했기로서니…."

이거야말로 위험한 생각이다. 한탕주의라는 유혹은 누구에게나 있다. 불우한 처지에 놓인 사람이면 더욱 그렇다. 요즘 우리 사회의 밑바닥에 만연한 한탕주의는 청소년 비행의 도화선이 되기도 한다. 이건 한판에 승부를 거는 정정당당한 모험심과 다르다. 처음부터 부정한 승부에 모험을 건다. 여기엔 요행을 바라는 사행심도 작용한다. 경마, 경륜, 도박, 놀이로 한다는 고스톱까지 모두가 한탕의 환상에 빠진 사람들이다. 한자리했을 때 한탕 하겠다는 고위관료 권력형 부정도 한탕 환자다. 그 자리에 오르기까지 남모르는 고생이 얼마나 많았을까. 힘들게 오른 자리, 한탕 유혹에 빠져 명예, 인기, 존경은 하루아침에 가고 싸늘한 철창신세를 져야 하는 불쌍한 지도자들이다.

미국 동부 대서양 해안을 따라 남북의 끝을 잇는 길이 'U.S.1'

다. 미국에서 가장 먼저 만들어진 길이다. 그야말로 미국도로 1번지다. 보스턴에서 시작해 뉴욕, 필라델피아, 워싱턴을 거쳐 마이애미까지 이어진 길이다. 개척자들이 마차로 다녔던 이 길을 따라가노라면 미국 건국 초창기의 향수를 만끽할 수 있다. 통나무 식당이며 선술집들이 옥호를 그대로 달고 아직도 옛날 그대로 남아 있다. 'CHUK'도 그중 한 집이다. 뉴헤이븐에 있는 스테이크 전문집이다. 어느 날 이 집은 진객(珍客)을 맞아 온통 축제 분위기였다. 그 손은 영국의 어느 시골에서 온 초라한 노인이었다. 그가 바다를 건너 이 가게까지 찾아온 사연이 재미있다. 이 노인은 어릴 적 아버지를 여의었다. 선원이었던 그의 아버지는 항해하면서 둘러본 해외 풍물을 자주 들려주곤 했다. 그중에서도 잊을 수 없는 건 CHUK 식당의 스테이크 맛이라고 했다. 이 가게는 그 아버지의 아버지가 처음 자기를 데리고 갔을 때부터 그 맛이 한결같았다는 것이다. 그러니 이 노인은 3대째 찾아온 손님인 셈이었다. 그야말로 3대를 이어온 만남이었다. 주인도 마찬가지였다. 3대째 바다를 건너온 손님이 찾아와도 그때 그 자리에서 그 자손이 그 식당을 경영한다는 건 내겐 정말 신기한 모습이었다. 미국처럼 동적인 사회에서는 더욱 그랬다.

"스테이크 맛이 어떻습니까?"
주인이 물었다.
"아주 좋습니다. 아버지가 자신 맛 그대로인걸요."

이 두 사람의 몇 대 후손이 또 이런 대화를 나누며 만나게 될지 난 궁금했다. 딸을 낳으면 오동나무를 심고 기다렸다는 우리 조상의 여유가 문득 떠오른다. 이제 우리에겐 그나마도 없다. 한치 앞조차 못 보는 한탕주의자들에게 꼭 들려주고 싶은 이야기다.

숙맥형 여성들

'언제까지 기다릴 작정입니까?'

책의 서문에 '숙맥' 이야기를 소개했다. 숙맥의 정의를 내리며, 마음에 드는 이성이 옆에 있어도 '차 한잔 마시자'는 말조차 못 꺼내는 유형의 사람이라고 소개했다. 그런데 이런 모습은 오로지 남성들만의 문제가 아니다. 여성 중에도 내향형 성격, 숙맥인 분들이 많다. 이 꼭지 원고는 여성 숙맥들에게 전하는 이야기다.

요즘에는 과거와 달리 여성들도 많이 변했다. 예전처럼 수동적인 태도에서 벗어나 적극적인 모습의 여성을 주변에서 쉽게 만날 수도 있다. TV 드라마에서는 '나, 너 좋아해!'라고 솔직하게 고백하고, 발을 동동 구르며 자신의 감정을 적극적으로 표현하는 여성이 등장하기도 한다. 나이가 제법 지긋한 세대가 보면 무척 낯설고 인상적인 모습이다. 물론 여전히 한국 사회에서는 여성이 남성보다 더욱 조심스럽고 수동적인 태도를 보이는 분들이 더 많기는 하다. 이는 아마도 문화적인 배경 때문일 것이다. 그렇다고 해서 마음에 드는 남성을 보고 아무 표현도 하지 않고 그저 저 남자가 나에게 다가와 주기만을 기다린다면 아쉽기는 마찬가지다. 남자가 먼저 고백하지 않는다고 해서 모든 가능성을 닫아버릴 필요는 없다.

여성에게는 나름의 특별한 표현 방식이 있다. 예를 들면, 상대에게 자주 눈길을 준다거나, 외출하고 돌아오면 작은 과자를 책상 위에 살짝 놓고 간다거나, 회식 자리에서 술에 취하면 은근히 챙겨주는 모습 등이 그렇다. 이런 세심한 행동은 여성만이 가질 수 있는 자연스러운 배려다. 그런 식으로 자신의 호의를 상대에게 보여준다. 이런 신호는 상대에게 큰 용기가 될 수 있다. 너무 막연히 기다리기보다, 관심 있는 남성이 다가올 수 있도록 계기를 만들어주는 게 필요하다. 말하자면 '팁'을 주는 것이다. 난 너에게 호감이 있다는 걸 보여주는 센스, 그런 태도가 지금 시대의 여성들에게 필요한 게 아닐까 싶다.

그간 숙맥이란 말은 주로 남성에게 해당하는 말이었다. 그러나 이제는 여성에게도 같은 이야기를 전하고 싶다. 시대가 많이 바뀌었고, 사람의 표현 방식도 다양해졌다. 이제는 여성이라고 해서 늘 기다리기만 하는 숙맥일 필요는 없다. 자신의 감정을 자연스럽게, 그러나 세련 있게 표현할 줄 아는 사람, 그것이 진짜 멋진 사람이요 멋진 여성이라고 생각한다.

세계적인 위장약

우리나라 제약회사의 주종상품은 소화제다. 이것만은 세계 어느 나라 제품보다 우수하다. 종류도 다양하거니와 효능 또한 탁월하다. 채식, 육식용 소화제가 따로 있고 비타민, 간장보호제, 정력제 등 함유성분 또한 다양하다. 미제 약이라고들 하지만 미국엔 소화제란 게 없다. 형식상 비슷한 거야 한두 가지 있긴 해도 인기품목은 아니다. 우리의 소화제가 우수하다는 건 그만큼 우리나라 사람들에게 위장병이 많다는 증거다. 소화기 전문의는 그 원인을 주식인 위에 자극을 주는 맵고 짠 음식 탓으로 돌린다. 그러나 내 의견으론 우리의 조급증이 그보다 더 큰 원인이 아닐까 싶다. 최근 유행하는 소위 '신경성 위장병'이란 바로 조급증이 만든 병이기 때문이다. 요즈음 소화제 속에 신경안정제가 많이 들어가는 것도 이런 연유에서다. 긴장된 신경을 풀어야 하기 때문이다. 어렵게 생각할 것 없이 밥 먹는 습관부터 돌아보면 그 이유가 분명해진다. 우선 우린 밥을 빨리 먹어치운다. 평균 10분이라면 좀 짧은가? 여하튼 20분을 넘기는 사람은 흔치 않다. 미지근한 국밥이나 국수라면 눈 깜짝할 사이다. 이건 아마 세계기록일 것이다. 서양인이 마시는 커피 한잔보다 국수 한 그릇 먹는 시간이 더 짧다. 우린 커피도 뜨거우면 후후, 불어가면서 단숨에 마셔버린다. 바쁜 일이 있어 그러는 것도 아니다. 이게 우리의 식사습관이다.

서양인과 함께 식사하노라면 제일 난감한 게 먹는 속도다. 아무리 천천히 먹으려 해도 이게 참 어렵고 잘 안 된다. 마치 열흘 굶은 사람 같아 민망하기 짝이 없다. 끼니때만 되면 우린 급하다. 식당에 들어서면 우선 '뭐가 빨리 되느냐'고 묻는다. 맛이고 값이고 뒷전이다. 빨리 되는 것으로 빨리 가져오라고 성화다. 중국집 짜장면 시켜놓고 신경질 안 부려본 사람 없을 것이다. '나갑니다….' 하고 여유 있게 응수하는 주인과 참 대조적이다. 그런다고 음식이 빨리 나오는 것도 아니다. 손님은 성화지, 단무지부터 갖다 놓으면 그것부터 먹어치운다. 그 짠걸! 아주 간장까지 찍어 먹는 조급증 끝판왕이다.

이게 우리끼리니까 흉이 아니지, 서양인이 보면 웃는다. '굶다 왔나?' 싶은 생각에서다. 조급증이 발동하는 한 위장운동은 되질 않는다. 급하게 먹으면 체하고 잘 얹히는 이유도 여기에 있다. 위장운동이 안 되니 음식이 내려가지 않는다. 공격적인 생리하에선 장관(腸管)운동은 필요 없다. 위장으로 오는 혈류를 팔다리 근육에 보내야 하기 때문이다. 혈류도 위액 분비도 동시에 떨어진다. 소화가 잘 될 리 없다. 게다가 또 빨리 먹어야 하니, 이중의 부담이다. 우리 갈비는 질기다. 질길수록 천천히 씹어 넘겨야 하는데 성질이 급해 씹기 귀찮아 그만 꿀꺽 삼킨다. 맙소사! 위장엔 이가 없다는 사실을 아는지, 녹초가 되는 게 우리의 위장이다. 밥술도 한입 불룩이 떠 넣어야 한다. 그래야 복을 받는다고 한다. 씹을 여가도 없다. 바쁠 땐 물에 말아서 그냥 들이마신다. 그래서 우리 식탁엔 국물이 꼭 있어야 한다. 여차하면 밥을 빨리 먹어야 하니까…. 잘 씹지도 않고, 그나마 국물과 함께 넘긴다. 들어간 음식이 침과 어우러져 반죽 될 여유가 없다. 침이라는 강력한 소화제를 입안에 버려두고 그냥 지나쳐버린다. 위장이 그 몇 배로 일해야 한다. 이러고도 소화가 잘되고 위장이 성하길 빈다는 건 망상이다.

그뿐 아니다. 식탁에선 말도 못 하게 돼 있다. 식탁 분위기란 아예 계산에 넣지도 않는다. 즐거운 음악과 담소로 가득한 서양의 식탁과 비한다면 우린 너무 메말라 있다. 한 끼를 때워야 한다는 가난한 조상의 유산이 아직도 우리 잠재의식에 작용한다. 식사시간이 즐거움이 아닌 의무라면 이거야말로 서글픈 일이다. 각설하고, 조급증이 드디어는 우리 신체적 건강까지 위협한다. 다 바뀌는데 식사습관은 아직 옛날 그대로다. 음식의 내용이 조금 바뀌었을 뿐 먹는 태도는 조금도 달라진 게 없으니 딱한 일이다.

숙맥에서 벗어나는 처방전 ⑨

작은 일에도
화를 못 참는 사람들

신경질이 날 땐 말로 해야 한다. 성내기 전에 말이다. 폭발하기 전에 좋은 말로 타이를 수도 있다. 도전이 아닌 부탁이다. '조용히 해줬으면 좋겠다'고 부탁하는 거다. '조용히 못 해!'와는 다르다. 내 의사를 분명히 밝히되 상대 감정을 자극해선 안 된다. 의사표시와 성을 내는 건 다르다. 사실 신경질을 낸다는 것은 문제해결에 실패했다는 패배 선언이다. 그렇게 함으로써 문제가 해결될 것 같지만 그건 천만의 말씀이다. 일단 성을 내기 시작하면 증량된 아드레날린에 불이 붙는다. 분노의 불길은 걷잡을 수 없다. 무슨 일이고 서슴지 않는다. 배짱 하나 좋아 보인다. 뒷일이야 생각지도 않는다. 물론 이성은 완전히 마비되고 야성 동물로 되어버린다. 이게 신경질의 대뇌생리 현상이다.

이런 상태에서 문제가 해결되려니 하는 기대는 어리석은 기대다. 성낸 후 기분 좋은 사람 없다. 현실적으로나 정신적으로 반드시 손해를 보고 후유증이 남는다. 그런데도 우린 상대가 성을 내면 거의 조건반사처럼 똑같이 성을 낸다. 고함을 지르면 나도 질세라 같이 언성이 높아진다. 조용히 하고 있으면 녀석한테 약점을 잡히는 듯해서다. 마치 항복의 의미가 있는 것으로 생각하지만 사실은 정반대다. 조용한 사람이 이긴다. 당장은 목소리 큰 사람에게 승산이 있는 듯해도 그건 잠시다. 자신 있는 사람은 조용하고 차분하게 대응한다. 강한 자는 늘 조용한 법이다.

상대가 성을 내면 '녀석, 자신 없는 친구로군' 하고 불쌍히 여겨라. '화를 내는 걸 보니 졌다는 항복이군' 하고 단정하면 틀림없다. 그러면 여유가 생긴다. '참 안 됐다. 내가 도와줄 일이라도 있을까?' 하고 생각해보라. 덩달아 화내는 바보가 되진 않을 것이다. 그리고 녀석의 화난 꼴을 자세히 보라. 그 일그러진 얼굴 하며 씩씩거리는 꼴을 보자는 거다. 설마하니 당신도 그런 몰골이 되고 싶진 않을 것이다. 성이 나다가도 '그만 하지, 이건 미친 짓이다'라고 생각하면 자제할 수 있을 것이다.

닫는 글

숙맥들을 위한 응원가!

과거 한국 사회에서는 남의 눈을 의식하고 체면을 지키며 사는 일이 무척 중요했다. 누구나 따라야 하는 삶의 덕목 중에는 으레 희생, 인내, 배려 등이 포함되었다. 물론 이런 행동 양식은 우리 공동체를 유지하는 데 꼭 필요한 일들이다. 하지만 삶의 모든 기준과 잣대가 몇 가지 행동으로 정해져 강요된다면 득보다 실이 더 많다. 겉으로는 멀쩡해 보여도 속은 곪아 터지는 것이다. 대표적인 사례가 한국인에게만 나타나는 '화병'이다. 내심 그렇게 생각하지 않음에도 그렇게 생각하는 척해야 속 편하다. 행동이나 생각이 너무 튀면 민폐가 되고 공공의 적이 되기 쉽다. 남에게 피해를 주긴 싫고, 공공의 적이 되는 건 더더욱 싫은 일이다. 봐도 못 본 척, 싫어도 좋은 척, 안 그런 척하며 사는 게 마음 편하고 익숙했다. 적어도 20~30년 전만 해도 이런 의식이 우리 사회를 지배했다. 이미 40년 전부터 필자는 여러 칼럼과 책을 통해 아래와 같은 조언을 했다.

'배짱으로 살아라! 타인의 시선과 마음의 족쇄를 과감히 벗어던지고 마음껏 행복하게 살아가라!'

남의 눈을 너무 의식하며 살면 자기 인생을 사는 것이 아니다. 따라서 체면이라는 명분, 내실보다는 형식, 자존심과 위신만을 앞세우지 말고, 자기감정에 솔직하고 당당하게 살기를 권했다. 그래야 삶의 만족도(행복)와 자존감이 높아진다. 이런 사람은 속이 꽉 차 있어 형식에 구애받지 않는다. 때로는 융통성을 부려 굽힐 줄도 알고, 져주기도 하며, 뻔뻔하고 채신머리가 없어 보여도 감정에 솔직함으로써 당당하게 살아간다. 필자는 이런 조언이 시의적절했다고 생각한다. 우리 사회 구성원들이 에너지를 가지고 긍정적으로 변하는 데 일조했을 것이다.

이제 모든 것이 변했다. 지금도 빠르게 변해가는 중이기도 하다. 5000년 한민족 역사 가운데 지난 20~30년 동안에 가장 많은 변화가 우리에게 나타났다 해도 과장된 표현은 아닐 것이다. 정치, 경제, 사회, 문화 등 모든 분야에서 질적, 양적 변화가 이루어졌다. 그리고 전 세계 상위 5% 내의 선진국 대열에 포함되기도 했다. 가난했던 우리가 말이다. 체면과 소심증, 조급증, 미안 과잉증, 열등감, 대인

불안증에 빠진 한국인들에게 진취적이고 역동적인 변화가 있었기에 가능한 일이었다. 우리는 여기서 한 걸음 더 나아가야 한다. 그러기 위해서는 여전히 지나치게 남을 의식하고 소심한 사람들, 숙맥들이 변해야 한다. 제풀에 기가 죽어 오금도 못 편다면, 융통성이 없다면, 배짱마저 부족하다면 21세기형 인재가 되기 어렵다. 특히 젊고 유능한 사람들이라면 더욱 필자 조언에 귀를 기울여주시기 당부한다. 여러분의 창의적인 발상이 자유롭게 꽃을 피우도록 해야 한다. 그래야 글로벌 경쟁에서 내 강점을 만들어 남들을 이끌어갈 수 있다.

긴 이야기를 하고 있지만, 필자가 강조하는 한마디는 '강박증 벗기'다. 나를 얽매는 이런저런 강박증에서 벗어나자. 강박증은 자기 감정을 차단한다. 감정에 솔직하지 못한 내 모습은 더는 내가 아니다. 솔직한 나를 찾아 나서는 여행을 떠나보자. 필자는 응원한다. 소심하고, 배짱도 없고, 숙맥인 분들이 극적으로 변하여 행복한 삶을 살아가기를 진심으로 응원한다!

이시형

숙맥도 괜찮아 용기만 있다면

초판 발행 | 2025년 11월 25일
지은이 | 이시형
펴낸곳 | 도서출판 풀잎

책임편집 | John Kim
디자인 | 김윤남
등 록 | 제2-4858호
주 소 | 서울시 중구 필동로8길 61-16
전 화 | 02-2274-5445/6
팩 스 | 02-2268-3773
이메일 | pulipbooks@naver.com

ISBN | 979-11-93104-08-8 (03190)
값 19,500원

- 이 책은 저작권법에 따라 보호를 받는 저작물이므로 무단전제와 복제를 금합니다.
- 이 책 내용의 전부 또는 일부를 사용하려면 반드시 저작권자와 도서출판 풀잎 양측의 서면 동의를 받아야 합니다.
- 파손된 책은 구입하신 서점에서 교환해 드립니다.